民航机场管理

朱志愚 主编

西南交通大学出版社
·成 都·

图书在版编目（CIP）数据

民航机场管理 / 朱志愚主编．—成都：西南交通大学出版社，2008.5（2018.8 重印）
ISBN 978-7-81104-892-6

Ⅰ．民… Ⅱ．朱… Ⅲ．民用航空－机场－企业管理－研究－中国 Ⅳ．F562.6

中国版本图书馆 CIP 数据核字（2008）第 076290 号

民航机场管理

朱志愚　主编

责任编辑	刘　恒
封面设计	翼虎书装
出版发行	西南交通大学出版社 （四川省成都市二环路北一段 111 号 西南交通大学创新大厦 21 楼）
发行部电话	028-87600564　87600533
邮　　编	610031
网　　址	http: //www.xnjdcbs.com
印　　刷	四川煤田地质制图印刷厂
成品尺寸	170 mm×230 mm
印　　张	15.75
字　　数	308 千字
版　　次	2008 年 5 月第 1 版
印　　次	2018 年 8 月第 3 次
书　　号	ISBN 978-7-81104-892-6
定　　价	42.00 元

前　言

改革开放以来，我国民航事业快速发展，机场管理的体制、理念和方式也在迅速地发展与变革，并逐渐与国际接轨。在市场经济条件下，由于机场管理体制及运行机制的变化，机场管理涉及的问题变得更复杂。对机场运营绩效的评估已经从传统的运行指标评估扩展到对财务指标、运行指标、营销指标、环境指标等多个方面的综合评估。机场管理除了传统意义上的运行管理之外，还涉及对机场经济绩效的管理，对机场服务的客观和主观质量的管理，而这几个方面又是相互联系和相互影响的。

从全球范围看，机场业正在从以公有制和国营为特征的时期进入以私有化和全球运营为特色的新时期。机场现在是复杂的企业，与任何其他行业一样，需要多种商业竞争能力和技能。机场不再是只扮演简单的基础设施提供者的角色，而是通过提供设施满足用户需要。随着中国民航走向世界，尤其在机场属地化之后，机场管理更需加强，特别是在航空安全、服务质量、航班正点以及经济效益与社会效益上应向世界同类先进机场看齐。

本书通过分析机场业的发展及其影响，讨论现代机场运营者面临的管理问题及解决方案。全书共十一章，是在 2005 年版试用教材的基础上修订而成的。试用教材中，本书内容的第一章、第二章、第三章和第十章的第二节由朱志愚编写，第四章、第七章、第九章和第十一章由白钊编写，第五章和第六章由许雅玺编写，第八章和第十章的第一节由魏中许编写。此次正式出版，对原书结构和内容做了较大的调整。由朱志愚对第一章到第五章，以及第十章的内容进行了补充修订；白钊重新编写了第六章的内容，对第八章、第九章、第十一章的内容做了补充和修订，并增加编写了第七章的内容。全书由朱志愚设计总体框架结构，并对内容和文字进行了统一。

本书在编写过程中参考了大量国内外的相关资料和文献，已一一列于书后的参考文献中，在此表示衷心感谢！由于编者水平所限，书中存在错误、疏漏和不当之处在所难免，恳请各方面专家和读者提出宝贵意见。

编　者

2008 年 4 月

目 录

第一章　引　言

机场是航空运输系统的一个基本组成部分，为飞机起降和旅客、货物在地面运输方式和空中运输方式之间进行转换提供各种设施与服务。机场将种类繁多的设施和服务汇集在一起，以实现其在航空运输中的作用。基本的机场设施包括跑道、滑行道、停机坪、登机门、旅客航站楼、货站以及地面交通中转站。机场提供的服务主要有：飞行区的交通管制、保安、消防和救援；用以完成旅客、行李、货物在飞机和航站之间的传递，在航站内的处理的各种设备；多种多样的商业服务，如商店、宾馆、饭店、会议服务和收费停车场等。机场的主要服务对象是航空公司，同时也要为旅客、货主（或货代）等提供服务。

除了在航空运输领域中扮演着关键角色，机场对其所在地区也具有战略上的重要性，是地方经济发展的重要基础条件之一。在很多国家，通过与铁路和公路网的连接，机场越来越多地融入整个交通系统之中。机场能为地方带来巨大的财富、提供大量就业机会、刺激经济发展，而且是一些偏远孤立地区的生命线。另外，机场对当地环境和居民生活质量也会产生显著影响。随着人们对环境问题的日益关注，机场对环境的影响也越来越受到重视。

第一节　全球机场业的概况

从全球范围看，机场业在北美和欧洲最繁荣（见图 1.1～1.3）。根据国际机场委员会（ACI）的统计，北美机场 2001 年进出港旅客达 13.54 亿人次，占当年机场旅客总吞吐量（32.12 亿）的 43%。欧洲机场同年旅客吞吐量为 9.94 亿人次，占机场旅客总吞吐量的 31%。货运方面，北美仍然是全球最大市场，2001 年货邮吞吐量达到 2 600 万 t，占全球货邮吞吐量 6 200 万 t 的 43%。亚洲太平洋地区机场货邮吞吐量占全球第 2 位，达到总量的 27%，反映了这一地区在全球经济中的重要地位。北美地区在全球 6 000 万飞机运行架次中所占比例更大，达到 56%，原因是竞争的压力和航空运输在国内交通中所占的比例越来越大，导致飞机的平均大小正在逐渐变小。

北美地区机场业的繁荣也反映在单个机场的交通数据上。例如，在 2001 年三类全球 20 个最大的机场中美国机场分别占到 13 个（按旅客数量计算）9 个（按货运量计算）和 17 个（按飞机运行架次计算）。然而，若只考虑国际航班运输时，欧洲地区的重要性更明显。

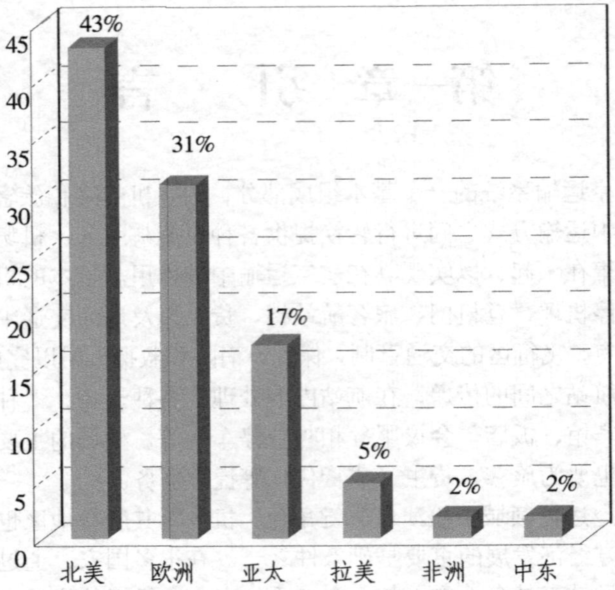

图 1.1　2001 年世界各地区机场旅客吞吐量分布

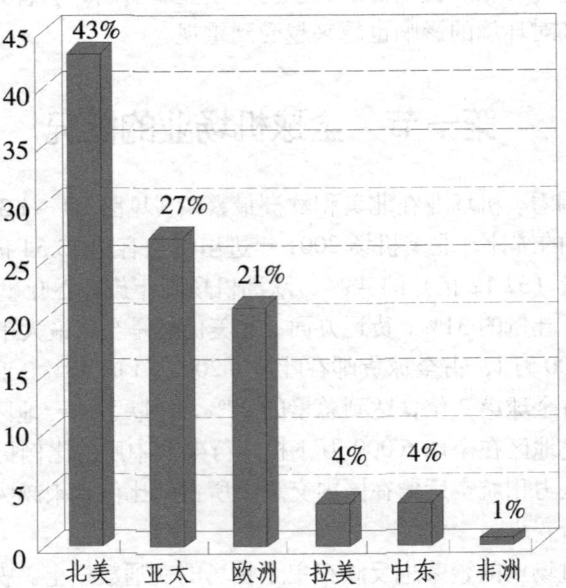

图 1.2　2001 年世界各地区机场货物吞吐量（t）分布

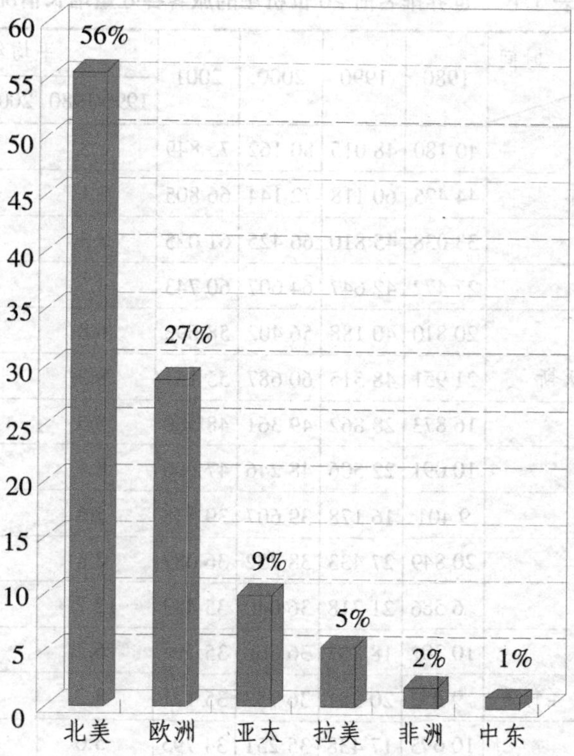

图 1.3 2001 年世界各地区机场飞行架次分布

希思罗机场的国际航班飞行量最大，而亚特兰大、芝加哥和洛杉矶机场的旅客吞吐量最大。亚洲旅客吞吐量最大的机场是东京的羽田机场，主要以国内航班为主。主要的货运机场并不都是主要的客运机场，孟菲斯机场是世界上最大的货运机场，因为它是联邦快递的基地。而联合包裹的基地在路易斯维尔。货运机场比客运机场更分散，有 6 个重要的货运机场在亚洲。亚洲的飞机比世界平均飞机尺寸要大，这意味着按飞行架次衡量的最繁忙机场不会在亚洲地区。20 个全球最繁忙的机场，无论按旅客量、货邮量或飞行架次计算，都在北美、欧洲或亚洲太平洋地区。

第二次世界大战以来，航空运输业一直持续增长，这种增长虽然由于 2001 年美国的"9.11"事件和全球经济衰退的共同影响而有所停滞，但很快得到了恢复，长期增长的趋势并未发生改变。随之而来的对更大容量机场的需求毫无疑问将成为影响机场业务的主要因素之一。表 1.1 所示为世界主要国际机场 1980—2001 年的旅客吞吐量的增长情况，图 1.4 所示为 2000—2006 年 ACI 机场总的旅客吞吐量的变化情况。

表 1.1　世界排名前 20 位机场的旅客吞吐量增长情况

地名＼时间	1980	1990	2000	2001	平均年变化/%		
					1990/1980	2000/1990	2001/2000
1. 亚特兰大	40 180	48 015	80 162	75 849	1.8	5.3	−5.4
2. 芝加哥 奥黑尔	44 425	60 118	72 144	66 805	3.1	1.8	−7.4
3. 洛杉矶	33 038	45 810	66 425	61 025	3.3	3.8	−8.1
4. 伦敦 希思罗	27 472	42 647	64 607	60 743	4.5	4.2	−6.0
5. 东京 羽田	20 810	40 188	56 402	58 693	6.8	3.4	4.1
6. 达拉斯 福特沃斯	21 951	48 515	60 687	55 151	8.3	2.3	−9.1
7. 法兰克福	16 873	28 862	49 361	48 560	5.5	5.5	−1.6
8. 巴黎 戴高乐	10 091	22 506	48 246	47 996	8.4	7.9	−0.5
9. 阿姆斯特丹	9 401	16 178	39 607	39 538	5.6	9.4	−0.2
10. 丹佛	20 849	27 433	38 752	36 087	2.8	3.5	−6.9
11. 凤凰城	6 586	21 718	36 040	35 482	12.7	5.2	−1.5
12. 拉斯维加斯	10 302	18 833	36 866	35 196	6.2	6.9	−4.5
13. 明尼阿波利斯 圣保罗	9 252	20 381	36 752	35 171	8.2	6.1	−4.3
14. 休斯敦	10 695	17 438	35 251	34 795	5.0	7.3	−1.3
15. 旧金山	21 338	30 388	41 041	34 627	3.6	3.1	−15.6
16. 马德里	10 146	15 869	32 893	33 984	4.6	7.6	3.3
17. 香港	6 829	18 688	32 752	32 553	10.6	5.8	−0.6
18. 底特律	9 883	21 942	35 535	32 294	8.3	4.9	−9.1
19. 迈阿密	20 505	25 837	33 621	31 668	2.3	2.7	−5.8
20. 伦敦 盖特威克	9 707	21 047	32 066	31 182	8.0	4.3	−2.8
平　均					6.0	5.0	−4.2

世界主要国际机场在 20 世纪 80 年代的旅客吞吐量年平均增长率为 6%，90 年代为 5%。可以看出，大多数机场在 2001 年都经历了交通量的减少，美国减少得最多。ACI 机场总的旅客吞吐量的变化情况也与此吻合，但 2003 年后又恢复了迅速的增长（见图 1.4）。

亚太和中东地区是近年来全球航空业发展最快的地区，目前，亚太和中东地区的机场数目占全球总数的 25%，但人口却占全球的 60%，特别是中国和印度等新兴市场的经济会持续增长，将给航空业带来巨大的需求。

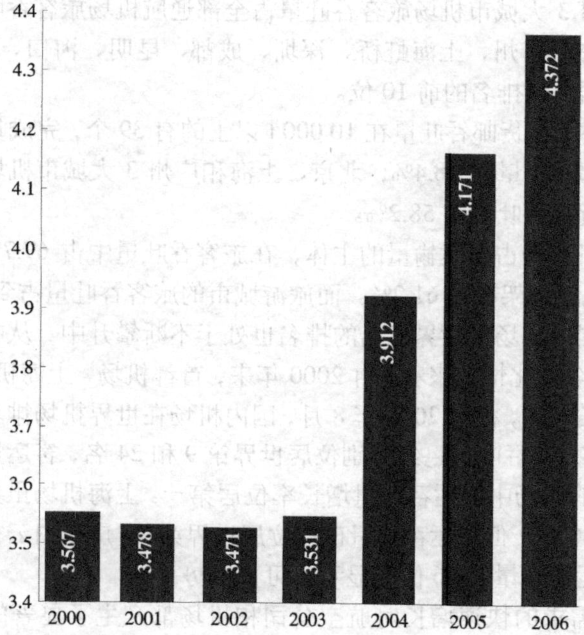

图 1.4 ACI 机场旅客吞吐量的变化情况

第二节 我国机场业的概况及发展

我国改革开放以来，航空运输业平均以 GDP 增长速度的两倍发展，机场业也获得了很大发展。截至 2006 年底，我国有民用航空定期航班通航机场 142 个，定期航班通航城市 140 个，机场分布密度约为每 10 万 $km^2$1.48 个左右。目前，我国所有省（自治区、直辖市）的省会（首府）城市、沿海开放城市及主要旅游城市都拥有了民用机场，一些边疆地区、少数民族地区及地面交通不便地区也拥有相应规模的民用机场。2006 年，定期航班新通航的城市有贵州黎平、西藏林芝、云南文山和新疆那拉提；陕西安康、四川达州、新疆克拉玛依、江西九江和河北秦皇岛恢复执行定期航班。2006 年，全国通航机场共完成旅客吞吐量 33 197.3 万人次，完成货邮吞吐量 753.2 万 t，飞机起降架次为 348.6 万架次。按照我国的“十一五”规划，到 2010 年前，国内机场将达到 180 个，增加 38 个，同比增长 27%。2020 年，民航机场达到 220 个，同比增长 55%。

截至 2006 年，在所有通航机场中，年旅客吞吐量在 100 万人次以上的有 44 个，完成旅客吞吐量占全部通航机场旅客吞吐量的 95%；年旅客吞吐量在 1 000 万人次以上的有 7 个，完成旅客吞吐量占全部通航机场旅客吞吐量的 51.3%；北京、上海和广州 3 大城市机场旅客吞吐量占全部通航机场旅客吞吐量的 36.5%。北京、上海浦东、广州、上海虹桥、深圳、成都、昆明、海口、西安、杭州 10 个机场依然占据统计排名的前 10 位。

在各机场中，年货邮吞吐量在 10 000 t 以上的有 39 个，完成货邮吞吐量占全部通航机场货邮吞吐量的 98.4%；北京、上海和广州 3 大城市机场货邮吞吐量占全部通航机场货邮吞吐量的 58.2%。

东部地区机场仍占据运输量的主体，在旅客吞吐量中占 67.7%，货邮吞吐量占 82.2%，飞机起降架次占 61.2%。而旅游城市的旅客吞吐量占到总量的 17%。

近年来，国内机场在世界机场的排名也处于不断攀升中。从中国主要机场在世界前 30 位排名变化情况来看，自 2000 年来，首都机场、上海机场旅客吞吐量、货邮吞吐量增长迅速，截至 2006 年 8 月，国内机场在世界机场排名中上升势头强劲。首都机场客、货吞吐量已经分别位居世界第 9 和 24 名，客运量超过了香港机场，在前 30 位的机场中客运吞吐量增长率位居第一。上海机场虽然客运量仍未进入世界机场前 30 名，但货运吞吐量已经位居世界第 9，广州白云机场也第一次位列国际机场货运吞吐量第 26 位，显示了可喜增势。

航空运输需求的快速增长对航空公司和机场都产生了显著的经济和环境方面的影响，而 20 世纪 70 年代以来航空运输业的规则和结构出现了很大的变化，这对两个行业的运作方式也产生了很大影响，市场经济规律的作用越来越明显。起初大多数变化影响到航空公司，导致了航空公司的放松管制、私有化和全球化。由于放松管制和开放，航空公司面临巨大的竞争压力，但也可以更加自由地改善服务和调整航班，并发展出了航线枢纽等竞争手段。变化的步伐在机场业中较为迟缓，但现在这一行业的业务性质也完全不同于以往，机场商业化和私营化的浪潮已经改变了很多机场的外在形态和运行模式，机场运营和管理也面临更大的竞争压力和更高的质量要求。

对航空公司的放松管制运动开始于 1978 年美国的国内市场，更多的市场随后逐步得到开放。在一些地方这是通过采取更为自由的航空服务双边协议而实现的，如在几条北大西洋和太平洋航线上。欧盟内的放松管制是通过多边政策实现的，这一政策花费了数年的时间进行完善，分别在 1987 年、1990 年和 1993 年引入了 3 个放松管制系列方案。1993 年的方案最重要并且已产生了深远影响，但直到 1997 年才全部实施。欧洲的这一放松管制改革为新型的低成本航空公司的发展提供了机会，并对某些机场带来了显著影响。

同时，航空公司的所有制形式也发生了变化。大多数航空公司传统上是国有的并且经常得到政府的补贴，但随着越来越多的政府倾向于对航空公司进行部分或全部私有化，以减少公众开支的负担和鼓励更高的运营效率，这一情形已大大改变。

航空公司业的另一个显著变化是行业全球化和跨国航空公司的出现，这部分归因于放松管制和私有化潮流。4 个主要的航空联盟集团——星空联盟、寰宇一家、天合联盟和翼之盟已经出现并拥有全球性的航线网络。这种发展趋势在航空公司经营中正成为主流，已占到了 2/3 的航空运输市场份额。而许多联盟之外的航空公司也正在通过代码共享或其他合作方式与这些联盟集团建立联系。

这种环境变化从多方面反映出航空运输业的根本改变，并对机场产生了很大的影响，使机场出现了三个关键性的变化：

① 机场商业化。机场从公用品向商业企业转型，采用更加商业化的管理理念。

② 机场私有化。机场管理体制和产权形式通过多种方式向私营转化。包括股份转让、战略伙伴关系的建立和签订私营管理合同。

③ 机场全球化。一些全球性的机场公司已经出现，其在全球范围内运营的机场数量越来越多。这些公司有些是传统的机场运营者，有些是新进入者。

从 1987 年开始到 1992 年，中国民航进行了以管理局与航空公司、机场分立的管理体制改革，在行业内部引入了竞争机制。2003 年，进行了机场管理体制的改革。除北京首都国际机场和西藏自治区内民用机场外，原中国民航总局管理的其他机场全部移交地方政府管理。体制改革后，机场的经营自主权扩大，发展的积极性空前高涨，地方政府对发展民航运输的关心与重视程度也普遍得以增强。这有利于增强地方政府投资机场的积极性；有利于发挥地方政府在机场建设和管理上的优势；有利于机场独立自主经营，增强市场意识，转换经营机制，加强内部管理，提高经济效益。各机场在不违背国家和行业规定的情况下，可自主选择经营管理模式，目前，我国机场的经营管理模式已出现多元化倾向并在不断地探索发展。

现代化机场，尤其是枢纽机场的管理，是一个非常复杂的系统工程，不仅涉及机场当局，而且还涉及政府机构、空中交通管理机构、航空公司、地面服务公司、周边产业区、周围社区、进出机场的地面交通设施等。由于各国情况不同，机场运营者在所有权、管理结构和方式、自主程度以及资金来源等方面都有很大差异。通常情况下，真正的机场运营者自己仅提供一小部分机场设施和服务，余下的工作由航空公司、运营代理商、政府部门、特许权经营者以及其他专业组织承担。机场的运营质量、经济效益以及与客户的关系在很大程度上取决于运营者选择何种方式来提供各种不同的机场设施。

因此，在较大机场内机场运营者需要找到一种能协调各方面关系的合适办法。虽然机场运营者各不相同，但都必须承担对机场进行总体控制的责任。他们要面对的具有挑战性的任务就是统一协调机场的所有服务，使整个机场系统高效运转。机场服务的提供者只是机场运营者需要考虑的与机场有利害关系的人员的一部分。其他利害相关者包括股东、机场使用者、雇员、当地居民、环境保护者以及政府部门。由于这些团体大都具有不同利益，对机场的战略角色可能持有相互矛盾的观点，因而使总体情况变得更复杂。机场运营者与所有利益集团的关系都很重要，但与航空公司的关系最关键，这在很大程度上决定着机场提供的服务质量和水平。

机场运行是机场管理的基本内容。安全、有序、高效和低污染的机场运行是机场管理追求的目标。机场运行包含诸多方面的内容，如机场开放的各种准备、航班高峰处理、飞机在机场的运行、地面服务、航站楼管理、旅客进程、行李处理、机场保安、消防与应急救援、航空货运以及机场的技术服务、机场运行手册的编制等。在更广义的概念上，机场运行也涉及航空噪声控制、城市进场交通、特许经营以及绩效评估等。

在市场经济条件下，由于机场管理体制及运行机制的变化，机场管理涉及的问题变得更复杂。对机场运营绩效的评估已经从传统的运行指标评估扩展到对财务指标、运行指标、营销指标、环境指标等多个方面的综合评估。机场管理除了传统意义上的运行管理之外，还涉及对机场经济绩效的管理，对机场服务的客观和主观质量的管理，而这几个方面又是相互联系和相互影响的。

本书通过分析机场业的发展及其影响，讨论现代机场运营者面临的管理问题。从全球范围看，机场业正在从以公有制和国营为特征的行业进入以私有化和全球运营为特色的新时期。机场现在是复杂的企业，与任何其他行业一样，需要多种商业竞争能力和技能。机场不再是只扮演简单的基础设施提供者的角色，而是通过提供设施满足用户需要。随着中国民航走向世界，尤其在机场属地化之后，机场管理更需加强，特别是在航空安全、服务质量、航班正点以及经济效益与社会效益上应向世界上同类先进机场看齐。

本书第二章分析机场运行机制和管理体制的变化过程，即在全球范围内正在发生的机场商业化、私有化和全球化进程。这些发展对机场的经济行为和服务供应产生了显著影响。第三章介绍机场的基本结构及其功能，机场的管理体制及内部组织结构，机场运行的主要内容等，是理解机场管理知识的基础。第四章、第五章讨论机场经营管理的基本内容。第四章分析机场的航空性经营活动，主要是机场对航空公司的服务，包括机场收费、管制和机场飞机起降时段安排等问题。航空公司业和机场业中发生的迅速变化意味着传统的航空公司-机场关系出现了不可避免的改变，处理好两者之间的关系是机场管理的重要课题。第五章分析机场的商业服务，机场商业化和私有化发展的一个主要结果是机场运营者正投入更多的时间和精力来建立非航空（商业）业务。第六章讨论机场的市场营销问题。机场间的竞争问题在几年前还不为大多数机场认同或重视，现在也变得越来越重要。市场营销能力一直是大多数其他行业的基本业务竞争力，但长期以来被许多机场所忽视，现在也被许多机场明确纳入了管理实践中。第七章、第八章讨论机场经济绩效和服务质量的测评和管理方法，机场性质的变化给管理者在这些方面带来了新的课题和要求。第九章分析机场的筹资与投资问题，机场业性质的改变使得资金的筹措和使用效率成了机场生存和发展的关键因素。

以后各章将对机场业务进行更广泛的讨论,涉及机场对所在地区的经济和环境造成的影响，以及对周围社区承担的责任和扮演的角色。如果机场业要实现持续的增长，需要对这一角色有清楚的理解。第十章讨论机场对其所在地区的经济影响以及对当地环境的影响。包括机场如何对商业和旅游业的发展起到促进作用，以及机场影响环境的方式，机场为减少对环境的负面影响而采取的措施。引入了可持续性和环境容量的概念。最后，第十一章通过考察分析“9.11”事件对航空运输业的影响，归纳各章的主要问题，对未来做出预测并对行业发展趋势进行评估。

本章小结

（1）机场是航空运输系统的一个基本组成部分，为飞机起降和旅客、货物在地面运输方式和空中运输方式之间进行转换提供各种设施和服务。机场的主要服务对象是航空公司，同时也要为旅客、货主（或货代）等提供服务。机场提供的服务主要有：飞行区的交通管制、保安、消防和救援，用以完成旅客、行李、货物在飞机和航站之间的传递，在航站内的处理的各种设备，多种多样的商业服务，如商店、宾馆、饭店、会议服务和收费停车场。

（2）第二次世界大战以来，航空运输业一直持续增长，这种增长虽然由于2001年美国的“9.11”事件和全球经济衰退的共同影响而有所停滞，但很快得到了恢复，长期增长的趋势并未发生改变。我国改革开放以来，航空运输业平均以GDP增长速度的2倍发展，机场业也获得了很大发展。

（3）航空运输需求的快速增长对机场业产生了显著的经济和环境方面的影响，机场出现了3个关键性的变化：机场商业化、机场私有化和机场全球化。

（4）机场运行包含诸多方面的内容，如机场开放的各种准备、航班高峰处理、飞机在机场的运行、地面服务、航站楼管理、旅客进程、行李处理、机场保安、消防与应急救援、航空货运以及机场的技术服务，机场运行手册的编制等。在更广义的概念上，机场运行也涉及航空噪声控制、城市进场交通、特许经营以及绩效评估等。

思考题

（1）机场的基本设施有哪些？

(2) 机场主要为谁提供服务？包括哪些服务？

(3) 目前我国机场的发展现状如何？

(4) 航空公司业近年发生了哪些显著的变化？

(5) 机场业近年发生了什么关键性的变化？

(6) 机场运行内容包括哪些方面？

第二章 机场性质的变化

机场的管理理念和方法与机场的性质密切相关。本章讨论机场性质的变化过程及其对管理方式产生的影响，即机场业从公有制和国营方式向主要以私有制和全球经营为开端的新时期机场管理方式的转变。并从机场业本身、航空公司以及旅客三个方面对这种根本性转变产生的影响进行评估。

第一节 传统的机场所有制与管理

传统上所有的机场都是公有的。欧洲主要城市，如巴黎、伦敦、都柏林、斯德哥尔摩、哥本哈根和马德里的机场原来都是国有的；欧洲以外的许多机场如位于东京、新加坡、曼谷、悉尼的机场也是如此。在美国，地方政府拥有大多数机场。英国的地方机场也大多由地方政府所有，例如，曼彻斯特机场的所有者就是一个由地方政府组成的财团，曼彻斯特市议会占有55%的股份，余下的45%的股份分属于周边八个其他城市的议会。

还有一些机场的所有权属于国家和地方政府共有。如阿姆斯特丹机场为荷兰政府（76%）以及阿姆斯特丹（22%）和鹿特丹（2%）市共同拥有。另一个典型的例子是位于法国和瑞士交界处的巴塞尔-牟罗兹（Basel-Mulhouse）机场，为瑞士和法国政府共同拥有。

直到20世纪90年代，部分私有或私有的机场才开始明显增多。在欧美等航空发达国家，传统上私有机场只是通用航空或航空俱乐部使用的小型机场，因此，私有机场对机场业的影响非常有限。这样，地方或国家层次上的公有形式成为机场最常见的产权形式。然而，国家或地方政府对机场的运营或管理方式有显著差异，对机场的独立和自主程度的影响也各不相同。当政府部门如民航局、交通部，甚至军队直接承担机场运营工作时，控制形式最严格。这种情况过去在亚洲、中东、非洲和南美地区最常见。在加拿大，交通部直接运营150个商用的加拿大机场。在欧洲，希腊是一个很好的例子，它的机场由民航局直接运营。

另一种情况是，半自主的实体或公司承担公有机场的运营。这些组织中，有的管理多个机场，如欧洲的英国机场当局，有的只管理一个主要机场，如阿姆斯特丹机场和许多德国机场的情形。在美国，有的机场也是由机场当局管理，还有为数不多的综合性政府交通机构，它们既运营机场，也运营其他交通设施。

还有一些机场是以中央政府特许权为基础进行运营的。由国有股份和部分私人股份组成的公司对意大利的一些较大的机场（如威尼斯、米兰机场）持有长期特许经营权（米兰机场为60年），特许经营权可以包括对整个机场的管理和运行服务（如米兰机场），或只是这些服务的一部分，如航站楼的管理和运行。法国的地方机场的特许经营权也是给予当地商业组织，国家保留对部分航空设施的控制。

我国的机场长期以来都是公有和国营的。机场运营的目标是完成上级下达的行政任务，赢利上缴国家，亏损由国家补贴，机场没有独立决策的自主权，只是一个计划执行单位。改革开放后，我国机场的国有性质仍然保持，但机场的企业性质逐步增强，向纯粹的经济实体过渡，行为目标演变为以市场需求为导向，追求利润最大化。我国机场的国有性质决定了机场经营目标的双重性：既要实现机场利益最大化，又要满足社会公众的利益。但在市场经济条件下，机场承担社会责任的过程，已不再是单纯地执行行政命令，而是通过市场机制的作用来协调完成。机场通过提供社会需要的服务而获得利润，得到发展。

改革开放以前，我国的机场管理模式比较单一，机场完全由中央政府统一管理。改革开放后，地方政府为促进当地社会经济的发展积极参与机场建设，由于机场投资主体发生了变化，从而使单一的机场管理模式被打破，形成了多种管理模式并存的局面。我国的机场管理模式主要有以下几类：

① 由民航总局和地方管理局直接管理的机场。这类机场主要由政府投资，产权归政府所有。由政府组织当局对机场进行管理，机场有义务向民航局反映其运营的成本和收入情况。民航改制后，这类机场只有首都机场和西藏区域内的机场。

② 由地方政府管理的机场。这类机场全部或大部分由地方政府投资和经营，民航总局实行行业管理。如厦门机场、深圳机场、珠海机场、三亚机场等。机场归地方政府管理可更好地满足地方和用户的需要，提高机场的效率和效益。从世界范围内来看，凡是由地方自治的机场，财务状况普遍较好。

③ 由中央和地方政府以及其他经济组织共同出资实行股份制管理的机场。这类机场在一定程度上实现了私有化，直接与市场衔接，在一定程度上减轻了国家的投资负担。这些机场有的由地方政府控股，如福州长乐机场，有的由中央政府控股，如广州白云机场等。

第二节 机场的商业化进程

人们一直把公有的、受到严格控制的机场看做公用品，承担提供公共服务的责任。因此，机场的商业和财务管理活动没有被放在最优先的位置。但到了 20

世纪70和80年代，随着航空运输业的成长、成熟以及航空公司私有化和放松管制的出现，机场管理的观念开始发生变化。机场逐渐被人们更多地看做商业企业，并采用更加讲求实际的管理理念。机场的商业化进程在世界的不同地区快慢不一，欧洲通常处于领先地位，相比而言非洲和南美一般更坚持对机场的传统看法，发生的变化较少。中国机场的运行管理体制也在逐步发生变化，从由中央政府拥有，到大部分机场划归地方政府所有，到引入多元化的投资主体，并在经营管理中逐渐引入商业化机制。

商业化进程反映在一系列不同而又相互联系的过程中。首先，各种机场都放松了它们与政府所有者之间的联系。这主要是通过建立更独立的机场当局而实现的。有时也通过公司化，包括设立含有国有股东的机场公司。这一进程通常给予机场更多的商业和运营自由，并且打开私有投资和合作的门户。

有很多机场（如欧洲的阿姆斯特丹和法兰克福机场）一直是由机场公司经营的。而20世纪70至80年代人们观念的改变导致了更多的机场当局和机场公司的产生。例如，1972年印度的国际机场管理局成立，管理该国的4个国际机场，1986年又将国内机场归入国家机场管理局管理。这两个管理局在1995年合并。另外一些例子包括成立于1987年的国有波兰机场公司，成立于1988年的澳大利亚联邦机场公司，以及成立于1991年的肯尼亚机场管理局。

加拿大的许多大机场以前是由加拿大交通部直接控制的，对这些机场的管理在20世纪90年代通过长期租赁的方式转移给了独立的非营利机构。这一做法的目的是为了提高效率和将机场与当地经济更紧密地结合在一起。到2000年超过100个加拿大机场的控制权已经转交给地方组织。

这样，更多的注意力开始转移到机场的商业经营方面，如财务管理、非航空收入的获得和机场市场营销。过去，机场的运营工作一直过多地掩盖了其他方面的工作，绝大多数机场高级管理人员都是运营专家。然而，人们逐渐认识到机场的商业功能与其他方面的功能同样重要，投入这方面的资源和人力有所增加。以前较少采用的管理措施，如财务绩效的衡量和质量管理技术也开始被越来越多的机场作为基本的管理工具使用。在有的机场，原来典型的职能型组织结构是按财务、运营和行政管理等分成不同的部门，现在这种结构更注重顾客需求，如旅客和航空公司服务的部门或业务单位所取代。

机场商业化进程的最显著的标志之一是机场更多地依赖于非航空收入（或称商业收入）。航空收入（如向航空公司收取的起降费、旅客过站费等）历来是机场收入的最主要部分，而现在一些机场的非航空收入已超过了航空收入，成为机场最重要的收入来源。这一现象在欧洲最明显，如阿姆斯特丹机场1984年已出现这种情况。这种发展主要是由于分配了更多的空间给零售和其他非航空设施，服务质量的改进，以及商业活动范围的扩大。

历史上，机场业在市场营销方面扮演的角色十分被动，仅在必要时对顾客的需求做出反应。商业化的机场管理方式与面对更激烈的竞争压力和商业动力更强的航空公司业对机场业的要求，使得机场在市场营销方面扮演的角色更加主动和活跃。许多机场设立了市场营销部，开始使用价格策略和促销活动来吸引新顾客，并开始进行市场研究。

过去，由于政府控制，获取如实反映机场经济绩效的财务会计报告通常很困难。机场普遍采用本国特有的公共会计处理方法，而不是更标准的商业会计程序，因此在经济绩效上机场不能与其他组织进行简单的比较。而且有的机场还不是独立的核算单位，机场成本和收益在政府部门的整个会计项目中仅被作为一个项目对待，而且很少通过比较来评估机场的赢利能力。有些机场甚至没有单独的收支平衡表。

20 世纪 70 至 80 年代以来，由于政府与机场当局或机场管理公司的联系逐渐减少，越来越多的机场开始采用更加商业化的会计核算方法。例如，1987 年英国的所有主要地区机场都成为了公众有限公司，采用商业的私有部门会计处理程序，第一次用折旧来衡量资本成本。类似的，当日内瓦机场公司在 1994 年成为独立的管理机构后，它开始在年度会计报告中公布收支平衡表和资产价值，这些数据在以前都是被省略掉的。

第三节　机场的私有化

从世界范围来看，20 世纪 70 至 80 年代是机场商业化盛行的年代，而 20 世纪 90 年代是机场私有化成为现实的 10 年。机场私有化的含义有多种，从最广泛的意义上讲，机场私有化通常是与机场管理权（在许多时候也与机场所有权）向私有形式的转移联系在一起的。

一、机场私有化的原因

关于支持还是反对公有组织私有化的理论争论已持续多年并遍及各国，特别是在涉及股权转让的时候，争论更激烈。一方面，私有化可以减少公共部门的投资需求并打开进入商业市场的通道，减少政府的控制并增强组织的多元化能力；可以促进竞争、提高效率、扩大股东范围。另一方面，私有化可能产生私人垄断，进而导致乱收费、降低服务标准、投入不够，以及对界外效应的忽视（如控制环境影响和维护社会正义等。）

航空运输业在 20 世纪 80 至 90 年代出现了一系列进步，它们对某些国家的机场私有化产生了特别的促进作用。首先是航空运输需求持续增长，而且预计未来增长势头良好。这种增长在某些地区，最明显的是欧洲和北美，得益于对航空运输业的放松管制。对于能否或是否有必要全部满足这些增长的需求，人们意见不一，但可以肯定的是现有的机场容量不能适应这种增长，机场设施需要增加。在这一背景下，机场私有化被当做了拓宽融资渠道的一种手段，以获得机场未来投资需要的资金。而且，传统上机场融资的主要渠道之一的公共部门基金，在当今的全球经济环境下已越来越少，因为政府正努力减少公用开支，或将工作重心转移到非营利活动，如健康和教育这些更有价值的领域。

从某些方面看，机场私有化仅仅是机场发展过程中的一个阶段。机场经历了从公用设施到商业企业的发展过程，私有化可认为是商业化的发展极限。商业化带来了真正的利润导向和市场导向的管理。实践证明机场能够满足私有化的要求，虽然很多情况下带有一定的保护条件。同时，航空公司业的变化不可避免地对机场业产生了显著影响。航空公司业从以公有制和国营为主转向拥有更多商业自由的全球经营，迫使许多机场在与作为用户的航空公司打交道时必须更多地考虑它们的需要。

世界范围内私有化机场数量的不断增加说明许多机场在处理 21 世纪面临的挑战时所采取的这一措施已为更多的人所接受。然而，机场所有权和控制权似乎总是相互矛盾的。对许多国家而言将属于国家或者地方财产的机场转换成私有形式仍然是一个敏感的政治问题。许多机场具有的自然垄断地位始终是政府和机场用户关心的问题。他们担心机场会优先考虑股东或投资者的利益，而忽视用户和社区需要。有的反对者认为，机场私有化没有任何意义，机场从本质上讲是航空运输的基础设施。与航空公司面临的情况不同，机场具有更强的不可复制的自然垄断倾向，而航空公司作为航空运输的运营者更容易面对竞争。对私有化的认识在世界的不同地区、不同国家甚至在同一个国家的中央和地方政府机构之间都有很大差异。结果是机场商业化不总是会导致私有化，有很多机场，如英国的曼彻斯特机场是在非常商业化的基础上运行的，但还没有成为完全的私营机构。我国很多机场的发展也有类似倾向。

二、国外机场私有化的主要进程

第一例重要的机场私有化事件 1987 年发生在英国，是通过对英国机场管理局（BAA）的股权转让而实现的。BAA 当时拥有 3 个伦敦机场和 4 个苏格兰机场。这次成功的机场私有化事件引发了许多关于其他机场是否也要私有化的争论。但在随后的几年中仅有十几个机场真正实现了私有化，维也纳和哥本哈根机场是其中典型的例子。维也纳机场 27%的股份在 1992 年被转让，随后在 1996 年又有 21%的股份第 2 次转让。哥本哈根机场 25%的股份 1994 年转让，1995 年又有 24%的股份转让。

1996年是机场业发展的一个转折点，随后的几年机场私有化成了世界许多地区的一个更普遍的选择。在欧洲，种类繁多的机场在1997年部分或完全私有化。进一步的私有化浪潮发生在1998年的澳大利亚、南非、阿根廷等。在1999年和2000年，中美洲和南美洲国家（如墨西哥、多米尼加共和国、智利、哥斯达黎加、古巴）的许多机场也进行了私有化改造，美国的一些小机场如尼亚加拉瀑布机场也是如此。马来西亚机场、北京首都国际机场、苏黎士机场也发生了股权转让。印度南部出现了第一个有部分私人融资的机场，地方政府融资35%，私人投资者融资35%，还有30%来自在机场提供物品和服务的公司。

随着私有化进程的发展，越来越多的投资者对投资机场产生了兴趣。有时这会导致购买价格提高，一些购买者在投资机场时花了冤枉钱。航空公司对此特别关心，它们担心购买成本提高会导致机场收费增加。购买价格过高的私有化机场的长期生存能力也受到怀疑。分析家在决定是否投资时会特别考虑机场价格（企业价值EV）与利润（利息、税收、折旧和摊销前的所得EBITDA，或利息和税收前的所得EBIT）的比值。较早进行私有化的机场，如英国机场公司、维也纳和哥本哈根机场，EV/EBITDA值在5～10的范围内。而后来的私有化机场，这一比值在墨西哥、南非和阿根廷达到了15。澳大利亚机场在出售时，有的EV/EBITDA值高达20。产生这一现象的原因有多种，如竞标者过多，被出售的机场在交通和商业上的潜力引人注目，投资机会不多，以及稳定的国家经济和政治环境。

并不是所有的机场私有化都是成功的。例如，法兰克福机场公司（Fraport）参与了菲律宾马尼拉机场的私有化计划，但投资遇到的困难使该公司2003年退出。柏林机场的私有化1991年以来已经进行了3次尝试。BAA与美国哈里斯堡（Harrisburg）机场签订了管理合同，但合同提前终止。然而，大量证据表明私有化趋势在21世纪会继续发展。一份国际民航组织对83个国家303个机场的调查表明，通过出售、租赁或特许经营等方式，机场的私有化预计在未来会有显著增长。2001年，在“9.11”事件、经济衰退以及航空公司在某些领域的失败等因素的共同作用下，机场私有化的吸引力暂时降低了。各种形式的私有化，如在米兰、布鲁塞尔、悉尼机场的私有化，都被推迟或取消了。到2002年中期，很多机场的私有化又被提上了议事日程，如悉尼和马耳他机场的成功私有化。其他的机场私有化也在策划和考虑中，虽然投资者普遍显得更加小心谨慎。机场私有化的国家包括欧洲国家，如英国、葡萄牙、西班牙、意大利、德国、捷克民主共和国、爱尔兰、塞浦路斯以及俄罗斯。私有化也在许多南美国家的考虑之中，如委内瑞拉、巴西、巴拿马和秘鲁，以及一些亚洲国家如泰国、马来西亚、印度尼西亚、韩国、日本等。

三、机场私有化的类型

机场通常被投资者视为有吸引力的投资对象，原因是多方面的。首先，机场业的增长趋势明显。许多机场，特别是主要机场，面临的来自其他机场和其他交通方式的竞争有限。机场业进入壁垒高，需要很大的投资，而且要找到一个适合机场发展的合适而方便的位置非常困难。投资风险也明显存在，如对机场发展进行管制和控制的政治干涉以及由放松管制和航空公司联盟带来的更广泛合作引起的航空公司业性质的变化等。

随着机场私有化变得越来越普遍，已出现的机场私有化类型也更丰富。目前，已出现的机场私有化类型主要有五大类：

① 股权转让；② 交易出售；③ 特许经营；④ 项目融资；⑤ 管理合同。

选择最合适的私有化形式涉及复杂的决策过程，最终取决于政府寻求私有化的目的。私有化的目的主要有：减轻国家财政负担、通过出售机场获取资金、增加股东数量或提高机场效率、增强竞争或促进专业化管理。在决策过程中，诸如政府希望维持的对机场的控制程度、目前机场运营者的质量和专业水平、进一步的投资需求，以及目标机场的融资能力等因素都必须加以考虑。

（一）股权转让

第一种私有化形式是股权转让。发售机场公司的股份资本并在证券市场上交易。到 20 世纪 90 年代末，已发生的唯一 100%的股权转让是 1987 年与 BAA 有关的股权转让。采用部分股权转让的机场公司包括：维也纳机场、哥本哈根机场、苏黎士机场、奥克兰机场、马来西亚机场集团（在该国拥有 37 个机场）、法兰克福机场以及北京首都国际机场，等等。北京首都国际机场的股权转让方式别具一格，它是第一家最初采用交易出售形式与法国巴黎机场公司结成战略伙伴关系，之后再进行股权转让的机场。巴黎机场公司在这一“里程碑”式的进程中，购买了北京首都国际机场 10%的股份。一家风险投资公司购买了另外 8%的股份，公共机构和零售业投资者购买了 17%，中国政府保留了 65%的股份。

通过股权转让，政府将放弃全部或部分机场所有权，同时将经济和效益的风险转移到新股东身上。证券市场一般将购买机场公司股份视为利好，因为有利因素明显，如强烈的增长预期，由于高进入壁垒和很少的替代品威胁而使竞争受到限制，以及潜在的商业机会等。

股权转让这种类型的完全或部分私有化会消除或至少会减少机场融资中对政府的依赖。这种私有化形式可用于为机场的未来投资吸收资金或直接为政府收回资金。即使采取了完全私有化的形式，一定程度的政府影响从理论上讲也可通过政府持有金股而得到维持，这样在某些极端情况下国家利益能得到保证。为避免任何个别股东获得控制权，可规定最大持股份额。英国政府持有BAA的金股，享有对政府不希望出现的有损国家利益的事件的否决权，并有权规定任何单个股东的持股量。然而欧洲法庭2003年宣布这种持股方式为非法，因为它阻碍了资本在欧盟内的流动。

我国现有4家A股机场上市公司，分别是首都机场、浦东机场、白云机场和深圳机场股份有限公司。2006年，深圳机场、浦东机场和白云机场纷纷公布了整体上市或再融资计划，通过定向增发将集团的经营性资产放入股份公司，而首都机场2006年12月股东大会也通过增发8亿股A股。机场整体上市将意味着机场资源的整体使用权和收益权完全由机场集团转移至上市公司，使得上市公司经营性资产更加完整，增强上市公司赢利能力，流通股东将更多分享机场增长带来的收益，为机构投资者提供了更多投资标的。

为使股票能够在证券市场上流通，机场公司必须有最低利润的跟踪记录。机场对投资者要有足够的吸引力，运行状况不佳的机场显然很难以这种方式进行私有化。发展成熟的资本市场也是进行股权转让的必要条件。机场公司必须适应股东和其他投资者对其财务状况的日常检查，结果股票价格成为了一个重要的指标。员工持股可能会产生激励作用，使员工将公司状况与自己切身利益联系起来。

（二）交易出售

通过交易出售这种方式，机场的部分或全部被出售给一个交易伙伴或投资财团。20世纪90年代发生的所有交易出售都具有战略投资目的，而不仅仅是单纯的投资。这意味着交易出售的考虑因素不仅仅是交易伙伴的财务能力，管理和技术专长同样重要。

20世纪90年代以来，一批英国机场被全部整体出售给交易伙伴，而另一些机场是通过部分出售而引进战略伙伴的。南非机场公司20%的股份已出售给战略伙伴，该公司拥有并管理着9个南非机场，包括3个主要国际机场。新西兰威灵顿机场2/3的股份已通过交易出售方式出售。长期租赁给战略伙伴的机场也可包括在这一类型中，前提是全部的控制权从公有制机场转移到交易伙伴。澳大利亚的大部分机场就是以长期租赁的方式出售给不同的财团的（租期50年，并可选择再续租49年）。

在上述大多数的例子中，战略伙伴是现有的机场运营者或购买财团中包含具有机场管理经验的成员。例如，BAA是那不勒斯（Naples）机场出售中的战略伙伴，在澳大利亚机场的交易出售中，竞标成功的财团其内部都有对机场感兴趣的成员。参与机场私有化项目的许多机场本身并没有进行私有化，这使得对私有机场的定义变得更复杂。例如，国有的荷兰史基辅（Schiphol）机场集团除拥有阿姆斯特丹机场外，在世界许多其他机场还有投资。针对这类机场集团的私有化问题有很多讨论，但还没有付诸行动。

（三）特许经营

采用这种特许经营方式，机场管理公司或财团通过获取经营“公有”机场的特许权或租赁权，在规定时期（通常为20～30年）内对机场进行私有化经营。融资条件和租赁方式多种多样，但这种方式的共同特点是都包含一个首付款和一个投资（年金）水平的担保。最早的特许经营实例之一是1997年达成协议的玻利维亚的3个主要机场，国际机场集团是一个机场管理公司，它获得了对上述3个机场为期30年的特许经营权，并承诺在此期间提高3个机场的等级，支付占总收入21%的年金。另外一个例子是阿根廷33个机场为期30年的特许经营权被授予给一个财团，米兰机场公司是该财团的成员之一。该财团承诺协议期的前5年每年支付 1.71 亿美元，之后的特许经营费与交通运输量的增长挂钩。该财团还答应30年内对机场投资21亿美元，前5年投资额超过8亿美元，主要投资于布易诺斯艾利斯的2个机场。

一般而言，在这种方式下，特许经营者将承担全部经济风险，并负责全部运营资金及未来的投资。由于采用这种私有化形式的机场只在一段固定时间内移交给特许经营者，与转移权力的私有化形式比较，作为机场所有者的政府对机场拥有的控制程度更高。这种方式在一些国家从政治上更易被接受。例如在南美，20世纪90年代后期就已达成了一批特许经营协议。该地区交通运输量预计会高速增长，但在很多情况下基础设施不足，政府又不愿意或无力对机场进行投资。在英国，一个由多家公司组成的财团1998年获得了经营卢顿（Luton）机场为期30年的特许权。之所以选择特许经营而不是股权转让或交易出售等方式进行私有化，是因为作为机场所有者的当地政府承诺不会将机场这一公有财产全部转移到私人手中。这一计划包括支付基本的年特许经营费1 900万美元，并随旅客流量的增长而增长。

墨西哥的情况又有所不同。该国的58个机场被分为4个集团，分别叫做北-中集团、太平洋集团、东南集团和墨西哥城集团。特许经营权被分别授予每一个集团，初始经营年限是15年，还包含一个50年的延续协议。1998年，东南集团15%的股份被出售给由哥本哈根机场等公司组成的财团。1999年，由12个机场组成的太平洋集团15%的股份被出售给一个以Aena（西班牙机场集团）为主要成员的财团。2000年，北-中集团将同样份额的股份出售给Adp（巴黎机场公司）。对机场实行特许经营权协议转让的其他国家有多米尼加共和国、智利、乌拉圭、哥斯达黎加、秘鲁和坦桑尼亚。

（四）项目融资

项目融资这一方式通常要求投资公司先对一个机场或机场的某些设施（如候

机楼）进行建设或扩建然后再运营，运营权有一定的时间限制。运营时间到期后，所有权将交还给作为业主的政府。通常这种方式不要求立即支付现金，但运营公司要承担机场设施建设或扩建的全部费用。机场设施建成后，公司必须负担运营成本，并可在交回机场设施前保留所有收益。这样，投资公司将承担全部投资和运营的经济风险。有很多项目融资私有化的方法，最常见的是建设—运营—交还(BOT)，即如其名称表示的那样，公司建造机场设施，在规定的时间内运营这些设施，然后将所有权交还给政府。其他类似的模式包括：建设—出租—交还(BRT)，或设计—建造—管理—融资（DCMF)。另外一些选择可能包含对设施所有权的实际占有，如建造—拥有—运营—转让（BOOT）或改善—拥有—转让（ROT)。但所有这些方法通常都表示为BOT。

这种私有化方式通常用于需要较大投资的新机场、新候机楼或其他主要设施建设项目。第一批采用这种私有化方式的主要项目之一是多伦多 Lester B. Pearson 国际机场的 3 号候机楼，该项目采用 BOT 形式，国际机场集团现持有该候机楼的管理合同。伯明翰机场的 Eurohub 也是以 BOT 方式建造的，承建公司由伯明翰机场（25%)、英国航空公司（21.4%)、当地政府（14.3%）以及其他一些公司组成。该候机楼现在由伯明翰机场完全拥有和管理。其他地方，如布达佩斯机场和纽约 JFK 机场的国际候机楼都是通过 BOT 项目进行开发的。

BOT 项目的另一个例子是马尼拉 Ninoy Aquino 国际机场的 3 号国际候机楼，这是在亚太地区的第一个项目融资模式。参与这一为期 25 年的项目的财团是菲律宾国际航空港公司，由法兰克福机场公司牵头，但法兰克福机场公司于 2003 年实际撤出该项目。

（五）管理合约

最温和的私有化形式是管理合约，政府保留所有权，合约另一方负责机场的日常运营。运营方每年支付管理费用，数量通常与机场运营情况挂钩。投资一般仍由作为机场所有者的政府负责，这样整个经济风险由机场所有者和管理公司分担。对于政府而言，这种方式从政治上可能更易于接受，而对于运营方而言，这种方式在一些国家具有吸引力，这些国家把更具暴露性的金融方式，如交易出售视为冒险。

在欧洲，布鲁塞尔机场候机楼是 1987 年以来通过合同方式由一家私人公司（布鲁塞尔机场候机楼公司）进行管理的。1998 年，这家公司与运营该机场其他部分的一家公众公司合并成了布鲁塞尔国际机场公司。对欧洲机场而言，更普遍的方式是与世界其他地区的机场签订管理合同。例如，巴黎机场公司在喀麦隆和马达加斯加签订了管理合同。西班牙机场公司与哥伦比亚的 3 个主要机场签订了管理合同。这种管理方式可覆盖整个机场运营范围，或仅针对某一方面，如零售业务。例如，BAA与美国的印地安那波利斯机场和毛里求斯的机场签订了全面管理合同，和匹兹堡机场、波士顿机场签订了零售业务合同。爱尔兰机场运营商（Aer Rianta）与不同的机场签订了零售业务合同，这些机场位于希腊、塞浦路斯、俄罗斯、巴林、巴基斯坦、科威特、贝鲁特、叙利亚、卡塔尔以及加拿大。

四、机场私有化中的竞争问题

政府对私营机场影响的大小取决于机场的私营化模式。如果选择管理合同或项目融资私有化形式，政府可维持较大的控制权。但如果在证券市场上将股权转让给机场公司或将机场出售给战略伙伴，政府对机场的影响就变得微乎其微。在后两种情况下，人们担心私有化的机场会变成私人垄断，并在运营中不能始终维护用户的最大利益。因此当私有化进程开始后，许多政府都引入了对机场进行经济管制的方法。

如果有一组机场而不是单个机场要进行私有化，还必须考虑另外一个竞争方面的问题：这些机场是应该作为一个整体一起出售，还是应该拆分后出售给不同的公司？特别是当这一组机场中既有几个能够赢利的大型国际机场，又有一些亏损的较小的地区或地方机场时，问题更突出。澳大利亚的机场和几个南美国家的机场在私有化时就遇到过这种情况。

如果将机场群作为整体出售，而且这个机场群作为整体具有良好的财务历史记录，就可能卖到较高的价钱，因为这个机场群受到的来自其他机场运营者的竞争很小，而且较大的公司在商业货币市场上筹资也更容易。然而，以这种方式出售机场可能阻碍竞争，机场集团内部各机场间的竞争程度一直是人们关心的问题。航空公司对机场集团也抱怀疑态度，担心自己在一个机场缴纳的费用会被用于另一个机场的发展，特别是一些它们根本用不上的遥远地区的机场。而机场方则认为以机场集团的方式运营会使资源和专业经验得到最好的应用。

在英国，经过长期争论之后，BAA在1987年被整体出售。BAA在伦敦的3个机场相互间在许多方面都有直接的竞争。BAA私有化方式的批评者认为整体出售对 BAA 在提供额外保障能力方面的激励作用小于单个机场出售。通过整体出售得到的收入比其他方式显然要高得多。对于 BAA 是否应该拆分出售，人们一直都在探索和评论，并且大都认为竞争带来的利润增加会大于由于没有规模经济和融资力量分散以及专业知识分散共同造成的利润减少。

在澳大利亚，政府对主要国际机场采用个别私有化的方式，但对一些较小的机场则采用集体出售的方式。禁止同一个运营商完全控制几个机场。在南美，全部33个阿根廷机场都按同一个特许经营协议进行运作，而在墨西哥，所有机场被划分为4个不同的集团。2002年，日本政府不得不修订其将成田机场、关西机场和在日本中部靠近名古屋的一个新机场作为一个机场集团进行私有化的计划。特别是来自航空公司的反对意见对政府决定进行单个机场私有化是有力的支持，因为航空公司担心成田机场可能被用来补贴其他两个机场的债务。

第四节　机场经营的全球化

私有化让很多机场公司能够将业务扩展到原来明确限定的国界范围之外。随着私有化的进一步发展，机场业全球化的步伐还会加快。这种扩张不仅发生在成熟的机场公司，如 BAA 和阿姆斯特丹的史基辅机场公司，而且也出现在很多不成熟的机场公司——它们以前管理机场的经验非常有限或根本没有这方面的经验。

一、传统的机场公司

有很多机场运营者在为其他机场提供服务方面具有丰富的经验，并且一直以来在为某些机场的一些活动提供咨询服务和合同式运行管理上都很活跃，如巴黎机场公司在中国、越南、塞浦路斯、菲律宾和印度尼西亚等国家的机场工程和建筑项目管理上已颇有名气。法兰克福机场公司在地面服务合同和行李系统方面已在西班牙、美国、肯尼亚等广泛的地区开展业务。爱尔兰机场公司则主要专注于机场零售业合同。

由于机场私有化，国际扩张的机会显著增加。例如，英国机场集团目前在意大利、美国、澳大利亚、毛里求斯和阿曼等国都有了机场业务。史基辅集团在荷兰的其他机场、澳大利亚和美国开展了机场业务。具有国际业务的欧洲机场或机场集团还有很多。这些欧洲机场的绝大多数都有雄心勃勃的外部业务扩张计划。例如，法兰克福机场公司 2005 年的商业目标是外部业务销售额要达到整个业务量的 50%。欧洲以外的国际机场公司进行国际扩张的较少，只有一些加拿大机场开展了国际业务。在大多数全球化行业上，美国公司都扮演着主要角色，但美国机场公司在全球化业务的开展上带来的竞争却较少。休斯敦机场是个例外，它在 2002 年参与了几起机场项目的竞标，并为一些机场提供管理服务。

二、新的机场运营者

利用私有化趋势而成为机场管理公司的组织是各种各样的。从世界各地的情况来看，介入机场业务的公司主要有物业开发商、传统的建筑公司、银行以及一些地面运输公司。

关于航空公司是否应该购买和运营机场的讨论也很多。在美国，已有航空公司部分或全部租赁候机楼；在澳大利亚，国内候机楼出租给国内承运人。这意味着航空公司对部分候机楼设施享有特权，并且可以得到很高的使用费折扣。在曼彻斯特机场有专门为英国航空公司建设的终端设施，汉莎航空公司与慕尼黑机场合资开发了第二个候机楼。如果单个的航空公司或航空公司联盟集团想要购买一个机场的大量股份以获得对它的更多控制权并形成更强的品牌效应，就会面临许多管制和竞争方面的问题。低成本航空公司也对运行它们自己的机场设施表现出兴趣，想以此来维持简单的服务和降低成本。

三、成为全球性机场运营者需要的技能

对传统的机场公司而言，要成为全球运营商，问题显然不仅仅是将在国内机场管理中形成的核心技能和竞争力直接移植到新机场那么简单。要获得成功，必须对这些核心技能进行调整以适应世界其他地方的机场，这些机场可能在不同的竞争环境和管理体制中运行。对一些国有的大型机场运营商而言，要做到这一点可能很困难，因为它们总是处于一种特权和准垄断的地位。此外，一个机场运营商要想成为成功的国际组织，还需要熟悉很多新的领域的专业知识。

机场管理者都熟悉传统机场运营中的核心能力。这些能力包括对机场飞行区和客、货终端区的全面管理，地面交通的计划和协调，保安和安全运作，设施和用具管理，以及总体规划。但在现在的机场管理中，机场运营所需的商业技能和专业技术同样重要。商业技能包括零售和其他商业设施的开发和管理技能，成本控制和组织优化技能，提高劳动生产率的技能，用以满足航空公司、旅客和其他顾客需求的市场营销专门知识，以及质量管理技术。

如果机场公司想要在全球机场业中竞争，它还需要在竞标和项目管理上具有竞争力。这意味着它需要具备投资评估和商业策划的技能，财团组织和管理技能，以及竞标准备和协议技能。一旦机场公司购入或获得了对“私有化”机场的有效控制,它还必须拥有除机场运营和商业管理所需的核心能力之外的其他一些技能。它必须能够在新机场创造附加价值，这可能包括确认新的机会、进行市场营销以及开发新的业务。为了利用这些新的机会，它还必须具备变化管理的专门知识和全球业务技能。

许多已经私有化的机场都是被各种财团合伙人而不是单个的公司所控制，澳大利亚和南美就是这种情况。在某些情况下，政府权力机构可能要求财团合伙人具备运营机场的专门知识。例如在澳大利亚，具备航空管理经验是必要条件；在墨西哥，一个主要的本地合伙人是基本要求。在任何竞标过程中，对于合伙人的最佳组合是什么，总是有很多争论。有人认为机场运营商加上工程公司负责主要项目管理，一个财务合伙人负责项目融资的组合可能是最佳解决方案。

四、全球化的原因

全球化是世界经济发展的显著趋势，它为许多行业带来成本节约、市场营销优势和技术发展机会。如与旅游有关的业务——酒店、旅行社在全球化中收益明显；航空公司业也是一个典型，全球化给航空公司带来许多直观的好处，如市场营销力量的增强、网络扩展与产品整合、品牌忠诚度提高以及成本削减，航空公司采用联盟和全球化战略已有多年历史。

对机场业而言，全球化的好处不是那么明显。控制一个全球性的机场集团带来的协同效应显然没有在航空公司业中感觉明显，特别是当这些机场是在不同的管制环境中运营时。对一个机场的成功管理实践并不能保证在另一个机场适用。

也有一些很具说服力的理由，鼓励所有行业进行全球化经营。如更高的经营回报和股东价值的增加，全球化可降低风险，减少对任何一个国家经济的依靠，降低单个国家经济不景气的影响程度等。

如果机场的核心基础设施（候机楼、跑道）受到环境或物理上的限制，进行国际扩张的好处可能更显著，伦敦、法兰克福和阿姆斯特丹机场就是这种情况。在国内市场上的财务增长可能受到管制体系的阻碍，这种管制体系会限制来自航空资源的收益，BAA 就遇到这种情况。此外，国际扩张能提供在国内市场上发展所急需的融资，而且可以保证核心业务的成功。

对于已经历了商业化和私有化过程的机场公司而言，全球化可看做是一个自然的进程。一旦私有化被证明是成功的，具有商业意识的机场进一步寻求更多利益和扩张以增加公司价值就显得顺理成章。然而不仅仅是私有化或部分私有化的机场在寻求转变成跨国公司，一些国有机场公司也同样热衷于购买其他机场。这类公司扩张的动机不是很清楚，虽然它们确实也面临着不断增加的提高运行品质的压力，并且预计其中许多机场最终会进行私有化。也许有的机场害怕在全球化的竞争中落伍，这种担忧可能是造成 20 世纪 90 年代后期一些机场招投标竞争程度不断增强的原因之一，同时在某些情况下也抬高了购买价格。

任何国际化或全球化公司具有的主要好处之一是它们可以通过在某些地区的大批量或联合采购来降低成本。这也符合机场业的情形，虽然节约的成本可能不是很多。例如，可以通过联合购买舷梯车和消防车等设备和通过达成更有利的保险协议来削减成本。成本的节省也表现在只需要一个最高管理机构，许多职能的集中（如会计、信息技术），联合培训计划以及共同的市场营销，与机场主要合作伙伴可采用标准形式签订商业合同等方面。成为全球公司的另外一个优势是有利于跟上技术和管理水平在全球的最新发展趋势。

与任何扩张一样，机场业的全球化也存在许多风险。激烈的竞标可能导致支付的价格过高。还有政治上的风险，这对机场业影响特别明显，因为机场业具有较强的政治作用。即使政府已将对机场的全部实际控制权转给了私人运营者，航空运输规章体系的改变或引入更严格的环境立法都可以使机场运营方式产生根本改变。

五、机场联盟与合作

机场网络全球化的主要动力来自于机场私有化，私有化使越来越多的机场被外部机场运营者完全购买，或至少是长期管理。将来，机场运营的全球化也可能以机场运营者之间更多的合作或通过建立机场联盟的形式来实现。特别是在航空公司间的竞争不断增强和更高明的全球化战略已经出现的情况下，这种现象似乎是不可避免的。这意味着机场自身也面临着不断增强的竞争和更大的要求降低成本、改善质量、为用户增加价值的压力。理论上讲，所有这些都可以通过机场合作得到改善。有时，这可能只是通过发展非正式联系以覆盖更广泛的活动领域的问题，这已存在于信息交换和市场营销支持等方面。与航空公司间的合作不同，航空公司主要是想通过合作满足扩展航线网络，进入更多市场的需要，而机场间的合作是希望通过在知识、专业技术和融资渠道等方面的共享上获得利益。

机场业中的第一个联盟是史基辅机场公司和法兰克福机场公司之间的称作“Pantares”的联盟，成立于1999年末。像其他行业一样，联盟能够使知识、技能、技术得到交流，从而产生协同作用和规模经济效应。国际项目的合作可以使合作方共同分担风险和投资需求。然而，像所有的合作一样，特别是有来自于不同国家的合作伙伴时，不协调的观点、缺乏共同的战略或目标、内在的文化和业务差异等因素都能引起联盟内部的冲突。史基辅机场公司和法兰克福机场公司相信它们之间存在合作空间，因为这两个机场都是欧洲枢纽，但服务于不同的航空公司联盟，它们具有互补的竞争能力、全球化水平相当、采用的战略相同。它们确认了7个可能合作的领域：

(1) 航空地面服务：地面服务和货物处理后勤系统，国际项目投标；

(2) 零售和旅客：在本机场和国际机场的零售业务，电子商务和联运战略；

(3) 设施管理：设备购买、项目管理和技术服务，设备和技术标准化；

(4) 房地产：本机场和其他机场开发选址，市场营销，国际项目竞标；

(5) 信息技术：系统和设备标准化，产品和技术开发，市场营销；

(6) 国际项目：私有化项目，项目管理，分担融资风险；

(7) 其他：市场营销，研究，培训和招聘，环境问题。

作为联盟伙伴关系的一部分，各机场同意在国际合同上不相互竞争。联盟还正在运营一个新的后勤中心，即香港机场的 Tradeport。各机场公司还成立了一个名为 Pantares System 的联合风险投资公司来为两个组织在信息技术和通信方面的需要提供服务，并且也向联盟以外提供相关服务。由于"9.11"事件带来的对机场保安的更高要求，合作领域很多都集中在开发自动化的旅客控制和旅客引导系统方面。其他的合作例子包括合作提高每位旅客在商业领域的支出等。

六、机场运营全球化对用户的影响

（一）对旅客的影响

全球化的主要好处之一是能够向顾客出售一种共同的产品或全球性的品牌。对国际性或全球性的机场公司而言，品牌化包括对所有机场使用相似的广告方式、色彩图式和内部设计。在一些国家的国内机场集团中这种方式已使用多年。例如，BAA 对它的 7 个英国机场一直使用一种共同的持续的品牌形象。然而在机场业内做品牌的优点很成问题。大多数旅客特别是旅行较少的休闲旅客可能不会意识到某种共同品牌，而且很难识别某一机场品牌的特点。打造品牌可以使旅客对他们享受和使用的机场服务与设施更熟悉，但要等到全球性的机场公司已经建立起非常强的影响，它的全球性品牌才能被大多数旅客识别。从机场运营者的观点来看，以打造一个共同的品牌形象为目标也可能有某些好处，例如，可以使集团的所有机场的服务质量水平得到明确的规定和保证。

（二）对航空公司的影响

航空公司业也不是都支持机场全球化的进程。例如汉莎航空（受 Pantares 协议影响最大的航空公司之一）已表示了这样的担心：机场全球化只会导致全球性机场集团开发利用其垄断地位，这不会给航空公司带来利益。另外，单个的航空公司或航空公司联盟在属于一个全球性机场公司的多个机场运营时，可能会获得好处。例如，在整个机场网络中可以使用一个标准化合同，可以达成例如达到一定使用量时的收费折扣和使用登机门及其他设施的共同协议。还有就是新的资金来源的获得可能使机场设施的质量得到改进，只要不因此提高机场收费价格，通常会受到航空公司的欢迎。管理技能的传播、零售和其他商业设施的开发可以增加机场的非航空收益，减少机场对航空资源的依赖。国际航空运输协会（IATA）已经承认机场全球化可以带来有益的规模经济，如联合采购和分担新系统的开发成本。如果低成本能带来低收费，这种发展会受到欢迎。然而，IATA 也对全球化可能导致管理重心和资金从核心机场分散表示担心，比如某些较小机场并不需要的复杂系统可能在这些机场得到使用，原因仅仅是现在有条件得到它们。

第五节 我国机场业的发展概况

中国机场业性质的变化及运行体制改革是民航管理体制改革的一部分，讨论机场业的发展应以民航发展为背景。1980年，中国民航告别军队建制，走上企业化道路。从1987年开始到1992年，中国民航进行了管理局与航空公司、机场分立的管理体制改革，在行业内部引入了竞争机制。此后，一批以地方政府为主投资的航空公司相继成立，一批民航企业进行股份制改造并成功上市。特别是从2002年开始，中国民航进行了自成立以来范围最广泛、力度最大的一轮体制改革。2002年10月，原中国民航总局直属的9家航空运输企业联合重组，成立了中国航空集团公司、中国东方航空集团公司和中国南方航空集团公司。加上地方政府管理的海南航空集团、上海航空公司、山东航空公司、深圳航空公司等，目前中国已形成了新的航空运输企业布局。对原来由民航总局直接管理的航空运输服务保障企业也进行了改革重组，分别成立了中国航空器材进出口集团公司、中国航空油料集团公司和中国民航信息集团公司。2003年，进行了机场管理体制的改革。除北京首都国际机场和西藏自治区内民用机场以外，原中国民航总局管理的其他机场全部移交地方政府管理。与此同时，中国民航的政府行业管理格局也进行了相应的变革。原来"民航总局—地区管理局—省（区、市）局"三级行业管理体制改革为"民航总局—地区管理局"两级管理体制，撤销了民航各省（区、市）局，组建了民航安全监督管理办公室，作为民航地区管理局的派出机构，负责所辖地域内的安全监管和市场监管。中国民航总局作为国务院主管全国民航事务的直属机构，不再代行脱钩企业的国有资产所有者职能，承担安全管理、市场管理、空中交通管理、宏观调控及对外关系5大行业管理职能。体制改革后，航空运输及服务保障企业、机场的经营自主权扩大，其发展的积极性空前高涨；政府对行业运行监管的力度加大，行为方式更加规范；地方政府对发展民航的关心与重视程度也普遍得以增强。

机场移交地方后，民航总局在机场方面主要行使宏观调控和安全管理职能，重点是安全监管，真正回归到了政府的角色。改革的核心内容是把政府对机场的管理与机场的生产经营分开，政府对机场的行业监管职能与资产管理职能分开。增强了地方政府投资机场的积极性，能更好地发挥地方政府在机场建设和管理上的优势，有利于机场独立自主经营，增强市场意识，转换经营机制，加强内部管理，提高经济效益。

由于民用机场既具有公益性和经营性，还具有区域垄断性等特点，因而对机场采取何种管理模式应当根据机场的具体情况区别对待。机场管理体制改革后，各机场自身的经营管理模式，在不违背国家和行业规定的情况下，可自主选择。具备企业化经营条件的机场，可以根据管理与经营分离的原则，构建规范的公司体制；不具备企业化经营条件的机场，可以明确定性为公共企业或事业单位。也就是说，对于那些赢利能力较强，具备商业化运营条件的大型机场，可以将其全部推向资本市场，借助国内外资本市场融通机场建设发展资金，实行商业化运营和管理，实现从管理型向经营型转变。对于那些完全实行商业化运作有困难、但其经营性项目较好的中型机场，可实行公益性项目与经营性项目分离，公益性基础设施由政府投资，经营性项目则实行商业化运行；而对于那些完全不具备商业化运营条件的小型机场，可以借助各种形式，如引进多种资本特别是民营资本、政府给予补贴、土地开发与旅游及其他资源相结合、委托管理等方式，保证机场作为地区社会经济发展的基础设施能够正常运行。

目前，我国机场的经营管理模式已出现多元化倾向并在不断地探索发展。机场移交地方政府管理后，原则上以省（区、市）为单位组建机场管理公司，实行企业化经营，统一管理省（区、市）内的机场。民航总局、地区管理局及其派出机构对所有民用机场实行行业管理。

2004 年底，民航总局已率先将北京、上海、深圳和厦门 4 个城市的机场的非航空类商业活动剥离，试点施行特许经营模式，并决定适时向全国范围推广。我国民用机场目前实施特许经营的业务范围主要包括机场地面服务和机场商业活动，只有具备一定资质的企业通过竞标才可以获得特许经营权。机场收取的特许经营费包括两部分：场地出租费和资源使用费（因为机场本身的功能可带来客货资源）。试点机场先将各自特许经营方案制订后上报民航总局待批，试点机场不再直接参与经营这 2 个领域的业务。根据实施情况，民航总局随后再将这一政策在全国范围内推广实行。地面服务本应是航空公司经营的业务，它是衡量航空公司服务水平和树立航空公司品牌的服务，但目前航空公司下设的地面服务公司在向机场缴纳一定的费用并开展业务的同时，各机场也都在经营地面服务业务争夺收入。客货源充足的机场更是利用其垄断性优势要求航空公司使用机场的地面服务，这导致一些在该机场有地面服务公司的航空公司向机场双重交费，航空公司对此颇为不满，这也是先在 4 个规模较大的机场率先试点的重要原因。

2004 年，斥资 10 亿元收购重庆江北机场的首都机场集团，2005 年 3 月又在渝展开了新动作。首都机场派出两只小分队进驻重庆江北机场，分别“接管”江北机场此前经营的餐饮、商铺，双方合作成立专业公司进行运作。这标志着民航总局所倡导的“非航空类商业活动的剥离”计划已经开始。除了重庆机场集团，湖北、沈阳机场也成为其推行特许经营的试点单位。按照首都机场的计划，他们将与重庆方面合作，两家公司经营机场的餐饮和商铺。与以往不同，这些公司成立之后，机场集团将不再直接参与经营，只进行宏观管理和规划、监督服务质量。下一步，重庆江北机场的停车场、广告、宾馆等，都将采取特许经营的模式，由专业公司负责运作。一直以来，非航空类商业活动都由机场“垄断”经营，而下一步“接管”后成立的专业公司，很有可能向社会开放。

2005 年 1 月 18 日，香港机场管理局在港与杭州萧山机场签订了经营合作意向书，双方的合作得到最终落实。香港机场将以参股方式与萧山机场成立一家合资企业，萧山机场拟以增资扩股的方式向香港机场转让 25%～49%股权。入股后，香港机场将会参与萧山机场的二期扩建工程和物流园建设，分别涉资 20 亿至 25 亿港元和 5 亿元人民币。这家合资企业还将力争在香港上市。

随着中国民用航空逐步走向市场化，民用飞机的起降费放开是大势所趋，民航总局已经开始着手研究具体方案，制定适合的价格体系。目前，国内飞机的起降费主要根据飞机机型，由民航总局统一制定价格。全国不分大小机场，收费标准几乎相同。一旦相关政策出台，将在全国所有机场施行新的定价措施，暂时的设想是限定最高收费额，下限放开。由于机场资源的特殊性，诸如北京、上海等航线相对丰富的机场，具有资源垄断性特征，设定上限将避免机场凭借垄断谋取暴利。而对于中小机场而言，可以利用政策相应降低起降费水平，吸引更多的航空公司带来更多的航线，给中小机场带来更多的发展机会。目前，国内机场的起降费在整个亚太地区仅低于日本，加上航材费和航油费，刚性成本几乎占到了航空公司总成本的 70%～80%。我国内地现有的 94 个中小机场年吞吐量都在 100 万人次以下，由于客源有限，85%处于亏损状态，年旅客吞吐量 10 万以下的 55 个机场更是亏损严重，只有大理、舟山和晋江等个别机场尚有赢利空间。这些中小机场收入的渠道主要来源于飞机起降费，其次是地面服务费，以及航空公司在航站楼设立柜台的租金等。随着机场逐渐由民航总局下放地方管理，机场生存发展又面临着投资体制不完善以及属地化缺少配套设施等一系列问题。一些机场甚至难以连续维持运营。

我国已经成为民航大国。但是与世界航空发达国家相比，不仅在量上还存在差距，而且在质的方面存在很大差距。就民用机场而言，我国的国土面积与美国相当，人口是美国的 5 倍，但民用机场只有美国的 1/17，航班运输机场只有美国的 1/5。即使与巴西、印度、巴基斯坦这样的发展中国家相比，我国民用机场的密度也相对偏小。2004 年以来，国内机场业务量增长迅猛，有些机场的容量已显紧张，一些没有机场的地区，也因社会经济的快速发展而需要建设机场。

因此，国内机场要满足国民经济的发展需要，数量还远远不够。1994 年以来，新建、扩建的机场有 80 多个，根据最新统计，一些机场已经在超负荷运行，相当一部分机场已达到或接近设计能力。按照初步预测，到 2020 年，全国机场旅客吞吐量、货邮吞吐量、飞机起降架次将分别达到约 9.5 亿人次、2 250 万 t 和 1 182 万架次，需要旅客航站楼总面积约 950 万 m^2（现有 350 万 m^2 左右），货运站约 280 万 m^2（现有 90 万 m^2 左右）。这就意味着今后 16 年，我们每年要建设总面积

40 万 m^2 左右的旅客航站楼和 15 万 m^2 左右的货运站，一些大中型机场需要建设多条跑道，每年还需要新建成若干个机场，才能满足发展需要。

在当前以及今后数年内，为推进中国民航事业的持续快速健康协调发展，我国将在现有的基础上进一步推进改革开放。主要采取如下政策措施：

第一，继续深化体制改革。着力转变政府职能，中国民航总局、地区管理局、省（市、区）航空安全监管办公室的职能和管理权限将依法规范，大幅度减少行政审批项目，使国家、消费者和企业三者利益得到切实维护，为企业公平竞争和健康发展提供良好的环境。鼓励和支持企业实行股份制改造，实现投资主体的多元化，规范法人治理结构。引导和推进机场建立新的管理模式，实现良性发展。

第二，调整市场管理政策。逐步放松国内航线经营权审批，用市场化办法配置航线资源。放宽市场准入，引导、促进国有投资主体、非国有投资主体和外资按照国家产业政策和民航法规规定，投资公共航空运输、通用航空、民用机场和其他民用航空相关项目。进一步推进运价改革。积极推进航空枢纽战略的实施。

第三，进一步扩大对外开放。主动适应全球航空运输自由化发展的趋势，按照“积极、有序、渐进”的原则，分阶段推进航空运输市场的开放。继续大力发展航空运输双边关系，同时积极探讨发展区域航空运输关系，在区域航空运输合作中发挥建设性作用。认真实施《外商投资民用航空业规定》，积极探索利用外资的新方式、新途径。支持航空公司与外国航空运输企业进行代码共享、战略联盟和其他营销合作。

第四，加快法律法规体系建设的步伐。根据中国民航改革和发展的新形势，进行《中华人民共和国民用航空法》的修订，加快建立、健全与之相配套的民航法规、规章体系。建立健全执法体制。完善行政处罚制度。

第五，积极实施科教兴业战略和人才强业战略。建立和完善对国内外先进技术引进、消化、吸收和创新的有效机制。确立民航企业在科技创新和科技投入中的主体地位。大力推进信息化建设。充分利用境内外教育资源，加强各类专业技术人员和高层次管理人员的培训和培养。鼓励企业聘用外籍优秀人才。

第六，大力加强安全管理。适当提高安全标准，提倡企业采用高于政府安全规章要求的标准。认真总结吸取历史上中国民航发生的安全问题和国际上的经验教训，加强重点安全问题的防范，提高安全水平。特别要加强国际合作，防范危及民航安全的恐怖活动。

本章小结

(1) 传统上所有的机场都是公有的。直到 20 世纪 90 年代，私有或部分私有的机场才开始明显增多。在欧美等航空发达国家，传统上私有机场只是通用航空或航空俱乐部使用的小型机场，因此私有机场对机场业的影响非常有限。

(2) 改革开放以前，我国的机场管理模式比较单一，机场完全由中央政府统一管理。改革开放后，由于机场投资主体发生了变化，从而使单一的机场管理模式被打破，形成了多种管理模式并存的局面。我国的机场管理模式主要有3类：由民航总局和地方管理局直接管理的机场；由地方政府管理的机场；由中央和地方政府以及其他经济组织共同出资实行股份制管理的机场。

(3) 机场商业化进程的最显著的标志之一是机场更多地依赖于非航空收入(或称商业收入)。航空收入（如向航空公司收取的起降费、旅客过站费等）历来是机场收入的最主要部分，而现在一些机场的非航空收入已超过了航空收入，成为机场最重要的收入来源。

(4) 航空运输业在20世纪80年代和90年代出现了一系列进步，它们对某些国家的机场私有化产生了特别的促进作用。首先是航空运输需求持续增长，而且预计未来增长势头良好。而现有的机场容量不能适应这种增长，机场设施需要增加。在这一背景下，机场私有化被当做了拓宽融资渠道的一种手段，以获得机场未来投资需要的资金。

(5) 机场私有化类型主要有5大类：股权转让、交易出售、特许经营、项目融资和管理合同。

(6) 成为全球性机场运营者需要的技能包括：熟悉传统机场运营中的核心能力，商业技能，在竞标和项目管理上具有竞争力。

(7) 机场全球化的原因包括：降低风险、增强融资能力、降低采购成本等。

思考题

(1) 传统机场所有制与现代机场所有制的区别是什么？

(2) 我国的机场管理模式主要有哪几种？

(3) 机场商业化进程的最显著的标志是什么？

(4) 机场私有化的原因有哪些？

(5) 目前已出现的机场私有化类型主要有哪些？

(6) 第一种私有化的形式是什么？它的主要特点是什么？

(7) 特许经营方式的主要特点是什么？

(8) 什么是BOT模式？

(9) 如何看待机场私有化中的竞争问题？

(10) 成为全球性机场运营者需要的技能包括哪些？

(11) 机场全球化能给机场营运者带来哪些好处？

(12) 机场运营全球化对旅客和航空公司会带来什么样的影响？

第三章　机场系统及其功能

本章讨论机场的基本结构及其功能，机场的管理体制与内部组织结构，机场的运行等内容，是理解机场管理知识的基础。

第一节　机场和机场系统

一、机　场

机场是航空运输系统的一个组成部分，其本身也是一个系统。航空运输系统包括飞机、机场、航线（航路）3 部分。机场是航空运输系统中航线网络的交汇点，是地面交通与空中交通相互转换的接口，也是人们感受航空运输系统对环境影响的窗口。

（一）机场的概念

机场是指在陆地上或水面上划定的一块区域，主要用于飞机着陆、起飞和地面活动。机场是对可供飞机起降、滑行、停放的场地和有关的建筑物及设施的总称。

《中华人民共和国民用航空法》对机场的定义："机场是指专供民用航空器起飞、降落、滑行、停放及进行其他活动使用的划定区域（包括附属的建筑物、装置和设施）。"

国际民航组织对机场的定义：供航空器起飞降落和地面活动而划定的一块地域或水域，包括域内的各种建筑物和设备装置。

（二）机场的主要功能及提供的基本服务

机场的主要功能是保证飞机安全、准时地起飞和降落；安排旅客和货物准时、顺畅地上下飞机；提供方便迅速的进出机场的交通服务。为实现以上功能，机场提供的基本服务包括：

1. 基本的运营服务

基本的运营服务保障飞机和机场用户的安全，包括空中交通管制，飞机进近和着陆，气象服务，通信，警察和保安，消防和急救（包括搜寻和救援），跑道、设施和房屋的维护。

2. 处理交通流量的服务（地面作业）

处理交通流量的服务是指与飞机有关的活动，如清洁、动力的提供、飞机加油、航空配餐、机务维修、装载/卸载行李/货物；与交通量有关的活动，包括旅客、行李、货物的处理。

3. 附属的商业和非商业服务

附属的商业和非商业服务包括停车场、汽车出租、商店、饭店、酒吧、报摊、邮局、公用电话、问讯台、卫生设施、会议中心和宾馆等，还有候机楼和机场的土地经营。

为了提供上述服务，机场需要大量的工作人员，从空中交通管制员、海关和移民局官员到机坪管理人员、装卸工人、保安人员、飞机维护人员以及司机和商店服务人员。他们多住在机场附近形成一个较大的社区。

随着机场规模的扩大，机场辅助设施增加，机场地区交通条件不断改善，机场的经济活动日趋频繁。现代化机场业务的功能，已远远超出原有空运业务的范围，正向着多功能、商业化方面发展。机场逐步成为集运输、商贸、旅游、服务、土地及房地产开发等为一体的综合性经济活动的中心。

（三）机场的经济属性及产品特征

市场经济条件下，机场已基本具备了企业的特征，其经济属性是企业，是向社会提供产品或服务，自主经营、自负盈亏的经济组织。作为企业的机场，应以赢利和实现价值增值作为其经营的目标，否则就难以维持和发展。

机场作为企业，向社会公众提供的产品主要是服务。与实物产品相比，服务产品在交易过程中不涉及所有权的转移，而是在特定时间和空间范围内对资源的使用权。服务产品具有无形性、同时性和差异性等特点。因此，对机场产品的质量测度和管理比实物产品要困难得多。

机场产品可以分为3个基本层次：① 核心服务，是机场的主要业务，是为飞机起降，为旅客与货物候机和过港提供的服务。没有核心服务，机场就不可能存在；② 相关服务，是核心服务的延伸，构成机场服务体系的一部分，如机场商店、宾馆的服务，机场车辆服务，航油供应，航空配餐等；③ 辅助性服务，是为保证核心服务和相关服务顺利开展而提供的支持性服务活动，如水、电、气、暖的供应等。辅助性服务有利于提高机场的运行效率。

从机场经营的角度看，区分机场服务的不同层次特别重要。核心服务必不可少，其质量直接影响到机场对航空公司的竞争力。但研究表明，机场核心服务的质量并不能有效增加机场产品对旅客的吸引力。要提供旅客满意的服务，机场除了要保证核心服务的质量外，还应在相关服务上多下工夫。机场的辅助服务有助于提高机场的整体服务水平，是机场服务有序进行的保障。

（四）机场的分类

按照不同的目的，机场从不同的角度可以有不同的分类。

1. 机场飞行区等级分类及其代码

航空器的种类是决定机场基础设施的一个重要因素。为了将航空器与机场相匹配，国际民航组织（ICAO）开发了国际标准的机场飞行区等级代码，公布在芝加哥公约附件 14 中。飞行区等级按基准场地长度划分为 4 级，用数码表示；按飞机的翼展长度和主起落架外轮缘之间的距离划分为 5 级，以字码表示，如表 3.1 所示。与代码匹配的飞机种类如表 3.2 所示。

表 3.1　机场飞行区等级指示

指标 1		指标 2		
数码	基准场地长度 m	字码	翼展/m	主起落架外轮缘间的距离/m
1	<800	A	<15	<4.5
2	800～1 200	B	15～24	4.5～6
3	1 200～1 800	C	24～36	6～9
4	≥1 800	D	36～52	9～14
		E	52～60	9～14

表 3.2　与机场等级代码相应的飞机种类

ICAO 等级代码	飞机类型
Code 4E	B747（100-400 系列），A330，A340，B777
Code 4D	DC10，MD11，L1011，B767，A300，A310
Code 4C	A320，B727，B737
Code 3C	F100，Bae146，F50
Code 2C	Dash80
Code 2B	Saab340，Mtroliner，Bandeirante
Code 1B	Domier228，Twin Otter

2. 按用途分类

机场按用途分类可分为运输机场、通用机场和其他机场。

① 运输机场是为航空运输使用和服务的机场。这类机场规模较大，功能齐全，使用较为频繁。

② 通用机场主要是指供专业飞行的机场。这类机场使用场地小，功能较为单一，对场道的要求不高。

③ 此外还有供飞行训练、飞行研究和俱乐部使用的机场。

3. 按规模分类

机场按规模可分为枢纽机场（见3.3所示）、干线机场和支线机场。

表3.3 我国枢纽机场分布示意图

类别＼名称	北方机场群	华东机场群	中南机场群	西南机场群	西北机场群
	北京、天津、河北、山西、内蒙古、辽宁、吉林、黑龙江	上海、江苏、浙江、山东、安徽、江西、福建	广东、广西、海南、河南、湖北、湖南	重庆、四川、云南、贵州、西藏	陕西、甘肃、青海、宁夏、新疆
既有机场（147个）	北京首都、南苑、天津、石家庄、秦皇岛、太原、运城、大同、长治、呼和浩特、包头、海拉尔、满洲里、锡林浩特、赤峰、通辽、乌兰浩特、乌海、沈阳、大连、丹东、锦州、朝阳、长春、延吉、哈尔滨、牡丹江、齐齐哈尔、佳木斯、黑河	上海浦东、上海虹桥、南京、无锡、常州、徐州、连云港、南通、盐城、杭州、宁波、温州、舟山、黄岩、义乌、衢州、济南、青岛、烟台、威海、临沂、潍坊、东营、合肥、黄山、安庆、阜阳、南昌、赣州、井冈山、九江、景德镇、福州、厦门、晋江、武夷山、连城	广州、深圳、珠海、梅州、汕头、湛江、南宁、桂林、北海、柳州、梧州、海口、三亚、郑州、洛阳、南阳、武汉、宜昌、恩施、襄樊、长沙、张家界、常德、永州、怀化	重庆、万州、成都、九寨沟、攀枝花、西昌、宜宾、绵阳、南充、泸州、广元、达州、昆明、西双版纳、丽江、大理、芒市、迪庆、保山、临沧、思茅、昭通、文山、贵阳、铜仁、兴义、安顺、黎平、拉萨、昌都、林芝	西安、延安、榆林汉中、安康、兰州、敦煌、嘉峪关、庆阳、西宁、格尔木、银川、乌鲁木齐、喀什、伊宁、库尔勒、阿勒泰、和田、阿克苏、库车、塔城、且末、那拉提、克拉玛依
	既有30个	既有37个	既有25个	既有31个	既有24个
新增机场（97个，2020年）	北京第二机场、良乡、邯郸、衡水、承德、张家口、吕梁、五台山、鄂尔多斯、阿尔山、二连浩特、巴彦淖尔、达来库布、霍林河、加格达齐、长海、长白山、通化、白城、漠河、大庆、鸡西、伊春、抚远	淮安、苏中、丽水、济宁、九华山、蚌埠、芜湖、宜春、赣东、三明、宁德、平潭	韶关、百色、河池、玉林、东方、五指山、琼海、信阳、商丘、神农架、衡阳、岳阳、武冈、邵东	黔江、巫山、乐山、康定、亚丁、马尔康、腾冲、红河、怒江、会泽、勐腊、泸沽湖、荔波、毕节、六盘水、遵义、黄平、黔北、阿里、日喀则、那曲	壶口、宝鸡、商洛、天水、夏河、金昌、陇南、张掖、武威、航天城、玉树、花土沟、德令哈、果洛、青海湖、固原、中卫、喀纳斯、吐鲁番、哈密、博乐、奎屯、楼兰、富蕴、塔中、石河子
	新增24个	新增12个	新增14个	新增21个	新增26个

① 枢纽机场是国家航空运输网络的枢纽，具有较大的衔接业务量和较强的中转能力，有大量的进出港航班，是航空客、货集散中心。

② 干线机场是指位于国内主干线上的机场，其航空运量比较集中，依托城市多为省市行政中心，年旅客吞吐量多在50万人次以上。

③ 支线机场指吞吐量较小，主要通航点在省内城市之间或邻近省（区）内城市之间的机场。依托城市多为省区内经济相对发达，人口较多的中小城市以及交通不便的城镇。年旅客吞吐量多在50万人次以下。

4. 按服务的航班性质分类

机场按服务的航班性质可分为国内机场、国际机场和门户机场。

(1) 国内机场是供国内航班使用的机场；

(2) 国际机场是指供国际航班出入境使用的机场，这类机场必须有办理海关、移民、公共健康、动植物检疫等手续的机构；

(3) 门户机场指入境航班第1个抵达和出境航班最后驶离的国际机场。

5. 其他的分类方法

机场按服务对象分为军用机场、民用机场、军民合用机场。按旅客乘机目的可分为始发/到达机场、经停（过境）机场、中转（转机）机场。从保证安全角度考虑还有备降机场。

二、机场系统

机场是航空运输系统的基础部分，是航空运输中下列3种主要成分的结合点：① 机场（为便于讨论，此处包括航路管制系统）；② 航空公司；③ 用户。机场的规划和运营必须要考虑这3种主要角色的相互作用，每个角色都必须与另外2个角色取得一定形式的平衡，系统才能顺利运转。否则，机场运行就达不到最佳状态，在自由竞争的市场环境下，往往会最终导致机场设施的运行规模下降，客货运输需求减少，机场、航空公司经营亏损，服务费用上升，服务质量下降，雇员工作条件变差、待遇降低等现象的出现，并形成恶性循环。

由于机场扮演的角色和具有的功能较多，其本身也构成了一个系统。简而言之，机场必须能够让飞机着陆和起飞，并在飞机停留机场期间能根据要求装卸货物和上下人员，进行各种服务。为达成上述目的，安全迅速地实现地面交通和空中交通的转接，机场系统通常划分为空侧和陆侧两大部分（见图3.1）。空侧为飞机活动的区域，供进出机场的飞机起飞和降落，主要包括跑道、滑行道、停机坪等。陆侧由航站楼和进出机场的地面通路组成。飞机在进近之后，要使用跑道、滑行道和停机坪，要在门位停靠，商载在航站楼内通过进/出港系统办理手续，在门位出入飞机。航站楼用于办理旅客和行李从地面出入交接面到飞机交接面之间的各项事物，飞机交接面是航站楼与停放飞机的连接部分，供旅客和行李上下飞机。地面交通出入航站楼的交接面包括公共交通的站台、停车场、供车辆和行人流通的道路等设施。

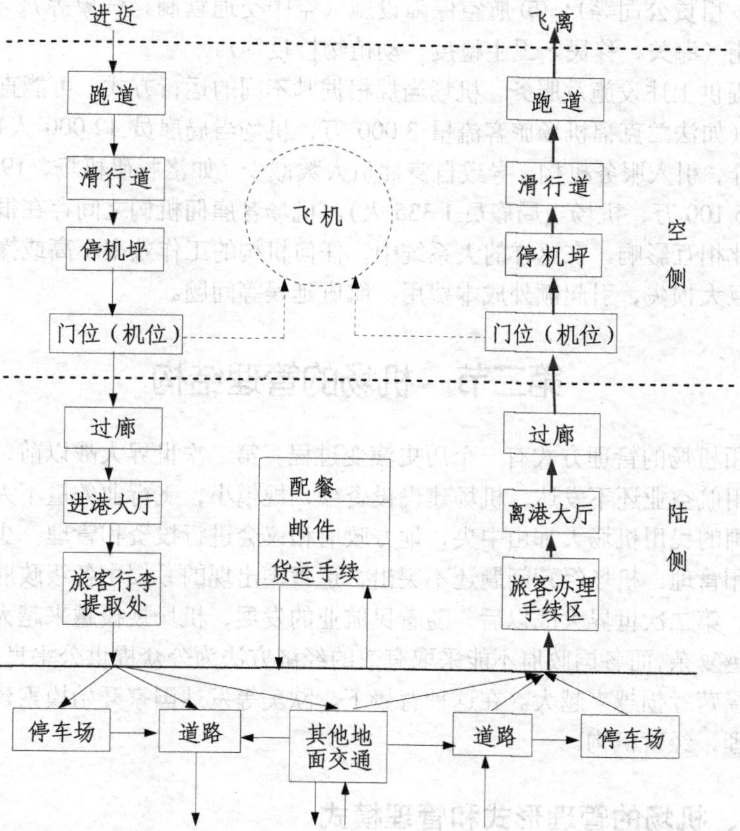

图 3.1 机场系统示意图

机场旅客和货运航站楼具有下列 3 种功能：

（1）实现运输方式的转换。在航空运输工具和地面运输工具之间提供有形的联系，适应机场控制区和非控制区的各种运输工具的不同的操作特点。

（2）办理手续。为办理机票、各种文件和票据以及管理旅客与货物提供必须的设施。

（3）移动类型的改变。把通过地面运输方式（汽车、火车等）到达的出港货物和旅客送进飞机，按事先安排好的航班离港；对进港的飞机进行反向处理。

对于小机场来说，客货运量小，航站楼设施需要不多，机场的运行并不复杂。但对大中型机场而言，情况就要复杂得多，要面对许多问题，需要专门的机构来进行处理。包括提供下述的设施，以及对这些设施进行管理：① 旅客的管理；② 飞机的保养、维修和技术支持；③ 航空公司的各种运行，包括空勤人员、客舱服务员、地勤人员、航站楼和机关的员工；④ 为稳定机场经济所必需的商业（特许经营、租赁公司等）；⑤ 航空保障设施（空中交通管制、气象等）；⑥ 政府的有关职能（海关、移民、卫生检疫、动植物检疫等）。

为提供上述设施及服务，机场当局根据其不同的运行方式，可能直接雇佣大量人员（如法兰克福机场旅客流量 3 000 万，机场当局雇员 12 000 人），或充当服务中介，引入服务机构，导致自身雇员人数减少（如洛杉矶机场，1994 年旅客流量为 5 100 万，机场当局雇员 1 335 人）。机场各雇佣机构之间存在很复杂的关系，彼此相互影响。在这样的大系统中，任何机构的工作效率不高或操作失误都会造成巨大损失，引起额外成本费用、航班延误等问题。

第二节　机场的管理结构

民用机场的管理方式有一个历史演变过程。第二次世界大战以前，航空运输业和通用航空业还不发达，机场建设投资少、规模小，飞行业务量不大，管理简单，各国的民用机场大都由中央、地方政府和议会进行投资和管理，少量的由私人投资和管理。机场经营问题还不突出，运营中出现的亏损由各级政府或社团进行补贴。第二次世界大战以后，随着民航业的发展，机场规模越来越大，经营管理越来越复杂，而各国政府不能采取有效的经济方法为公众提供公平良好的服务，投资和经营亏损越来越大。在这种背景下，欧美等发达国家开始摸索建立独立的机场管理、经营机构。

一、机场的管理形式和管理模式

机场管理大体上有 3 种形式或机制：

① 政府拥有，政府管理。机场由中央或地方政府所有并组织专门机构进行管理。

② 政府拥有，半政府性独立机构管理。机场管理机构为半政府半市场性质的机场管理局，为政府拥有但自负盈亏的独立机构。

③ 完全私有化。由股东代表及专家组成机场管理机构负责运营管理，但中央或地方政府持有金股，对机场运营管理的重大决策持有否决权。

在上述基本的机场管理形式下，各国根据自己的情况和需要，确立了不同的机场管理模式。在管理机构、管理体制和管理政策上具有不同的特色和发展演变过程。我国改革开放以来，随着社会主义市场经济体制的逐步深入和完善，民航事业的快速发展，机场管理体制也在经历着前所未有的改革和发展。

二、机场的组织结构

建立合理的机场内部组织机构的目的是要更好地实现机场目标、执行机场功能、提供良好服务、实现经济效益。

（一）影响机场组织结构的因素

通用的机场组织结构并不存在。各机场的类型和吞吐量规模是不同的，与政府部门的关系也各种各样。机场组织结构实际上是渐变的，与原有的结构和推动其变化的外界压力有关，并不只取决于组织内部的相关责任人的品质和能力。

机场的商业化和私有化发展，对其组织结构产生了根本的影响。机场的商业化运行已使其功能超出了飞行场地或交通运营的范围。随着机场规模的增加，非航空性收益变得越来越重要。很多国家的机场都通过开发广泛的收入渠道，来维持机场的经济活力。运行当局组织结构的变化，折射出随着机场客流量的不断提高，商业收入的重要性的不断增加，机场必须以更多的精力去开发商业。

机场的组织结构还要依据机场当局所承担的角色而定。机场当局的角色可从很少涉足机场运营活动的管理者角色（美国模式）到直接参与许多机场经营活动的经营者角色（欧洲模式）。我国机场当局的角色也正在从经营管理型向管理型转变。机场当局承担的角色不同，管理和运行结构也不同。这意味着机场旅客吞吐量和机场雇员规模之间没有必然的关系。不承担大多数经营活动的机场当局，职员需求量很低，随着机场自己承担的经营活动增加，职员需求量也会增加。

（二）机场组织结构的设计

确定机场组织结构的前提是明确机场的各种功能及责任中心。而每个机场的功能及责任中心会随其交通量的大小、类型以及责任范围的不同而不同。

1. 机场功能

前面归纳了机场的 3 个主要功能。进行组织结构设计时，机场的主要功能可以进一步细化为以下几个方面：

（1）管理和财务：人事及总的管理事务。包括：建筑物、土地的管理；股票的管理；会计、预算、预算的控制；收费、收入的收集、支付款额；机场数据处理；关于租赁、特许经营合同，起草协议和其他法律事务；长期目标及计划；投资计划；管理信息系统等。

（2）机场设施的运营：客、货候机楼，跑道、滑行道、机坪及机坪设施、车辆，大量的工作人员运营、清洁、保卫等功能。

(3) 工程、建筑、维修：维修机场设备，内部包括行李传送带、旅客楼梯、加热、空调系统、动力供给，外场包括跑道灯光、ILS、通信、气象系统等，还有机场车辆、地面服务等；工程建筑经常可由外部公司承包；工程包括明确新项目总体规划，中、长期的计划及发展目标。

(4) 市场、公共关系：提高机场与航空公司、潜在用户的公众关系，包括明确机场的用户的特征及需求，公众与媒体的关系，指导旅游，处理抱怨，准备宣传小册，还包括商业经营的发展与管理。

(5) 地面服务：候机楼内服务，包括旅客办理乘机手续，行李、货物的处理，飞行计划；停机坪服务，包括飞机的地面处理活动，清洁、提供动力等。

(6) 空中交通：与飞机活动相关，包括 ATC 及相关程序，消防与救援，气象服务，飞行员报告办公室。

(7) 安检、移民、卫生检疫、海关：通常由国家提供。

2. 机场的组织结构

组织结构决定了机场的各种功能是如何关联的。在一个部门里，一个或多个功能组合在一起，以达成共同的目的。组织结构图反映了组织不同层次之间的关系，组织内部的交流渠道，提供了一个管理的构架，使员工明确他们在组织中的位置及与他人的关系，管理者和工作者如何及在哪个位置更适合整个组织结构。

与其他许多的商业和政府组织一样，机场的管理机构也可以分成行政和业务两部分职能。不同的机场实现这些功能所采取的方法是不一样的。行政部门是向行政官员提供直接管理支持的那些部门，这一部门的工作人员相对来说比较少，他们负责做出决定并对整个组织产生重要影响。业务部门则是组织中从事日常业务运行的那些部门，通常比行政部门配备的人员要多。行政和业务部门向机场负责人报告的方式，各机场之间有很大的差异。图 3.2 所示为机场一般的组织结构图，这只是一个简图，一般机场至少应该设置这些相关的部门。当机场交通量少时，部门也会相应地受到一些限制，当机场规模扩大时，其结构也变得更复杂。图 3.3 所示为 3 种不同的机场组织结构，反映了常见的机场管理和运行架构。

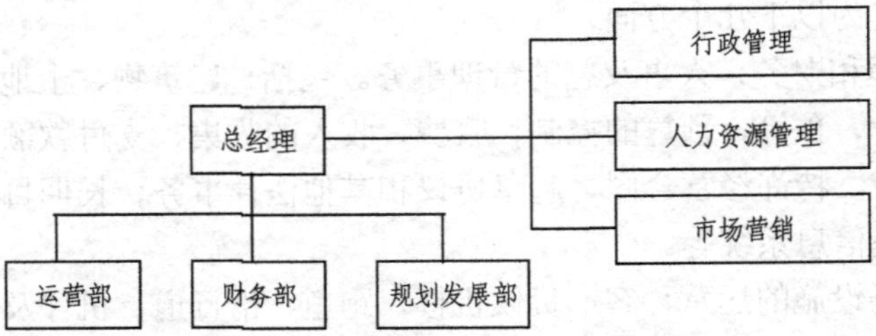

图 3.2 机场组织结构简图

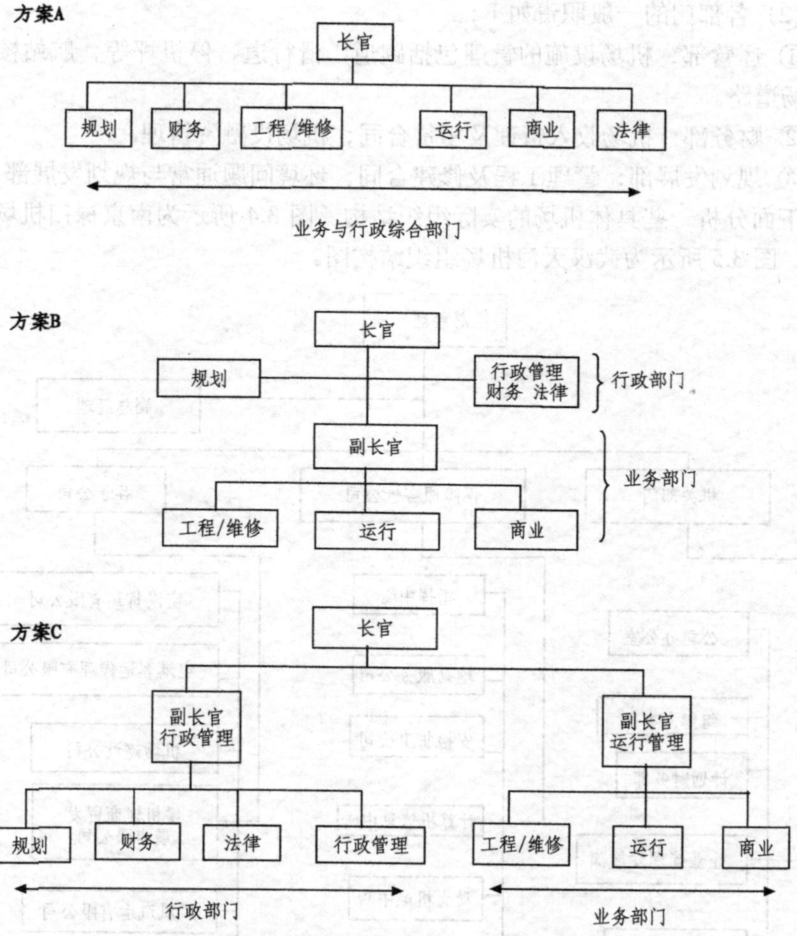

图 3.3 机场管理机构中业务和行政部门职务示意图

如图 3.3 所示，方案 A 在小机场比较常见。小机场行政功能不多，机场负责人参与日常运营的程度高，行政和业务部门直接向机场长官汇报。方案 B 常用于较大的机场，日益繁忙的业务部门通过副长官向上汇报，而行政部门起到参谋和支持的作用。方案 C 可用于繁忙的大机场，业务和行政部门通过各自的副长官向机场长官汇报。

3. 机场各主要部门的职责

(1) 总经理直接领导的部门包括：

① 行政管理：机场运营中各种行政规章的实施及管理。

② 人力资源管理：各部门人力资源的最优组合、利用和管理。

③ 市场营销：围绕机场发展战略实施各种营销策略。

(2) 各部门的一般职责如下：

① 运营部：机场设施的管理包括跑道、滑行道、停机坪等；航站楼设施；停车场道路。

② 财务部：机场收入管理及租赁合同；机场投融资管理。

③ 规划发展部：管理工程及修建合同；环境问题通常与规划发展部协调。

下面分析一些具体机场的实际组织结构。图 3.4 所示为南京禄口机场组织结构图，图 3.5 所示为武汉天河机场组织结构图。

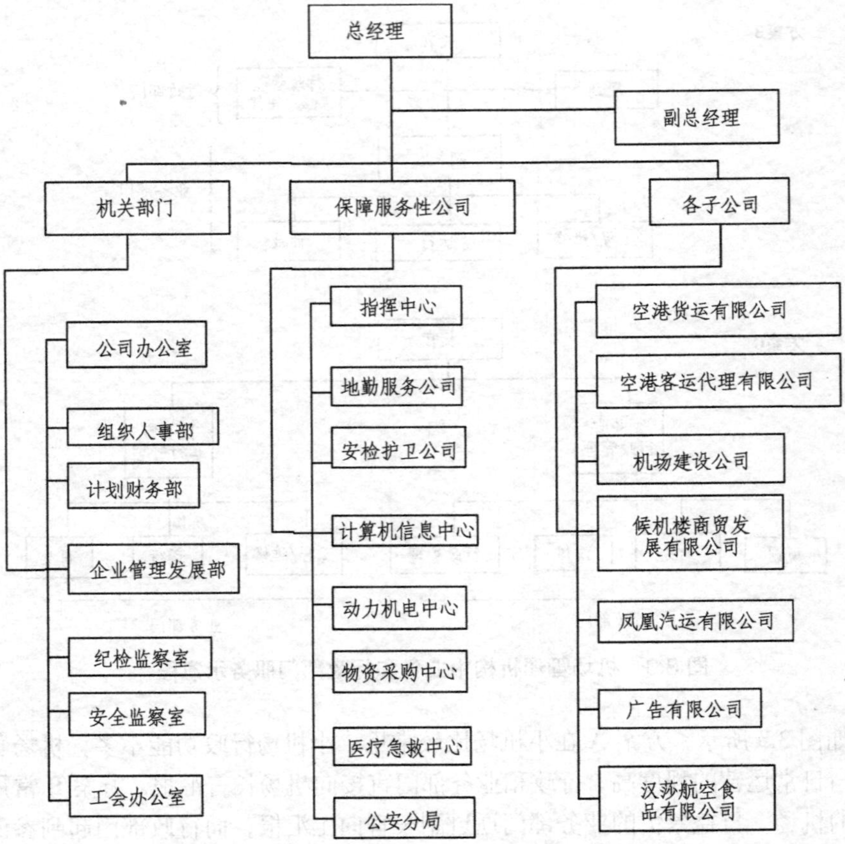

图 3.4 南京禄口机场组织结构图

需要说明的是：组织结构图是个静态的模型，表示在给定某个时间机场是如何组织的，这就有其局限性。因为机场是在动态的环境下运作，要不断适应变化的情况。一些旧的位置可能不再需要了，为了新的目标可能会产生一些新的位置。所以，结构图定期修改更新是很有必要的，反映出根据环境变化而做出的调整。

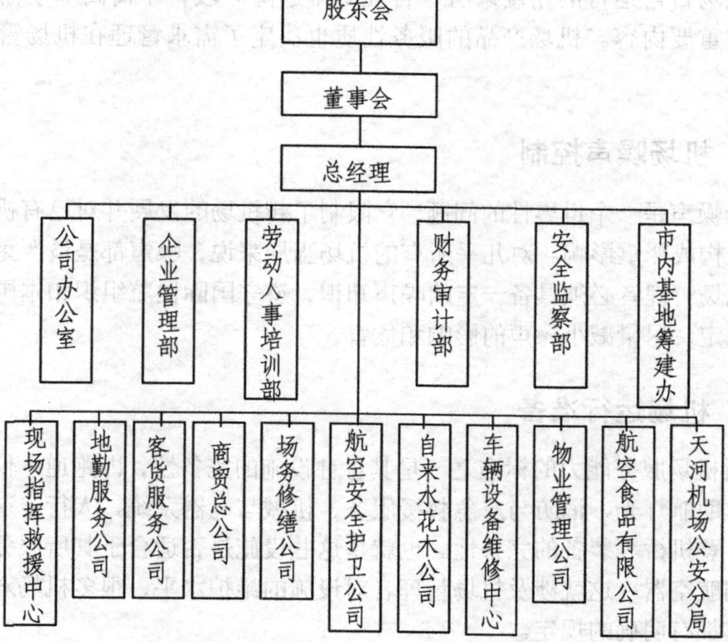

图 3.5 武汉天河机场组织结构图

此外，管理学中关于组织再造的理论，也为构造企业组织提供了新的理论基础。厦门机场运用新的理论发展了自己的组织结构，见案例。

第三节 机场运行的主要内容

机场运行的基本目的是要保证其航空运输功能能够安全、顺利地实现。随着机场性质的演变，商业化的机场运行模式也变得越来越复杂。前面讨论的运行当局组织结构的变化，折射出随着机场客流量的不断增加，机场商业收入的重要性的增加，以及运行体系复杂性的增加。

机场运行体系是由多个部分组成的，这些部分组合在一起为航空公司和旅客提供服务。现代机场运行体系主要涉及以下内容。

一、机场运行高峰期与起降时段的安排

机场年收入在很大程度上取决于当年旅客和货物吞吐量，但机场的高峰流量在很大程度上决定了机场的实际成本和运行费用。和其他交通方式一样，对机场的使用需求随时间的变化很大，表现为年、月、周、日内的高低峰需求变

化。从机场日常运行的角度来看，合理安排起降时段，平衡高峰期需求，是运行管理的重要内容。机场产品的服务性质也决定了需求管理在机场管理中的重要性。

二、机场噪声控制

机场噪声是一个世界性的问题，它限制了新机场的发展并对已有机场的效率和经济性构成严重影响。对几乎所有的机场当局来说，噪声都是最严重和棘手的问题。机场管理者必须具备一定的噪声知识，遵守国际民航组织和本国的机场噪声控制规定，尽量减小噪声的影响和危害。

三、机场运行准备

判断机场服务能力的标准之一是其各种设施的完备性，即跑道、仪表进近助航设施、助航灯光、消防与应急救援服务、机械与电器系统、人行步道、行李处理系统、登机桥等装备的完备性。也就是这些设施是否适合于其所服务的各类航空公司和航空器。这就涉及机场管理者对设施的维护水平，很多机场对重要设备的可用率都有明确的规定。

机场运行准备的内容包括机场使用许可、机场运行限制、飞机活动区的道面条件、进近/着陆助航设施的状况、进近/跑道灯光条件、飞行区检查、维护准备等。

四、地面服务与维护

旅客和货运航站区是空侧和陆侧间的交界面，借助于机场的地面服务工作，可以实现旅客、行李和货物在航站区内的流动，以及停机坪上飞机的调头。上述业务是通过机场管理当局、航空公司以及专门的运营代理机构三者之间若干不同形式的协作来实现的。地面服务可划分为航站区服务和飞行区服务，通常认为属于地面服务的机场工作包括：旅客服务、飞机停场服务、停机坪飞机服务、离港控制、行李处理、货物安全保障以及装载控制等。地面服务的管理除了对上述工作的管理外，还涉及停机坪布局、地面服务职责的划分、地面服务效率的控制等内容。

五、机场安全

同其他公共设施一样，机场会受到一般的人为破坏和恐怖分子的袭击。这类犯罪可以是直接针对飞机，也可以是针对机场。作为机场管理部门，在做好运行管理的同时，还需要对机场建筑物及相关设施（包括飞机）提供高质量的安全保护，并保障旅客和工作人员的人身安全。该保障体系必须尽可能减少对现有常规运营模式的影响，同时还要保证整个机场运营体系的运行标准。

六、机场技术服务

机场技术服务是在航空运输机场建立起来的各种运行服务，在管制、导航和通信、情报方面与飞机的飞行安全密切相关。机场技术服务包括空中交通服务、航空电信（包括导航系统）服务、气象服务和航行情报服务。这些服务构成了《国际民用航空公约》（芝加哥公约）技术附件的四个主题。

七、机场飞机应急救援

在任何机场内都可能发生一些不同类型的紧急情况，包括飞机紧急情况，建筑物起火或者其他较大的破坏，如易燃物或有毒液体的大量泄漏，或者由于炸弹恐吓或其他恐怖活动造成的非事故性紧急情况。机场运行管理中特别关注的是飞机紧急情况，特指在机场内和航行中发生并且会包含一定规模的人员伤亡即灾难性的情况。尽管商业性航空客运有很好的安全记录，机场运营者还是必须认识到飞机在机场及其临近地区发生事故的可能性。机场服务于航空公司，因此要承担一项特殊的职责，即有计划地提供足够的消防和救援服务来挽救生命。机场必须从人员、设施、计划等方面具备足够的能力，在需要时能及时提供这类服务。

八、旅客航站楼的运行

旅客航站楼是一个高度集中的活动中心，旅客航站楼区域应具备以下 3 个基本运输功能：

（1）旅客和行李的处理能力。包括售票，办票和行李交运与提取，政府检查及安全管理。

（2）满足移动方式变化的需求。进港旅客和出港旅客采用的地面交通工具是千差万别的，进出港的时间、来往的地点也各不相同。离港旅客以一种随机模式到达机场航站楼，然后汇集到飞机上，旅客航站楼设施的设计必须适应这种客流动态变化的需要；而进港旅客的服务流程正好相反。

（3）使交通模式的转换更加便捷。这要求航站楼的设计能保证两种交通模式下各种设备运行流畅。空侧必须能保障飞机的需求和交接面的运行，这牵涉到围绕飞机的各种服务车辆；陆侧必须要满足旅客对进场通道的需求。

为了实现以上功能，航站楼的活动可划分为 5 个主要部分：

- 直接针对旅客的服务
- 与航空公司相关的旅客服务
- 与航空公司运营相关的活动
- 政府活动
- 与旅客无关的机场当局职能

无论是直接的还是间接的，以上活动只要是在旅客航站楼区域内实施的，都将涉及航站楼管理者的某些责任。在机场内任何地方实施的运营模式都不如航站楼区域内那么多样化，前面介绍的地面服务功能很多与航站楼内的活动有关。

九、货运管理

在航空运输市场中，货物运输几十年来一直稳定增长，预计还将长期迅速增长。货物从托运人运送到收货人，中间通常要经过一个或者几个航空公司的货运机构，并经机场提供必要的设施来完成。大多数情况下，机场不仅为航空公司也为货运代理公司提供设备，货运代理机构在航空货运中具有很重要的作用，因为航空货运需要有相当专业的知识。

货运管理是机场运行的重要内容，涉及货物处理流程、货运站流程、集装货物设施的使用、货运站中货物的处理、停机坪货物处理、设备的计算机管理系统、现代货运站的设计、货物的一体化承运操作等内容。

本书不详细讨论机场运行的具体内容和技术细节，而是分析现代机场管理面临的主要问题及解决方案，即机场在运营和经营中需要解决的主要问题。现代机场的运营和经营管理是分不开的，经济指标在机场管理中的分量越来越重，而经济指标又密切依赖于运行指标。了解机场运行的基本内容，是搞好机场管理的基础。

案例　厦门机场改革实践——公司再造

从 1993 年开始，根据机构的具体情况及外界环境的要求，厦门机场进行了大规模的公司改造工程，主要侧重于组织机构的重构和经营理念的更新。

一、组织机构的重构

为了适应国有企业体制改革和民航体制改革深化的要求，厦门机场公司成立企业集团，形成以主业带动辅业，以辅业推动主业的企业组织形式的战略决策，根据《公司法》改组管理机构，建立了有限责任公司制度。由集权向分权的组织形式过渡，在企业经营机制转换上，由过去单一的全民所有制经济逐步转变为全民所有、集体所有、中外合资合作、内联及股份公司等多种经济成分并举的局面。厦门机场与香港美心食品有限公司合资组建了厦门国际航空港食品有限公司；与厦门市散装水泥公司合资成立了混凝土开发有限公司这一内联企业；为了解决由于机构兴建征用土地而带来的征地劳动力安置问题，成立了机场开发公司，该公司为集体所有制形式；对候机楼分公司和广告公司的资产进行重组，向社会公开发行股票，成立了厦门机场发展股份有限公司。通过几年的公司再造，建立了以厦门国际航空港集团有限公司为核心，以厦门机场发展股份有限公司、客货代理公司为骨干，以保税品、航空食品、宾馆、广告、机电工程、汽车维修、房地产、花木等公司配套的企业群体。经过这几年的摸索，厦门机场公司基本建立了比较完善的公司管理结构和适应社会主义市场经济的运行机制。

厦门机场公司运用现有的资产，通过贷款、发行债券等方式筹集资金，大胆探索对公司部分资产进行重组，走股份制改制的道路，来筹集二期工程部分建设资金。股份制改革有利于增强集团经营管理的透明度，推动公司规范化运作，树立良好的企业形象；通过股份制改制，进行资产有效运作，盘活了国有资产存量，使国有资产得以保值增值。

二、经营理念的更新

1995 年成立企业集团以后，企业在经营理念上重新架构，更进一步强化市场意识、服务意识、人才意识、科学管理意识。在市场竞争方面，公司要求各下属公司努力拓展机场外业务，并制定相应的对外业务考核指标。鼓励干部竞争上岗；在服务意识方面，努力改善服务态度、服务技巧，变被动服务为主动服务；在人才意识方面，改善公司人员的知识结构，树立新型的人才观念，突出实践能力和创造能力，采用实绩考核的办法来认定人才；在科学管理意识方面，提出规范化管理，通过规范化管理制度的建立和强有力的监控系统与手段的形成，实行层层负责、逐级把关的管理模式，使企业各项经营管理都有章可循，做到活而有序，放而不乱，逐步形成科学化的管理体制。

通过对公司组织和经营理念的重新架构，优化了公司人、财、物的配置，资产迅速增值，取得了良好的再造效果。公司资产总量从 1992 年的 1.83 亿元，扩大到 1997 年底的 30.4 亿元，净资产也由 1.2 亿元扩大到 13.36 亿元。

[朱沛. 机场规划与运营管理. 北京：兵器工业出版社，2003.9]

本 章 小 结

(1) 航空运输系统包括飞机、机场、航线（航路）三部分。机场是航空运输系统中航线网络的交汇点，是地面交通与空中交通相互转换的接口，也是人们感受航空运输系统对环境影响的窗口。

(2) 机场是指在陆地上或水面上划定的一块区域，主要用于飞机着陆、起飞和地面活动。机场是对可供飞机起降、滑行、停放的场地和有关的建筑物及设施的总称。

(3) 机场产品可以分为3个基本层次：核心服务、相关服务和辅助性服务。

(4) 国际民航组织（ICAO）开发了国际标准的机场飞行区等级代码，飞行区等级按基准场地长度划分为4级，用数码表示；按飞机的翼展长度和主起落架外轮缘之间的距离划分为5级，以字码表示。

(5) 机场是航空运输系统的基础部分，是航空运输中下列3种主要成分的结合点：机场、航空公司和用户。机场的规划和运营必须要考虑这3种主要角色的相互作用，每个角色都必须与另外两个角色取得一定形式的平衡，系统才能顺利运转。

(6) 机场管理大体上有3种形式或机制：① 政府拥有，政府管理；② 政府拥有，半政府性独立机构管理；③ 完全私有化。

(7) 组织结构决定了机场的各种功能是如何关联的。在一个部门里，一个或多个功能组合在一起，以达成共同的目的。组织结构图反映了组织不同层次之间的关系，组织内部的交流渠道，提供了一个管理的构架，使员工明确他们在组织中的位置及与他人的关系，管理者和工作者如何及在哪个位置更适合整个组织结构。

(8) 现代机场运行体系主要涉及的内容包括：机场运行高峰期与起降时段的安排、机场噪声控制、机场运行准备、地面服务与维护、机场安全、机场技术服务、机场飞机应急救援、旅客航站楼的运行、货运管理。

思 考 题

(1) 航空运输系统包括哪三个部分？

(2) 机场的基本概念是什么？

(3) 机场产品的三个基本层次是什么？

(4) 机场有哪些分类标准？

(5) 机场的规划和运营必须要考虑哪三种主要角色的相互作用？

(6) 机场旅客和货运航站楼具有什么功能？

(7) 机场管理有哪些形式或机制？

(8) 影响机场组织结构的因素有哪些？

(9) 机场的组织结构的含义是什么？

(10) 机场运行体系主要涉及哪些内容？

第四章　机场的航空性经营活动

机场的航空性经营活动指机场与飞机起降有关的经营服务活动，主要涉及机场与航空公司之间的关系，这种关系对于任何一家机场的运营和管理都是非常重要的。由于航空运输业的环境发生了变化（包括放松管制以及航空运输企业间竞争的日益加剧），航空公司为了提高企业的获利能力不得不加强对运营成本的控制，这就对机场的管理政策及管理制度提出了新的挑战。美国的“9.11”事件对机场的运营和管理也产生了很大的影响。而且，近年来，世界航空运输业的高速发展也带给机场大量的客、货流量，这使得机场原来传统的运营管理方式已经不太适应新的环境。

第一节　机场的航空收费

传统的航空收费结构比较简单，机场大部分收入来源于飞机起降费和旅客服务费。虽然目前还有很多机场仍然采用传统的收费方式，但航空收费结构的发展趋势是更加复杂化和市场化。这种变化反映了机场的商业化发展趋势和机场运营环境的变化。机场运营环境的变化包括对机场设备设施的更高要求、对环境的关注以及日益增加的机场安全成本等。

一、国外民用机场的航空收费结构及特点

国外民用机场的航空收费结构在不同的国家和不同的机场存在一定的差异，同样的收费内容可能归入不同的收费项目，但主要的收费项目大同小异，有如下几种：

（一）飞机起降费

传统上，大部分机场是以飞机的最大起飞重量或者最大业载来确定飞机的起降费。最简单的方法是不论飞机的大小，只依据固定费率（元/t）来收费。这种收费方式在美国、澳大利亚、德国的许多机场被广泛采用。而另一些机场，例如，英国的曼彻斯特机场所制定的单位重量费率随着飞机重量的增加呈逐渐下降的趋势。有的机场，如吉隆坡、意大利、西班牙以及印度的机场，单位重量费率随着

飞机重量的增加呈逐渐上升的趋势。显然飞机的载运率或客座率越高，这种收费办法对航空公司越有利。

机场的这种收费机制主要是遵循“支付能力”的原则，因为能使用大飞机的航空公司也有能力支付更高的费用。实际上，机场的成本（如机场跑道的维修成本）与飞机重量之间并没有很密切的关系。虽然飞机越大其重量和发动机功率也越大，会对机场跑道造成更大的磨损和损坏，但在同样的客、货流量的前提下，使用大飞机会减少飞机起降次数和在机场上的运动距离。

随着机场商业化和私有化的进程，起降费的收费依据变得越来越复杂。有的机场运营商开始将飞机在跑道上的运动距离作为收费依据，如英国伦敦的希思罗机场和盖特威克机场在运营高峰期使用一个固定的跑道费率，维也纳机场在确定飞机的着陆费时也考虑飞机在机场上的运动情况。美国的大多数的机场仍然倾向于简单的固定单位重量费率，但有一些机场也开始考虑依据飞机在机场的运动距离进行收费。

许多机场针对不同的季节、不同的时间段使用不同的起降费标准，以反映机场淡旺季的情况。例如，多伦多、墨西哥和布鲁塞尔的机场在每天的早晨会比其他时段有更高的费率，西班牙的一些机场在夏季的时候也会适当地提高其收费标准。空中交通管制费用通常作为起降费的一部分征收，也有些机场这一费用是单独征收的。如果合并收费，只按飞机的重量计算费额，显然不符合空管费用的成本结构。空管费用不仅应考虑飞机的重量，还应该考虑飞机的大小和在机场上的运动情况。因此，空管的相关收费由空管机构直接收取更为合理。

一些机场对国内航线或短途航线的飞机起降费的收费标准较低。这虽然与成本-费率原则相违背，但有利于支持地方性航空公司或地方经济的发展。欧盟曾就国内与国际航线的飞机起降费的不同收费标准提出过强烈反对，国际航空运输协会等组织也强烈反对机场执行这样的收费政策。

近年来，越来越多的机场开始关注环境保护问题，并对飞机噪音追加额外收费。机场噪音收费标准主要依据国家、机场或者 ICAO（国际民用航空组织）的相关规定，基于飞机在机场产生的噪音分贝来确定。

（二）旅客过站费

旅客过站费是机场运营商的另一项主要收入来源。这一收费主要是针对出港旅客，也有部分机场对进港旅客也收取旅客过站费。考虑到运营成本，大多数机场倾向于根据不同类型的旅客收取不同等级的旅客过站费，并向国内航线的旅客收取较低的费用。例如法国的机场有 3 种收费标准：国内航线旅客、欧盟航线旅客和国际航线旅客。约翰内斯堡机场也有 3 种收费标准：国内航线旅客、地区航线旅客和国际航线旅客。传统上，这样的收费政策是有利于国内航空承运人的。

但从另一方面来看，国内旅客在机场所产生的商业收益不及其他类型的旅客，因此，针对国外旅客的较高收费标准可能是不公平的。巴基斯坦机场对闲暇旅客、商务旅客有着不同的收费标准。绝大多数机场对中转旅客收取较少的费用，如阿姆斯特丹、都柏林、法兰克福、芬兰首都赫尔辛基、维也纳、哥本哈根等机场。从机场运营成本的角度来看，对中转旅客收取较少的费用是合理的。因为这类旅客不再需要办理乘机手续、通过安检等。但同时也应该看到，为了迅速地转运中转旅客的行李，机场必须有一些专用的中转设备。因而有些机场，例如，中东的一些机场、曼彻斯特机场，在运营高峰期（如夏季）对中转旅客也收取较高的费用。

（三）安全费

不同的国家负责机场安全的主体（责任人）可能是不一样的。安全人员的管理部门可以分为四类：机场、与机场签订协议的代理机构、航空公司以及政府有关部门。“9.11”事件后，机场的安全工作成为机场运营商的头等大事。美国负责机场安全的主体由代理机构转移到联邦政府手中，并向每位旅客收取 2.5 美元的额外费用以用于购买先进的安全设备。欧洲的很多机场，例如，布鲁塞尔、阿姆斯特丹机场也增加了机场的安全费用。

（四）其他费用

和飞机起降费、旅客过站费相比，其他的收费相对少得多。飞机停场费的收取一般有 2 种方式：像新加坡、阿曼、马耳他和美国的一些机场（如波士顿、休斯顿和迈阿密机场）是基于飞机的重量或者机翼的宽度来收费的。另外一种方式是按每个小时或者每一天来收取费用。一般情况下绝大部分机场有 1～4 小时的免费停场时间，而有一些机场，如伦敦机场、法兰克福机场以及香港机场，为了促使飞机在机场上保持最低的停留时间，就没有免费停场时间。英国机场集团公司的下属机场在高峰期是按每一刻钟进行收费，并且收费的标准是平时的 3 倍。

除了飞机停场费之外，机场还对一些设备和服务进行收费，如有的机场要收取一定的照明费，有的机场还会收取廊桥使用费、机库占用费等。有的机场将照明费和通信服务费归入起降费中，将廊桥使用费和机库占用费归入地面服务费中。

（五）地面服务和加油费

航空公司在使用机场时面临着 3 种类型的收费：飞机起降费、旅客过站费以及前面讨论的其他费用，此外还有地面服务费和飞机加油费。如果航空公司使用机场的设备和服务进行一些地面服务事务，机场运营商会向航空公司收取一定的地面服务费用。飞机加油费是由独立于机场运营商的航油公司收取的。也有的机场如阿联酋机场的燃油是由政府机构提供的。综上所述，机场能向航空公司提供一揽子的全面服务。

一般情况下，机场的地面服务费和飞机加油费不会直接对外公布，而是与航空公司协商形成协议价格。影响协议价格的因素很多，如航空公司的大小、航空公司的运营等级（由机场评定的）、航空公司是否在其他机场使用相同的服务机构和燃油公司等。

（六）政府税金

这是航空公司或者旅客所需缴纳的最后一项费用（见表 4.1）。这部分费用虽然不直接归机场运营商所有，但会影响航空公司的运营成本。旅客一般不容易区分哪些费用是政府税金，哪些费用是机场征收的旅客费用。

有时候这些税金会被用于帮助开拓国内的旅游市场，例如，挪威在 2002 年之前一直将这些税收用于发展国内航空运输航线。各个国家、地区的税收规定不同，如墨西哥城对国际抵达的旅客征收旅行税，而马耳他、牙买加和巴基斯坦对启程的旅客征收税金，也门设立了发展税、旅行税和国家援助税。

表 4.1　国外机场的主要收费项目

收费的种类	收费的基准	收入是否归机场营运商
飞机着陆	飞机的重量	是
终端导航	包含在着陆费之中或者基于飞机重量收费	有时
廊桥	包含在着陆费之中或者基于飞机的运动收费	是
旅客	启程旅客	是
安检	包含在旅客费用之中或者基于旅客数量收费、飞机的运动收费	是
停场	飞机的重量	是
地面服务	不同的服务有着不同的收费	有时
加油	加油量	不
政府的税金	启程旅客	不

二、我国民用机场的航空收费结构及特点

根据 1992 年 4 月 1 日开始执行的我国民用机场收费标准，我国民用机场的航空收费主要有 5 个方面，即飞机起降服务费、地面服务费、航路费、机场进近指挥费及通用航空收费。

（一）飞机起降服务费

飞机起降服务费指机场向有关承运人征收的因其使用该机场而发生的费用。

飞机每起飞、降落 1 次为 1 个起降架次（简称每架次）。该项收费以飞机重量为参数，收费标准如表 4.2 所示。

由于各种机型飞机的起飞全重是固定的，所以很容易计算出该架飞机应缴纳的起降费金额。

例如：一架机型为 B747-200CMB 的飞机在某机场起降，根据《民用机场收费标准附表》可知，B747-200CMB 起飞全重为 377.8 t，又根据表 4.2 可知该飞机起降费应收 8 元/t，故该飞机的起降服务费为 377.8 t×8 元/t＝3 022.4 元。

表 4.2　我国飞机起降服务费收费标准

飞机最大起飞全重 T/t	收费标准/（元/t）
$T<25$	4
$25\leqslant T<100$	5
$100\leqslant T<200$	7
$T\geqslant 200$	8

民用机场收费标准中的其他相关规定是：

1. 起降服务费分配比例

➢ 场道维护费 25%

➢ 消防服务费 50%

➢ 救护费 25%

2. 夜航附加费

对北京时间 23 点以后起降的飞机，按飞机起降服务费的 20%计收。

3. 场道灯光费

按飞机起降服务费的 10%计收。

4. 停场费

停场费是根据飞机在机场停留时间长短而计收的费用。其计算标准如表 4.3 所示。

表 4.3　我国飞机停场费收费标准

飞机停场时间/h	收费标准
<4	免收
4～24	按起降费的 10%计收
>24	每 24 h，按起降费的 15%计收，不足 24 h，按 24 h 计收

例如，一架波音 B747-400CMB 飞机在某机场停场 28 h，则其停场费为 385.6 (t)×8(元/t)×15%×2＝925.44（元）

（二）地面服务费

1. 旅客过港服务费

旅客过港服务费是指机场为旅客及航空公司提供各种过港服务及相关设施而向航空公司征收的费用。

过港服务包括：机场为到达和离港旅客提供的候机楼服务设施、场区内的道路保障、公共区域的清洁、污水的处理、环境的保护及绿化和停机坪飞机的警卫服务等。

旅客过港服务费的收取办法是：

① 对直达航班，机场按照航班旅客座位数的80%计收；

② 对有经停站的航班及客运包机，经停站按实际出港旅客人数计收；

③ 对改换航班号的航班，按80%的客座数计收。其具体收费标准如下：

（1）国内航线。

国内航线的收费标准如表4.4所示。

表 4.4　国内航线收费标准

折扣运价 Y/元	收费标准/（元/人）
$Y\leqslant 50$	免收
$50<Y\leqslant 125$	10
$125<Y\leqslant 200$	20
$200<Y\leqslant 400$	30
$Y>400$	40

例如，一架国内航班，机型为波音 B747-200CMB，在某机场降落，其旅客的折扣运价为 600 元，则应向该架飞机收取的旅客过港服务费为 236(客座数)×40(元/人)＝9 440 元。

（2）国际航线、地区航线。

国际、地区航线（不含国内段）的收费标准是 40 元/人。国际、地区航线的国内段按国内航线规定标准计收。

（3）对有经停站的航班，始发站的计算方法。

① 对有一个经停点的航班，始发站按 80%客座数（其中 30%为到达经停站旅客，70%为到达终点旅客）计算；

② 对有 2 个以上经停站的航班，始发站按 80%客座数（其中 60%为到达终点站旅客，40%按到达经停站的个数平均分配）计算；

③ 做技术经停的航班不在此例。

(4)（西安）咸阳机场，（沈阳）桃仙机场，（重庆）江北机场，（长沙）黄花机场，（天津）滨海国际机场，（深圳）保安国际机场分别在国内航线收费标准中的最后两项及国际航线、地区航线收费标准基础上加收 10 元/人。

2. 机务费

机务费是指因机场为航空承运人提供机务服务而向其征收的费用，包括：根据承运人的要求进行的飞机检查和维修；将飞机检查结果汇入飞机飞行记录；对临行前的飞机进行最后检查；派出有关技术人员协助飞行人员或地勤人员工作；机务机坪值班；监督对飞机的地面服务；指挥引导飞机及提供有关设备；为飞机停靠及移动放置或移开轮挡；为飞机放置或移开起落架锁销、发动机罩盖等；提供通话耳机和进行地面与驾驶舱之间的通话联系；提供、放置与移开驾驶舱梯；为飞机提供、配置灭火器及其他安全设备；提供机务车辆服务（含电源车、气源车、空调车、牵引车、氧气车等）。

机务费的收费标准按飞机起降服务费的 30%计收。

3. 飞机清洁费

飞机清洁费是指因机场为进出港或过站飞机打扫舱内卫生及提供消毒等服务而向有关承运人收取的费用。收费标准如下：

(1) 一般客货机的清洁费根据飞机最大起飞全重，按 1.2 元/t 计收；

(2) 运送牲畜等动物的货机，根据飞机最大起飞全重，按 1.8 元/t 计收。

以上费用包括清水车、污水车使用费。

4. 运输服务费

运输服务费是指因机场为候机、过港旅客及其行李提供各种运输服务而向有关承运人收取的费用，如办理值机手续，引导旅客上、下飞机，收运、分拣、搬运、装卸、分发行李、货物、邮件等，收费标准如表 4.5 所示。

表 4.5　我国运输服务费收费标准

飞机最大业务载重量 T/t	收费标准/（元/t）
$T\leqslant 10$	45
$T>10$	50

(1) 有些飞机受机场高程和温度影响不能满载，可按高程和气温允许的最大业务载重计收其运输服务费；

(2) 对执行通用航空任务的飞机不收费；对执行货运任务的飞机，收取 40%；

(3) 对国际、地区航线加收 100%；

(4) 运输服务费分配比例为办理值机手续（含收运行李）、配载及常规服务占 13%；引导旅客登机、清点旅客人数占 2%；分拣、分发、保管行李占 6%（含

50%的设备使用费）；装卸、搬运行李占8%（含50%的设备使用费）；收运、分发、查询货邮占9%（含50%的设备使用费）；内场装卸、搬运货邮占6%（含50%的设备使用费）；外场装卸、搬运货邮占7%（含50%的设备使用费）；保管货邮占5%；候机楼设施使用、维护及服务占20%；候机楼公共区域供水、电、冷气、暖气占15%；电子控制、显示系统占5%；手推车、问询、广播、饮水各占1%，共计4%。

5. 安检费

安检费是机场为确保飞行安全，对旅客、货物、邮件、行李进行安全检查，而向航空公司收取的费用。收费标准是：按飞机最大业务载重量收取15元/t，国际、地区航线加收100%。

6. 加油费

加油费是机场为飞机加油而向有关承运人收取的费用。加油费包括油车使用费、油料运输费及加油人工费。收费标准如下：

(1) 使用加油车加油，收费6元/t;

(2) 使用加油管线设备加油，收费5元/t;

(3) 从机场油库运往作业基地或指定地点的，可按当地标准收取航班调运费。

7. 商务特种车辆使用费

商务特种车辆使用费是因机场提供给有关承运人使用商务特种车辆而向承运人收取的费用，收费标准如表4.6所示。

表4.6 我国商务特种车辆等设备收费标准

设备名称	客座数	收费标准
旅客摆渡车	飞机座位数≤40	20元/车次
	飞机座位数>40	40元/车次
旅客桥	飞机座位数≤150	60元/次
	飞机座位数>150	80元/次
食品升降车		35元/4小时
客梯车		35元/小时
升降平台		50元/小时
计时收费的设备，使用不足1小时的按1小时计收		

注：旅客桥收费国际、国内有一定差别。

（三）航路费

航路费是机场向有关承运人征收的航路使用费。其收费金额根据飞机的最大起飞重量和航行里程确定，具体标准如表 4.7 所示。

表 4.7　我国航路费收费标准

飞机最大起飞全重 T/t	收费标准/（元/km）
$T<50$	0.20
$50\leqslant T<100$	0.30
$T\geqslant 100$	0.40
凡为国际航班、地区航班国外段提供监听服务的收取 300 元/班次的监听费	

（四）机场进近指挥费

机场进近指挥费是因机场提供进近指挥服务而向有关承运人收取的费用。收费标准如表 4.8 所示。

表 4.8　我国机场进近指挥费收费标准

飞机最大起飞全重 T/t	收费标准/（元/t）
$T<25$	4
$25\leqslant T<100$	5
$100\leqslant T<200$	7
$T\geqslant 200$	8

1. 机场进近指挥费的分配比例

- 气象费 15%
- 空中指挥费 30%
- 航行服务费 15%
- 通信费 20%
- 导航费 20%

2. *夜航附加费*

对北京时间 23 点以后起降的飞机，按机场进近指挥费的 20%计收。

（五）其他规定

上述 4 项收费（飞机起降服务费，地面服务费，航路费，机场进近指挥费）为三类民用机场收费标准。一类机场的起降服务费、机场进近指挥费在三类机场标准上加收 12%。二类机场的起降服务费、机场进近指挥费在三类机场标准上加收 10%。

1. 机场分类标准

根据“飞行区等级”指标和“起降架次、旅客吞吐量”指标，我国机场分为以下三类：

(1) 一类机场:

北京首都国际机场，广州白云国际机场，上海浦东国际机场。

(2) 二类机场:

西安咸阳机场、沈阳桃仙机场、成都双流机场、重庆江北机场、深圳机场。

(3) 三类机场:

除上述一、二类机场以外的所有现用民用机场。

以上机场分类为暂行规定，以后由民航局视实际情况调整。

2. 最低收费和其他收费

(1) 最低基础收费。飞机最大起飞全重或业载不足1 t的按1 t计收，飞机起降服务费、机场进近指挥费收费不足20元的各按20元计收。

(2) 对飞行学院不载客货的训练飞行和地区管理局对各地导航设施的校验飞行，凡使用民用机场的一律实行免费服务。

(3) 对训练、熟练飞行的飞机按下列办法收费：本场飞行每架次按飞机起降服务费、机场进近指挥费的50%计收。

航线训练、熟练、公务飞行按飞机起降服务费、机场进近指挥费的75%计收。

如载客货，按飞机起降服务费、机场进近指挥费的100%计收。

(六) 通用航空收费规定

(1) 在固定机场执行通用航空任务，免收航路费。飞机起降服务费、机场进近指挥费按下列标准计收:

① 工业飞行收取50%;

② 农、林业飞行当日内每起降5架次（含当日不足5架次）按1架次收取。

(2) 在临时机场执行通用航空任务，免收飞机起降服务费、机场进近指挥费、航路费。地面保障费和任务组织费按下列标准计收:

① 省（市、区）局、航站提供地面保障服务（含通信、气象、飞机指挥等）的，按飞行小时收入的 8%收取地面保障费，除航油及航油调运费外，地面保障人员的差旅费、住宿费、设备、车辆的调遣费由保障部门承担;

② 航空公司自派通信、气象、机务等地面保障人员的，省（市、区）局按飞机小时收入的2%收取地面保障费。

(3) 由省（市、区）局组织，航空公司执行的通用航空生产任务，按飞行小时收入的2%收取任务组织费。

三、机场航空收费对航空公司运营的影响

最近几年，航空公司，特别是低成本航空公司日益关注机场的收费情况。越来越激烈的竞争环境使得航空公司不得不更加关注运营成本，并采取了一系列节

省开支的措施如外部采办、减少雇员数量、控制员工的工资水平等来对公司内部的运营成本进行控制。同时，航空公司也更关注机场费用等外部成本。

美国“9.11”事件本身及其所引起的世界范围内的经济衰退，使得航空公司、航空公司组织和机场运营商开始重新考虑它们的收费水平。一些机场为了鼓励更多的航空公司和旅客选择自己，开始降低收费标准。例如，2002 年阿姆斯特丹、新加坡、迪拜和希腊的机场分别降低了 4.5%、10%、50%和 15%～23%的飞机起降费。哥本哈根机场对国际航班减少了 10%的飞机起降费。其他一些机场，如慕尼黑和斯德哥尔摩机场则延缓了调高费率的实施计划。香港为了维持其亚洲枢纽机场的地位也降低了 15%的起降费和停场费。但机场的有些费用仍在上升，特别是安全费用大幅度上升。

尽管航空公司非常关注付给机场的费用，但是这部分费用仅占航空公司总的运营成本的很小一部分，对于长途航线可能就更加微不足道。机场收费对于包机和低成本航空公司则有较大的实际意义，大多数低成本航空公司运营的航线都是中短程，会更加频繁地支付机场费用，很多低成本航空公司为了降低成本会选择中小型机场或者支线机场。

由于机场成本在航空公司的财务报表中往往和其他的一些费用没有分开，所以要准确地描述机场成本在总成本中的比例还是比较困难的。图 4.1 所示为 2000 年英国部分航空公司的机场成本与总成本的关系，可以看到大型航空公司的机场成本在总成本中所占比例很小，而小型航空公司或低成本航空公司的机场成本在总成本中占到较大比例。如英国航空公司（British Airways）将短途和长途航线合在一起计算，机场成本占总成本的比重为 4%，而空中旅游航空公司（Airtours）占到 20%多。

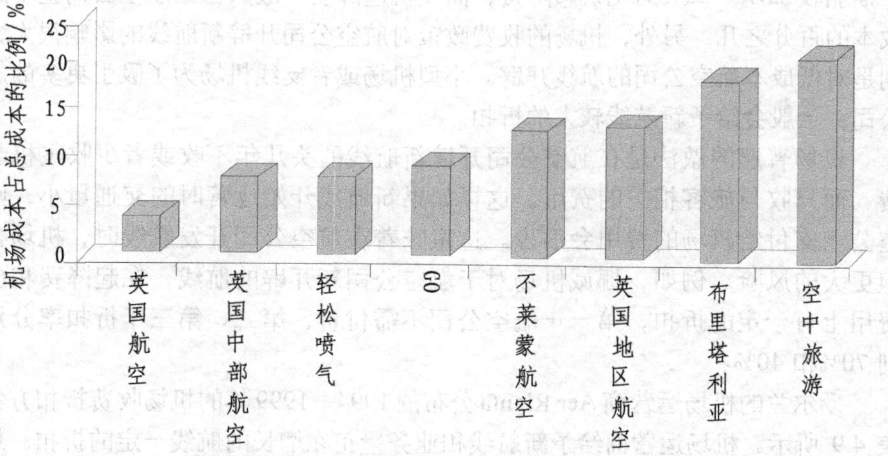

图 4.1　2000 年英国部分航空公司的机场成本在总运营成本中的比重

要判断机场的收费水平对航空公司的运营行为会产生怎样的影响还是比较困难的。英国的一份研究报告显示，如果机场的所有收费上涨 50%，则会导致 7.5%的需求下降。

很多机场对不同运营时段采取了差别收费原则，在机场客流高峰期会对航空公司收取较高的费用。航空公司一般不会考虑高低峰的机场收费价格差异，除非这种价格差异非常大（比现在的差异要大很多）。安排航班时刻是一项很复杂的工作，要考虑诸如旅客的需求模式、机场的环境限制、机组的可用率以及其他机场的高峰情况等诸多因素。如果航空公司试图将运营时间调整到高峰时间段以外，则高峰时间段也可能会随之转移。从前面的讨论可以知道，大多数机场的高峰期收费几乎对航空公司的运营没有产生太大影响。航空公司对机场服务的需求的价格弹性系数小于 1，即需求是缺乏弹性的。

理论上，机场如果按照边际成本来制定相应的服务产品的价格，可以实现企业的利润最大化和资源的最优配置。但是在实际的操作中，价格政策是相当复杂的。20 世纪 70 年代，英国机场集团公司在夏季征收运营高峰期附加费用。伦敦的希思罗机场按照边际成本的原则来制定高峰期旅客收费和飞机停场价格。但由于机场的收费系统非常复杂，而且受诸如市场需求、航班安排等众多因素的影响，希思罗机场的运作最后以失败告终。因此，英国机场集团公司放弃了较为复杂的高峰期旅客收费系统，仅保留了高峰期飞机起降费和停场费标准。这种高峰期收费方法受到了来自航空公司特别是美国的航空公司的普遍反对。英国机场集团公司和美国航空公司的这一分歧最终是通过国际仲裁来解决的。仲裁结果要求英国机场集团公司逐渐停止高峰时期的差别化定价。

机场利用价格机制很难对航空公司的航班安排产生明显影响。许多机场在高峰期加收 20%～25%的飞机起降费，而飞机起降费一般只占到航空公司整个运营成本的百分之几。另外，机场的收费政策对航空公司开辟新航线的影响很大，特别是对低成本航空公司的航线开辟。小型机场或者支线机场为了吸引更多的航空公司，一般会给予新航线较大的折扣。

机场普遍的做法是在航空公司开辟新航线的头几年不收或者少收飞机起降费，而只收与旅客相关的费用。这样如果新航线开始运营时的交通量小，则航空公司支付给机场的费用会很少。这意味着在航空公司开发航线时，机场将承担更大的风险。例如，挪威机场对于航空公司新开辟的航线，在起降费和旅客费用上有一定的折扣，第一年航空公司不需付费，第二、第三年折扣率分别达到 70%和 40%。

爱尔兰的机场运营商 Aer Rianta 公布的 1994—1999 年的机场收费折扣方案如表 4.9 所示。机场运营商给予新航线和业务量正在增长的航线一定的折扣。最初几年，航空公司只需要支付标准飞机起降费和旅客费用的 10%。航空公司从此方案中获益不少，特别是低成本航空公司，其目标顾客对价格的敏感程度更高，因此更是受益匪浅。在"9.11"事件以后，爱尔兰的科克机场和香农机场制定了更为长期的收费折扣方案。

表 4.9　Aer Rianta 公布的所属机场收费折扣方案（1994—1999）

折扣比例 / 年份 / 新增航线和业务	折扣比例/%					
	1994	1995	1996	1997	1998	1999
新增长航线的着陆费和旅客服务费						
1993—1994 增长	80	70	60	50	40	30
1994—1995 增长		80	70	60	50	40
1995—1996 增长			90	90	70	70
1996—1997 增长				90	90	70
1997—1998 增长					90	90
1998—1999 增长						90
新航线的旅客服务费着陆费和停场费	80	80	90	90	90	90

航空公司关心的另一件事情是在整个机场集团范围内的收费折扣问题。当大的国际机场提供给小机场一定的财务支持时，这种更大范围的机场收费折扣方案就可能出现。机场集团认为单个的机场需要和其他的机场联合起来进行运作，这样更有利于资源的共享、运营效率的提高以及运营成本的降低。

四、机场航空收费的管制及计算原则

机场运营商通常会受到国内和国际两方面管制的约束，包括技术规范和运行安全等方面的规章制度，环境方面的管制，如噪音管制，以及一些经济方面的管制，如对机场收费的限制。但总的来说，机场的管制环境逐渐变得越来越宽松。机场航空收费的计算原则建立于机场经济管制的要求之上。

（一）机场航空收费的管制

1944 年的芝加哥协议建立了一个国际性的航空运输管制系统，该系统为机场的收费提供了一个基本原则。ICAO 的相关手册则更为详尽地指出了机场的收费原则应该与它的运行成本紧密相关，同时机场的收费系统应该具有透明性、公平性和公开性。

机场收费标准的制定还会受制于一些“双边协议”。例如，英国与美国签订的双边协议中指出，机场收费必须和成本紧密联系，并允许有一定的合理利润空间。此外，欧盟也提议在欧盟成员国范围内采用统一的机场收费制度。这一提议最早是在 1985 年提出，随后欧盟成员国经过多次努力试图使这一制度被正式承认。最终的提议由 3 个基本法则构成，即非歧视原则、成本相关原则和透明度原则。而机场对欧盟的这一制度，总是持反对态度，认为它们已经被自己国家的政府以及欧共体法律充分管制，不再希望其他所谓的法规来管制。相反，航空公司非常支持欧盟的这一法案。不同利益团体之间的争论激烈，特别是如何定义成本相关原则，哪些成本应该作为制定收费标准的基础。2001 年欧盟最终决定撤回这一提议。

（二）机场航空收费的计算原则

大多数机场征收机场费的主要目的是要弥补机场因提供各种航空运输设施及服务而发生的成本支出。国际民航组织认为，正确的成本计算是确定合理收费标准的前提。研究表明，合理征收机场费将有利于吸引更多的航空公司，从而形成良性循环，创造更多的机场收入。

在确定机场有关的成本时，除了要考虑到机场因行使其职能而发生的直接成本外，还应考虑到可能发生的间接成本。例如，在运营中机场可能会要求外单位提供某项服务，并对该单位支付相应的费用，这部分费用应包括在机场的运营总成本中。另外，机场在经营中可能为某些单位提供了有偿服务而收回了全部成本，则这一成本不应包含在机场总成本中。即在计算航空性服务的成本时，应把各种相关成本考虑进去，将非相关成本剔除掉，这样才能保证航空服务收费的合理性。

机场在确定收费标准时，一般要先预测出下一年度提供某项服务的总成本，以及下一年度在该机场起降飞机重量的累计数，然后得出下一年度某项服务的单位成本，作为该项服务下一年度的收费依据。

航空性活动的预测内容应包括以下几个方面：

① 飞机起降架次；② 按起飞全重分类的各类飞机起降架次；③ 各时间段的飞机起降架次；④ 进港和离港的国际、国内旅客总数；⑤ 进港和离港的货物总量；⑥ 各类飞机的停场时间；⑦ 各类航空服务的成本等。

当新的收费标准确定后，机场拟提高收费标准时，一般要提前半年左右通知有关航空公司及其他主要用户，就有关问题进行协商。为了进行有效的协商，机场应当向有关用户提供充分的财务数据和相关信息，详细了解用户意见，合理调整收费标准，尽量取得双方共识，然后将方案报本国民航局审批。若双方未能达成共识，机场可单方面决定相关收费标准并报批。

第二节　机场起降时段的分配

近年来航空运输量的稳步上升，已经给机场的生产容量，特别是飞机跑道的容量带来了更大的压力。由于“9.11”恐怖事件和其他的一些原因，世界航空运输业在 2001 年和 2002 年处于低靡阶段，从而机场的压力也相对减小，但这一现象的持续时间不长。从理论上讲，及时地扩大机场的运营能力可以解决上述问题。但是由于环境、财政方面的制约，还没有一个很好的实际解决方案。取而代之的是依靠经济上的对供给与需求曲线的管理来在短期内减轻和调节机场的运营负荷。供给曲线的移动主要依靠增加地面的设备设施以及提高空中交通管制的服务效率来实现；而需求管理技术主要是指分配机场起降时段的最合适的机制。机场起降时段与空管时段是不同的，空管时段指空管部门分配给航空公司的起飞和降落时间，而机场起降时段通常指飞机在机场降落或者起飞所需的时间（通常是 15 min 或 30 min）。因此，机场起降时段的含义更为广泛，它包括飞机起飞和降落时间、在机场停留时间等，涉及飞机在机场上运行需要的所有资源。

一、时段分配的一般规则

在价格机制不能调节需求和供给时，机场就要考虑选择合适的起降时段分配程序。正如前面所讨论的，机场高、低峰期差异化的收费标准对航空公司需求的影响程度是有限的。目前，除美国以外的世界其他地方的机场起降时段的分配一直使用的是国际航空运输协会（IATA）时刻调节大会所制定的行业自律机制。参加大会的航空公司既可以是 IATA 的成员，也可以不是。大会每年在夏季和冬季各举行一次，其目的是在有限的机场运营容量的前提下，协调制定出公认的航班安排优先原则，就航班时刻安排达成一致意见，并制定出分歧程度最小的航班时刻表。

国际航空运输协会是由经营定期航班的航空公司组成的行业组织，它为航班安排制定了通用政策，内容见于《航班安排程序指南》中。虽然某些机场会受到官方的限制，由本地政府官员来协调航班时刻，但更常见的做法是通过机场协调者的努力来确定一个各航空公司均认可的航班时刻表。

航空运输是由若干不同的部分组成的，包括定期航班、有组织的包机、无规律的通用航空和军事活动。机场的功能就是通过与各方代表磋商后做好安排，利用有限的资源提供合适的服务。国际航空运输协会在其政策中指出，协调的目的在于：

① 不依靠政府的干预来解决问题；

② 保证所有经营者在现有约束条件下，有均等的机会满足对航班的要求；

③ 寻求一个公认的使各经营方经济损失最小的航班时刻表；

④ 最大限度地减少对旅客和贸易团体带来的不便；

⑤ 对航班时刻安排限制进行定期评估。

欧洲的时段分配规则如表 4.10 所示。按照 IATA 的机制，其目的是鼓励新进入者。很显然，"祖父权利"给新进入者带来了不利。新进入者的定义是指航空公司在一个机场每天的时段低于总时段的 4%，或者在一个机场系统（如伦敦机场）中低于 3%。

表 4.10 1993 年欧洲时段分配的有关规则

·时段分配的基本原则是"祖父权利"
·航空公司必须按时使用 80%的时段
·将新的时段或者返回的时段形成时段池
·时段池中 50%的时段分配给新的进入者
·由于社会或经济的原因，可以对某些时段加以保护
·机场分为 3 种类型：非协调型、协调型和充分协调型
·协调类型需在对容量进行回顾和咨询后确定
·独立的协调者负责机场起降时段的分配

美国的航班安排优先原则包括：

① 历史惯例。在下一个季节里选择起降时段时，航空公司享有"传统的优先权"。

② 有效的运营期。当 2 个或 2 个以上的航空公司竞争同一起降时段时，运营期最长的航空公司有优先权。

③ 紧急情况。短时间的紧急状况按延误处理，长时间的紧急情况才涉及航班重排。

④ 设备和航线安排变化。航班使用不同速度的新设备或调整飞行时间以使其更合乎实际，比对同一起降时段提出全新要求具有更高的优先权。

航空运输协会在每半年举行一次的夏季和冬季航班时刻协调会上，会制定世界范围的航班时刻表。100 多个国际航空运输协会成员和非成员航空公司出席会议，反复讨论各种航班安排提案，最后，由机场协调者达成一个他们所代表的机场能够接受的航班时刻表。

参与 IATA 航班时刻协调的机场多达 260 多个，分为 2 个级别：

① 便利的时间表：需求接近机场的生产容量，但能通过自愿合作来解决时段分配问题。

② 充分的协调：需求超过机场的生产容量，同时，时段分配是按照正式的程序进行管理。最重要的程序就是所谓的"祖父权利"。

一般来讲，当一家航空公司在当年运行了某些时段时，下一年该航空公司就有运行相同时段的权利。具体来讲，一旦航空公司运行了已有时段的 80%，就会享有“时段保持”的权利。

在 1990—1999 年期间，充分协调类的机场数量增长了 18%，最终达到 120 个，其中六十几个机场在欧洲、三十几个在亚太地区、十个在非洲。许多美国的机场也存在容量不足的问题，但没有采用 IATA 的时刻调节机制。欧洲引入此机制是在 1993 年。IATA 的协调系统最初是为了建立一个程序去协调航班时刻和不必要的机场堵塞。而欧盟的相关规定有着其他一些目的，例如，提高效率和鼓励竞争。许多 IATA 的规则还写入了欧洲的相关法律之中，例如，规定了 3 个层次的容量限制和协调方式：非协调的、协调的和充分协调的。2000 年，欧洲的机场有 13%是非协调类机场；有 57%是充分协调类机场。表 4.11 所示是欧洲主要机场的协调状况。

在美国，机场协调者一般由在该机场运营的国家航空公司或最大的航空公司来担任，而欧洲有一个重要的规定是机场的协调者必须独立于所有的航空公司以保证透明和公平原则。在很多国家，如丹麦、法国、意大利、瑞典、英国和荷兰都有独立的公司从事协调工作。为了使机场成为协调类的机场，法律上已经作了相关规定，要求机场有一个详尽的运营能力分析和相关的咨询程序。

“9.11”事件发生以后，航空运输业出现了大面积的不景气，但航空公司不想因此丧失自己传统上的起降时段。由此而产生了“祖父权利”规则，也就是前面所提到的，一旦航空公司运作了 80%的航班，就会产生“时段保持”的规则。航空公司被允许与其他航空公司进行时段的交换，但不是买卖时段。而实际上，时段的“灰色交易市场”一直都存在。

机场方面认为，机场经营者的观点不光代表它们自己的要求，也代表航空旅客和航空公司业的整体利益。甚至代表旅客之外公众的利益。这些利益要通过航班时刻表来保护。在机场的经济和环境条件许可的前提下，提供安全有序的航空运输服务以满足旅客的需求。各种利益集团的观点是有很大差异的：机场经营者希望在设施允许范围内寻求经济和高效的运营；旅客希望一个合理的、不拥挤的旅行环境，尽量避免延误，获得及时和理想的常规服务，减少意外因素带来的不便；航空公司业作为整体寻求运营的效率和服务的稳定与可靠性，但每个航空公司也希望自己处于有利地位并获得最好的竞争态势。单个航空公司的目标与整个航空公司业的目标可能是不一致的。有的机场不可避免地会涉及非旅客因素，如环境对航班时刻的限制。伦敦希思罗机场最初每年只能安排 275 000 个航空运输活动，这一限制在 20 世纪 80 年代中期有所放松，1995 年，年活动量提高到 350 000 个，但夜间的活动几乎很少提高。提高的容量几乎都是通过峰值延展或填满非峰值的低谷而实现的。

表 4.11　欧洲主要机场的协调类型

国家	充分协调类型的机场	非协调类机场
奥地利		维也纳机场
比利时		布鲁塞尔的 Zaventum 机场
丹麦	哥本哈根的 Kastrup 机场	
芬兰	赫尔辛基机场	
法国	巴黎的戴高乐机场和奥里机场	
德国	柏林的 Templehof 机场、Tegel 机场和 Schonefeld 机场；杜塞尔多夫机场；法兰克福机场；慕尼黑机场	
希腊	雅典机场；Thessalonika 机场	
爱尔兰		都柏林机场
意大利	米兰的贝加莫机场、马尔奔萨机场和利纳特机场；罗马的 Fiumcino 机场和 Ciampino 机场	
荷兰	阿姆斯特丹机场	
葡萄牙		法罗机场；里斯本机场
西班牙		巴塞罗纳机场；拉斯帕尔马斯机场；马德里机场；马拉加机场；帕尔马机场
瑞典	斯德哥尔摩的亚兰达机场	斯德哥尔摩的布鲁玛机场
英国	伦敦的希思罗机场、盖特威克机场及斯坦斯特机场；曼彻斯特机场	卢顿机场

很多机场按惯例每半年或一年公布一次它们的运行容量，航班时刻协调委员会对这一容量非常关注。机场运营者通常不会直接出现在这个委员会中，存在高峰容量问题的机场应该避免与希望增加额外服务的个别航空公司有过于密切的联系。

二、起降时段分配的其他机制

前面介绍的航班时刻协调机制成功地提供了一个稳定的时段分配环境，因而得到广泛的接受。但是由跑道能力不足引起的时段调节问题仍然被广泛关注。到目前为止，还没有真正有效的机制来解决时段的缺乏问题。批评者认为，相关的程序并不能解决机场能力不足，对未来投资也不能提供相应的保障。在欧洲，大多数新进入者被排除在机场资源的竞争之外。

航空运输业一直在讨论如何改善时段分配机制。人们提出了各种建议，例如，给予国际长途航班一定的优惠条件，这主要是由于各种禁令和限制，使得国际长途航班比短程航班缺乏柔性。另一个建议是给予大型飞机一定的优先权，因为大型飞机在使用时段时能产生较大的生产率。这些管理飞行时段的规则在 20 世纪 80 年代应用于英国伦敦的希思罗机场。但值得提出的是，这些规则不能用于包机、通用航空和航空货运。

建立这些机制的目的在于达成一些经济、社会或者环境的目标。而同时，正如前面所提到的，“祖父权利”原则也被使用。因此，这样的系统可能也会具有传统系统的缺点，即不能保证稀缺的机场起降时段被有效利用。所以，市场选择权的观点也被纳入考虑范围。按照这样的观点，拥有时段的所有权是非常重要的。一方面，“祖父权利”原则给予航空公司较长时间使用时段的权利，并鼓励航空公司对时段所有权的拥有；另一方面，机场认为这些时段资源是由它们所创造的，所以，航空公司只是对时段拥有使用权。其他一些观点是：时段不应该被看做永恒的权利，它只是一种长期的特许权利。并且在一定时间后，可被机场收回。按照航空公司的观点，时段可以看做是一种资产。在航空公司的购买或兼并发生时，可将其记入会计账目中的资产项目。例如，英国航空公司购买城市航空快运公司（Cityflyer Express）时，城市航空快运公司非常重要的资产之一就是所拥有的时段。时段作为一种无形资产，要准确地评估其价值是较为困难的。但我们可以参考下面的有关数据：英国航空公司付给荷兰航空公司 2 500 万美元以交换 8 天的时段；希思罗机场一个时段的价值在每旅客 50 英镑左右。

最为简单的基于市场的选择权是使用机场的收费机制去匹配需求和供给。无论如何，正如前面所讨论的，市场出清的价格必须设置在一个较高的费率基础上。另外一个建议是使用拍卖机制作为分配时段的方法。就像时刻调节会议一样，拍卖每 6 个月举行一次。

当航空公司能买卖时段时，就产生了时段交易（也称为二手交易）。这种交易实际上对大型航空公司有利，因为大型的航空公司有更多的能力去购买时段。2001 年，英国民用航空局与航空公司、机场以及时段协调者商议二手时段交易的问题，最后得出这样的结论：二手时段交易系统能够提高稀缺的机场资源的分配效率，并得到航空业界广泛的支持。

另外，时段分配也采取抽彩法。这种方法能够克服由时段交易所产生的垄断问题。但是此方法的最大缺陷就是时段分配的随意性和偶然性所造成的资源分配的合理性与资源的使用效率问题。

欧洲委员会一直在思考是否有更好的时段分配机制，以更有利于竞争和减少主要大型航空公司在机场的影响。欧洲一直在执行"祖父权利"原则，同时欧洲机场上的航班延误和堵塞情况越来越多。通过长时间的分析和研究，欧洲委员会在2001年提出了一些新建议。建议分为2部分：①对现有技术的改善；②提出了更长远的目标。

这里简单介绍一下第2个建议的内容。委员会认为时段分配中常常有太多相互冲突的目标，反复强调目标的目的是在鼓励和扩大竞争的前提下，最有效地利用资源。但是除了自由的竞争之外，还有其他的一些渴望，比如真正的和谐。例如，时段交易可以保证时段按照其价值进行分配，但它有利于大型航空公司。因此，最好是同时使用不同的方法去构筑时段管理机制，而不是采用单一的方式。

第三节 机场地面服务

机场的地面服务活动对于航空公司的运营是非常重要的，直接影响到航空公司的运营成本和服务质量。地面服务的内容包括交通服务和飞机服务2部分。交通服务是指对旅客、行李、货物和邮件的处理；飞机服务涉及停机坪飞机服务、飞机加油、飞机维护等内容。停机坪飞机服务一般包括飞机的装卸、清洁和维修等相关服务。这些服务一般是由航空公司或者代理机构提供，但有时也由机场运营商提供。传统上，本国的航空公司或者机场在地面服务上有一定的垄断优势。例如，米兰、罗马、维也纳和法兰克福机场在很大程度上控制了相关的服务活动，并从中获取了可观的收入，这些收入有时占到整个机场收入的一半左右。有时，机场也将这些业务转租给代理商。

一项欧洲机场的相关调查表明：有44%的飞机服务由机场负责，27%由航空公司自己负责，8%由本国的其他航空公司提供，7%由独立于机场的地面服务商负责，其余的14%由国外的航空公司负责。相反，按照旅客的数量来统计，仅有16%的旅客服务由机场负责，7%由独立的代理机构负责，其余的由航空公司来负责。由于操作上的原因，由航空公司提供交通方面的服务更为简便。

提供地面服务的垄断商声称，引入竞争（特别是在舷梯服务上）只会导致资源的重复使用、降低效率和造成停机坪拥挤，在容量已近饱和的机场尤为明显。而垄断服务的批评者，特别是航空公司认为地面服务的垄断商正在不断地抬高服务价格，有时还降低服务标准。在欧洲的米兰、法兰克福、西班牙和希腊的机场发生了大量的针对地面服务的投诉。1997年欧洲机场的一项调查发现，9个收费最高的机场的所有舷梯服务都是垄断的，而接下来的按收费从高到低排列的14个机场，都是采用竞争性的地面服务。

在欧洲一直有这样的争论：除非在地面服务方面真正地消除垄断，否则航空运输不能实现完全的自由化。欧盟在1996年和1997年采用了地面服务的检测系统。检测的长期目的就是为了在欧盟范围内消除机场地面服务的垄断。为此，对第三方服务商开放了地面服务市场。表 4.12 所示为检测涉及的一些具体信息。

表 4.12　欧盟地面服务检测系统信息举例

从 1998 年 1 月 1 日起	航空公司有权自己操作机场终端的服务； 对于旅客超过 100 万人次或者货物超过 2.5 万 t 的机场，航空公司有权自己进行行李、舷梯服务、燃油和装货等活动
从 1999 年 1 月 1 日起	对于旅客超过 300 万人次或者货物超过 7.5 万 t 的机场，机场地面服务活动的 1/3 可由航空公司自己操作
从 2001 年 1 月 1 日起	对于旅客超过 200 万人次或者货物超过 5 万 t 的机场，机场地面服务活动的 1/3 可由航空公司自己操作； 最少有一个独立于机场运营商的服务机构或者主要航空公司处理 25%以上的交通服务工作

此外，为了较为顺利地从垄断过渡到自由竞争，在一些特定的情况下，机场运营商被临时指派承担垄断性的服务工作。像德国的机场已经开始这样运作了，如法兰克福机场被指派负责停机坪飞机服务工作，而没有其他服务商与之竞争。

以前机场当局一直是地面服务的垄断者，而引入第三方地面服务机构将使机场运营商丧失部分市场份额。为了弥补这部分损失，许多机场，例如，法兰克福机场和罗马机场已经开始积极地在其他机场拓展它们的服务业务。而在地面服务方面，航空公司联盟的趋势也越来越明显。在未来，地面服务将形成规模经济，通过国际化、全球化的航空公司和机场间的接管、合并，一些大的、国际性的地面服务机构将浮出水面。例如，2001 年 Globe Ground 和 Servisair 合并后，提供的机场地面服务遍及 4 个国家、200 个机场，总产值达 8.92 亿美元。

第四节　新的航空公司–机场关系

航空公司与机场间的关系的改变主要来自于更激烈的竞争和机场的私有化、全球化趋势。航空公司与机场间的关系会变得更加国际化、集团化和联盟化。

航空公司与机场所签订的常规合同主要是明确机场的使用条件，描述提供的服务以及相关的费用。航空公司与机场并不是公式化的关系，因此不可能完全分清双方的权利和义务，例如，协议中可能没有表明期望的服务标准以及机场与航空公司间出现的争执及其解决办法。因此，许多航空公司都在考虑更为合适、清楚的契约关系。

欧洲的机场-航空公司协议可以分为 6 种类型。① 基本合同，包括主要的机场费用和附加协议（机场所提供的附加设备和服务以及使用它们的成本）；② 附加设备合同，它是一种涉及一家或多家航空公司所使用设备设施的安排；③ 2 种类型的服务水平合同，即单项的服务承诺（机场运营商按照预定的服务标准提供服务）和双向的服务承诺（机场和航空公司共同完成一定水准的服务）；④ 战略伙伴协议（SPA），此项合同更多的涉及战略层面，包括未来的投资及相应的权利以及机场和航空公司所应承担的义务。

1997 年，IATA 组织了一个工作小组专门研究和发展一般性的 SPA。航空公司认为 SPA 能够更加清晰地显示机场-航空公司之间的关系，也能更加清楚地界定协议双方的权利和义务，依靠财政担保来减少航空公司和机场的风险。英国航空公司认为，一个有效的合同应该包含以下几个因素：合同的有效期、收费服务的内容、服务的标准、附加服务、租金、费用和收费、资本支出、保险和负债、安全和治安、机场导航服务、争议和仲裁。此外，一些航空公司还建议机场应该有一个详细的服务（收费）列表，包括总的服务质量、当质量不能达到规定标准时的收费折扣或者赔偿的标准。

案例 1　美国的经验

一、机场使用协议

在美国，机场和航空公司必须签订相关的协议，以确定具体的费用和租金。确定机场的收费标准有 2 种基本的方法：残值法和补偿法。按照残值法，在考虑到商业和非商业资源的收入的情况下，航空公司要付给机场运营成本的净值。也就是说，航空公司所付的费用要保证机场达到财务上的盈亏平衡点。因此，航空公司要承担一定的设备设施贬值的风险。相反，补偿法则是指航空公司的付费是基于所占用机场的设备和服务。机场根据不同的环境和各自的需要可以采用残值法、补偿法或者是 2 种方法的综合。1998 年的一项调查表明，美国的大型机场中，采用残值法和补偿法的比例各占 41%；其他的机场采用了混合的方法。而美国的中型机场使用残值法的占 38%；补偿法的占 19%；混合法的占 43%。

一般而言，机场和航空公司签订的服务合同期限在 20～50 年之间。而最近，由于环境比以前更加不稳定，而且解除或放松管制的趋势越来越明显，合同的期限也比以前缩短。在美国，航空公司租用机场候机楼区域和登机门是非常普遍的。在航空公司与机场签订的合同中，机场未来的投资决策（计划）是非常重要的内容，这可能导致与机场签订协议的航空公司在使用机场的设施设备中形成自然垄断。因此，一些机场开始避免在与航空公司签订的协议条款中涉及机场未来改建、扩建设施的租用。

二、机场费与旅客设备收费

美国机场收取起降费的标准是非常简单的，一般是基于飞机的重量（每 1 000 磅计）来制定固定的费率标准，与机场签订了协议的航空公司的费率可能更低。与欧洲的机场不同，美国机场的收费不会根据飞机的噪音水平、机场的高低峰时段而有所变化。一般而言，由于机场运营商提供的是最基本的服务，因此向航空公司收取的起降费率也比较低。但由于其中包含了政府的税收，故机场向航空公司和旅客收费的整体水平较高。

美国机场的收入受制于国会和运输部所制定的相关法令和政策。首先，联邦政府基于成本制定了“公平、合理”的航空费率。其次，机场也被禁止将其收入用于非机场性的投资。上述 2 项限制在某种程度上制约了机场私有化的进程。

尽管航空公司成本部分与候机楼和登机门的使用有关，但不像世界上的其他机场，美国机场并没有收取旅客的费用。一般的作法是将这一部分费用并入旅客费用之中，由航空公司支付。美国机场做出这样规定的目的是避免机场将这部分收入用于非航空性的投资。但在 1990 年，联邦政府批准了 PFCs（旅客使用设备的收费）的征收方案。这些资金直接划归机场，而不是作为航空运输税归入中央联邦基金。这就意味着机场对这部分资金有更大的控制权。同时，这部分收入很大程度上不会受到航空公司的影响。尽管 PFCs 不同于世界其他机场的旅客费用，但它会对航空公司造成同样的影响。最初，PFCs 的征收标准是 1、2、3 美元，并且必须花费在与机场相关的项目上。到了 2000 年，PFCs 的征收标准上升到 4.5 美元，并且航空公司无权拒付这笔费用。

1992 年 6 月 PFCs 正式开始实施，到 2003 年初，全美 310 个（其中 164 个机场 PFCs 的征收标准达 4.5 美元）机场所征收的 PFCs 达到 395 亿美元。这些资金中有 17%用于空侧（airside）项目；30%用于航站区项目；6%用于噪音项目；10%用于通路建设；28%支付利息；还有 9%用做新丹佛机场建设基金。

三、机场起降时段的分配

由于反托拉斯法的缘故，美国大多数的机场并没有类似于 IATA 的航班时刻委员会这样的正式的时段分配机构。这就可能在一天中的某一个时段造成机场航班或飞机拥塞。

这一问题的解决得益于“高密度机场规则”。这一规则是在 1969 年 FAA（联邦航空局）为了解决纽约的肯尼迪机场和拉瓜迪亚机场、芝加哥的奥黑尔机场以及华盛顿国家机场的拥挤和航班延误而引入的。交通被分为 3 类：航班运输、空中的士（现在叫通勤服务）和其他（主要是通用航空）。在一定的时段内，对不同类型的公司都规定了航班的数量。虽然没有时段分配的机构，但相关的航空公司必须在反托拉斯的前提下共同协商航班时刻表计划。

最初，这一规则起到了很好的作用。但由于 1978 年美国航空管制的放松造成了空中交通流量的增加，一种新的时段分配系统被引入。这一系统叫做“买-卖”规则。也就是说，允许航空公司买卖自己的时段。它是一个世界范围内的二级时段市场。时段的交易被局限于国内航线（由于各国的航空管制有差异，使得国际航线时段的交易非常复杂，国际航线时段的交易可通过 IATA 时刻委员会来操作），同时做出了以下规定：时段的交易只能在上述 3 类航空公司中同类公司之间进行。而对新进入的航空公司，则采取抽彩的方式给予航空时段。

这种时段交易的方式受到了越来越多的批评，它使得老牌航空公司在国内机场的优势地位不断增加，并出现这样一种趋势：越来越少的航空公司将占据越来越大的航空市场份额。为此，2000 年政府出台了“航空投资和改革法案”，此法案改变了上述的“高密度机场规则”。例如，纽约的拉瓜迪亚机场到 2007 年必须消除所有的限制，在此之前，新进入的长航线航空公司和运营喷气式飞机的地方航空公司可免除时段限制。这就导致了 2000 年拉瓜迪亚机场的拥挤，并致使纽约机场管理局对高峰时间的航班征收延期偿付费用。然而，FAA 认为机场管理局没有合法的权利征收额外费用，这促使航空业思考更为长期的解决办法。

航空运输业也在更广泛地思考机场收费的总体原则。到底是单纯的按照成本原则来收费，还是考虑更多的市场因素以解决很多机场的拥塞问题。2001 年，美国运输部颁布了“基于市场解决机场拥塞和延误的通告”，以讨论基于市场的途径去制定机场的相关收费标准，例如，高峰期的定价、最低着陆费用、时段拍卖等。航空公司以及其他相关人士被邀请对此通告进行评价。

[Anne Graham.Managing Airports — An international perspective（second edition）. Butterworth—Heinemann，2003，London]

案例 2　法兰克福机场与航空公司保持良好关系的新途径

最近几年，法兰克福机场发展了一种新的收费政策，此政策非常有利于与航空公司建立起一种长期的伙伴关系。

新办法首先是在 20 世纪 90 年代后期引入这样的政策导向：增加与旅客有关的收费，减少飞机着陆费。这意味着机场的收费与航空公司的收入（航空公司的收入是基于旅客运量）紧密相关。在 2002 年 4 月，法兰克福机场公司与德国汉莎航空公司、德国航空公司协会签订了为期 5 年的协议。此协议将机场的收费与交通量的增长紧密联系起来，以 2001 年启程旅客的数量作为此协议的参考收费标准。协议提出，如果旅客的数量达到了预期的标准，则机场的费率上升 2%。如果旅客的数量高于预期的标准，则这部分非计划旅客所产生的收入的 2/3 归机场所有。相反，如果旅客的数量低于预期的标准，航空公司只承担风险损失额的 1/3。

[Anne Graham.Managing Airports — An international perspective（second edition）. Butterworth—Heinemann，2003，London]

本章小结

（1）传统的航空收费结构比较简单，机场大部分收入来源于飞机起降费和旅客服务费。虽然目前还有很多机场仍然采用传统的收费方式，但航空收费结构的发展趋势是更加复杂化和市场化。

（2）传统上，大部分机场是以飞机的最大起飞重量或者最大业载来确定飞机的起降费。最简单的方法是不论飞机的大小，只依据固定费率（元/t）来收费。机场的这种收费机制主要是遵循“支付能力”的原则。随着机场商业化和私有化的进程，起降费的收费依据变得越来越复杂。有的机场运营商开始将飞机在跑道上的运动距离作为收费依据。同时，许多机场针对不同的季节、不同的时间段使用不同的起降费标准，以反映机场淡旺季的情况。一些机场对国内航线或短途航线的飞机起降费的收费标准较低。这虽然与成本-费率原则相违背，但有利于支持地方性航空公司或地方经济的发展。另外，越来越多的机场开始关注环境保护问题，并对飞机噪音追加额外收费。

（3）大多数机场倾向于根据不同类型的旅客收取不同等级的旅客过站费，并向国内航线的旅客收取较低的费用。飞机停场费的收取一般有 2 种方式：一种是基于飞机的重量或者机翼的宽度来收费的；另外一种方式是按每个小时或者每一天来收取费用。

（4）我国民用机场的航空收费主要有 5 个方面，即飞机起降服务费、地面服务费、航路费、机场进近指挥费及通用航空收费。而旅客过港服务费的收取办法是：对直达航班，机场按照航班旅客座位数的 80%计收；对有经停站的航班及客运包机，经停站按实际出港旅客人数计收；对改换航班号的航班，按 80%的客座数计收。航路费是机场向有关承运人征收的航路使用费。其收费金额根据飞机的最大起飞重量和航行里程确定。

（5）尽管航空公司非常关注付给机场的费用，但是这部分费用仅占航空公司总的运营成本的很小一部分，对于长途航线可能就更加微不足道。机场收费对于包机和低成本航空公司则有较大的实际意义，大多数低成本航空公司运营的航线都是中短程，会更加频繁地支付机场费用，很多低成本航空公司为了降低成本会选择中小型机场或者支线机场。

(6) ICAO 的相关手册详尽地指出了机场的收费原则应该与它的运行成本紧密相关，同时机场的收费系统应该具有透明性、公平性和公开性。机场收费标准的制定还会受制于一些“双边协议”。机场在确定收费标准时，一般要先预测出下一年度提供某项服务的总成本，以及下一年度在该机场起降飞机重量的累计数，然后得出下一年度某项服务的单位成本，作为该项服务下一年度的收费依据。航空性活动的预测内容应包括以下几个方面：飞机起降架次；按起飞全重分类的各类飞机起降架次；各时间段的飞机起降架次；进港和离港的国际、国内旅客总数；进港和离港的货物总量；各类飞机的停场时间；各类航空服务的成本等。

(7) 机场服务的供给曲线的移动主要依靠增加地面的设备设施，以及提高空中交通管制的服务效率来实现；而需求管理技术主要是指分配机场起降时段的最合适的机制。机场起降时段与空管时段是不同的，空管时段指空管部门分配给航空公司的起飞和降落时间，而机场起降时段通常指飞机在机场降落或者起飞所需的时间（通常是 15 min 或 30 min）。因此，机场起降时段的含义更为广泛，它包括飞机起飞和降落时间，在机场停留时间等，涉及飞机在机场上运行需要的所有资源。

(8) 航空运输协会在每半年举行一次的夏季和冬季航班时刻协调会上，会制定世界范围的航班时刻表。100 多个国际航空运输协会成员和非成员航空公司出席会议，反复讨论各种航班安排提案，最后由机场协调者达成一个他们所代表的机场能够接受的航班时刻表。参与 IATA 航班时刻协调的机场多达 260 多个，分为 2 个级别：便利的时间表和充分的协调。

(9) 欧洲的机场-航空公司协议可以分为 6 种类型。① 基本合同，包括主要的机场费用和附加协议（机场所提供的附加设备和服务以及使用它们的成本）；② 附加设备合同，它是一种涉及一家或多家航空公司所使用设备设施的安排；③ 2 种类型的服务水平合同，即单项的服务承诺（机场运营商按照预定的服务标准提供服务）和双向的服务承诺（机场和航空公司共同完成一定水准的服务）；④ 战略伙伴协议（SPA），此项合同更多的涉及战略层面，包括未来的投资及相应的权利以及机场和航空公司所应承担的义务。

思 考 题

(1) 传统的航空收费结构特点是什么？

(2) 传统上，大部分机场的飞机起降的制定费遵循什么原则？

(3) 国外机场的主要收费项目包括哪些内容？

(4) 我国民用机场的航空收费主要包括哪几个方面？

(5) 我国飞机起降服务费收费标准是怎样规定的?

(6) 机场航空收费对航空公司运营会产生什么样的影响?

(7) 航空性活动的预测内容应包括哪几个方面?

(8) 机场起降时段的含义是什么?

(9) 时段分配的一般规则是什么?

(10) 什么是“祖父权利”原则?

(11) 欧洲的机场-航空公司协议可以分为几种类型?

(12) 机场确定收费标准的基本程序是什么?

第五章 机场的非航空性经营活动

非航空性经营活动是指机场除航空活动外的旨在增加机场收入的多种经营活动，也叫商业性经营活动。多种经营指个别企业供给市场不同质的多种产品和劳务。对于机场来说，多种经营不是指某项服务的品种多样化，而是指提供不同性质、不同类别的服务。从世界范围来看，多种经营战略已经成为现代机场的一种重要的发展趋势。

本章讨论机场非航空收入的产生，包括对商业绩效的影响因素的分析。讨论的焦点是那些在机场购买商品或服务的旅客，同时也包括其他消费者，如航空公司和地面服务代理商，它们由于使用机场的办公室、值机柜台、休息室等而付给机场相应的租金，机场因此产生租赁收入。

第一节 机场商业服务的重要性

机场业演变中的关键进步之一是机场对非航空业务或者商业收入的依赖程度的显著增加。机场业的赢利不仅仅来自于航班产生的利润，商业服务为机场创造了更大的赢利空间。

许多国家的经验表明，从商业性经营活动中获得的收入对机场的持续发展具有重要作用，因而国际民航组织建议各国的机场积极开发这类活动以增加收入。事实上从商业服务中获得的收入已成为越来越多的机场赖以生存和发展的条件，以及弥补其成本开支的重要收入来源。

我国改革开放以前，由于机场归政府直接管理，不是真正意义上的企业，因而没有真正意义上的经营，更谈不上多种经营。随着经济体制改革的深入，机场已被定性为企业，由原来靠国家拨款变为自主经营、自负盈亏、独立核算的经济实体。由于市场竞争的加剧，机场的生存发展问题日益突出，迫使机场经营管理者不断寻求更多的发展机会，不断拓展发展空间。

在市场经济条件下，机场开展商业经营的需要是由机场的内部条件和外部环境决定的，是机场适应市场竞争、提高竞争力和生存发展的必然要求，是适应顾客需求多样化的需要，是充分利用机场资源、减少企业经营风险的手段，也是机场经营规模扩展的需要。

多种经营是相对于专业化经营而言的，对民用机场来说，专业化经营是指与飞机起降活动有关的航空性经营活动，多种经营则主要是指与飞机起降活动无关的商业性经营活动。航空性经营活动是非航空性经营活动的前提，非航空性经营活动是航空性经营活动的保证。

一个机场的容量是有限的，航空性经营活动的开发受到限制，但非航空性经营活动是无限的，它们之间的关系可概括为：

（1）多种经营的基础是专业化经营；

（2）多种经营不是否定专业化经营，而是专业化实现的一种途径，能促进专业化更好地实现；

（3）专业化经营通常与规模经济相联系，多种经营通常与成长经济相联系；

（4）专业化经营与多种经营既相对独立又相互联系，都应该从战略角度予以重视。

第二节　机场商业服务发展的动因

对机场商业服务的发展起推动作用的因素主要来自以下几个方面：

首先，机场业的商业化和私有化趋势给了机场更大的自由来发展其商业政策和多样化的经营方式。更加商业化的机场运营方式使得机场商用设施的优势越来越突出，而在传统观念中却并没有意识到这些设施的重要地位。现在机场运营管理者都希望能采用更有创造性和富于想象力的策略，并尽可能多的利用能带来航空和非航空收入的机会，从而获得更多的商业利润。

其次，航空公司一直在对机场施压以降低机场对其征收的各种费用水平。随着竞争的日趋激烈和利润的下降，更多的航空公司通过外购、裁员以及限定工资水平等方式来节省成本。航空公司也越来越多的要求机场应该通过削减成本和采取更有效的节约方式来增加利润，而不是向航空公司多收费。因此，机场收费需要接受航空公司，尤其是一些新兴的、以低成本方式运营的航空公司的更加详细的审查。而且，目前很多国家的机场增加航空收费的权力也受到政府的限制。上述航空收费的压力促使机场寻找其他可供选择的方法，如加强对商用设施的利用来增加收入和增长业务。

再次，机场客流量正日益增大，乘客在机场购物也变得越来越有经验。因此，机场的购物者们不仅要求机场提供更好的服务，同时也要求机场提供的商业服务的价格更为合理。这反映出消费者趋向于在消费时更加注重质量、价值和可供挑选的机会。

最后，机场间竞争的加剧对于开发非航空收入也起到了重要的促进作用。虽然乘客选择某个机场的主要原因在于机场本身提供的航空服务是否优质，以及机场所处地理位置是否便利。而零售或其他商业服务只能是次要考虑的因素。但对于转机旅客而言，如果他们不能察觉不同机场的中转航班在便利性和服务质量上的明显差别的话，他们的选择就更容易受商业服务水平的影响。有的机场，如阿姆斯特丹史基辅机场和新加坡樟宜机场，在对转机乘客的市场营销中就非常强调它们所提供的高性价比的商业服务。而另一些机场在营销战略上则更具创新，如曼彻斯特机场对中转乘客在免税购物方面给予一定的折扣，以增加其作为外部转机枢纽机场的吸引力。中东的很多机场，如阿布杜哈比机场、迪拜机场和巴林机场等都设法利用它们的免税商场，特别是通过各种激励措施如高额购物抽奖（可奖励高档豪华汽车）等方式来捕获客源。

第三节　机场商业服务的市场

要做好机场的商业服务，首先必须对机场商业服务的市场有详细的了解，这需要进行仔细的市场调查和分析。

一、机场的商业消费者

对于购物或其他商业服务来说，机场有其非常特殊的地理环境条件。机场的主要消费群体 ——乘客 ——为机场创造出一个巨大的垄断市场。大多数乘客在机场购物时都不像平时那样斤斤计较，原因是他们对机场环境不熟悉，或害怕错过登机时间，所以在购物时通常都很匆忙，不可能像平时那样花时间去货比三家和考虑折扣等问题。

要想充分利用机场交通带来的商业发展机会，机场所提供的商业服务范围，甚至挑选的商品都必须非常适合不同类型的乘客的喜好和需要。为了达到这一目的，机场同它的零售商以及餐饮合伙人需要不断地获取各种资源和信息，以便对顾客有更多的了解。其中最基本的工作就是分析机场的航空服务特点，分析旅客的出发地和目的地，对机场自动收集的市场情况也要进行分析。免税品零售商还可以从旅客在购买免税商品时出示的登机证上获得旅客的相关信息。很多时候还需要在此基础上结合多角度的市场研究来对信息进行补充，包括乘客人口统计、乘客地理和行为特征研究。这种研究旨在确定是谁在机场购物以及购买了什么，谁不在机场购物及其原因，以及确定乘客对机场提供的商业服务范围和商品价格持什么样的态度。由于消费者的需求和感受在不断地改变，所以这种类型的研究也需要经常更新。

以英国机场集团公司（BAA）为例，像其他大型欧洲机场经营者一样，BAA经常开展关于机场商业服务的市场调研。它的一项调查结果显示，平均53%的乘客认为机场购物比较重要或非常重要；在18～24岁年龄段的乘客中，64%的人认为机场购物非常重要；其他认为机场购物不太重要的（比如英国商务旅行者）占34%。所有乘客中，70%的乘客认为餐饮设施是比较重要或非常重要的。BAA也调查了在其经营的机场中不进行商业消费的乘客，发现价格是造成这种现象的关键因素。在不进行商业消费的乘客中，有12%的人认为如果价格下调10%，他们会购买；47%多一点的乘客（大多是英国的休闲旅客）认为如果价格降低25%，他们会购买；16%的人声称如果他们在机场有更多的时间（额外的1小时），他们会购买。22%的乘客（他们大多是英国商务旅行者）声称他们对在机场购物不感兴趣，也不会被说服去购物。

这些例子说明不同类型的乘客有不同的喜好和不同的消费方式。通常休闲旅客在购物和使用机场餐饮设施时都属于即兴型；长途休闲旅客在机场的花销一般比短途乘客多；经常作商务旅行的乘客由于在机场的逗留时间短，所以他们很少会在机场闲逛购物。另外，航空公司普遍为乘坐公务仓和头等仓的乘客提供专门休息室，这也阻碍了他们逛商店购物。结果是虽然这些商务旅客在机场的平均花销可能比较高，但和其他旅客相比，他们却较少购物。商务旅客也可能较多地使用某些设施，例如，银行、租车以及机场饭店等。另外，现在有越来越多的女性商务旅行者，她们在需求和偏好上和传统的男性旅行者又有所不同。

除以上不同类型的乘客外，还有很多中转乘客。他们不太使用像银行和邮局之类的设施，而且显然也不需要汽车租赁或汽车停放设施。他们可能会进行一些零售性质的购物，尤其是在免税商品的价格很具竞争性的时候。但即使在有足够的中转时间的前提下，这种购买也仅仅是一种可能而已。对于一个枢纽机场来说，如果它希望通过提供迅速的中转连接而达到效率最大化，那么就很难从转机旅客那里获得最多的商业机会。在大多数枢纽机场，也有很多中转乘客要花费大量时间在地面服务区。不同的机场都开发了很多相当具有想象力的商业设施和服务，供转机乘客和本地乘客共同使用。比如，新加坡樟宜机场就有游泳池、桑拿室、卡拉 OK 休闲室和高尔夫球场。如果转机乘客在机场等待的时间超过 4 小时，他们还可以乘旅游巴士游览新加坡全城。阿姆斯特丹机场也提供艺术剧院和可供表演和赌博的娱乐场所。大多数机场都有商务设施，如会议室、秘书处、互联网接口等。很多机场也提供健康中心，如维也纳机场1999年开设了"Wellness"健康广场。在"Wellness"健康广场，乘客能感受到不同的按摩手法，并享受健康酒吧、日光浴室和淋浴。在曼谷机场，乘客可以享受到机场提供的头部和足部按摩。法兰克福机场还提供牙齿、视力以及脚反射疗法服务，并且配备有专家级别的门诊部。

BAA将英国旅游者分为四类，每一类都有不同的购物特点。首先，是一年只乘坐飞机旅行一次的休闲度假旅客，他们通常是即兴购物者，并且倾向于购买免税商品；其次就是年轻的，一年多次乘坐飞机旅行的高消费乘客，他们购物时偏重于考虑商品的品牌和品质；再次是老年的，一年多次乘坐飞机旅行的高档消费乘客，他们收入可观，主要喜欢购买免税商品，如香水等；最后一类人是视时间为金钱的商务旅行者，他们容易被一次性的促销和电子产品吸引。

还有另一种分析乘客购物特点的方法，就是通过乘客的行为来对乘客进行分类。比如，娱乐购物（礼品）、有目的购物（糖果、书籍、化妆品）、时间紧迫型购物（最后一分钟/紧急状况下购买）、便利购物（众多知名品牌中进行选择）、基本购物（餐厅、外汇兑换、保险）以及生活购物（高品质的国际品牌购买）等，我们都可以找到它们的区别。

诸如国家、年龄、职业以及经济区域等因素也会影响到乘客的消费和购物行为模式。斯堪的纳维亚各个国家由于购买酒类要支付高额税款，因此他们比较喜欢在机场购买免税酒类产品。日本乘客在机场的平均商业花费也比较高，因为他们一般要给家人或朋友捎带礼物。美国人虽然通常都比较喜欢购物，但是他们一般不会在机场购物，因此他们在机场的平均花销比较小。年龄方面，年轻乘客更喜欢使用很多机场都有的电子娱乐区和互联网设施。

以往多数机场的商业服务主要是为乘客提供的，而现在很多机场已经意识到与机场有关的其他人员也可能需要机场的商业服务，并引进了一些相关设施来满足他们的某些需要（见表 5.1）。机场开始不断地开发自身的商业潜能以成为一个商业或经济中心，产生、雇佣和吸引大量的消费者，而不仅仅是为使用该机场的乘客提供服务。比如，机场雇佣的员工可能希望利用机场的商用设施，尤其在他们工作期间不能到当地的商场购物时，就可以直接在机场购买自己急需的物品或服务。另外，机场附近的非机场组织或公司的员工也可能认为机场的商业设施是很有用的，比如，超级市场、银行服务、发廊、药店以及干洗店等一些基本的设施。

表 5.1　机场商用设施的不同市场细分

市场分类	提供的设施
机场内部员工及机场周边地区员工	便利商店、银行、药店及其他基础设施
本地居民	商店、餐饮及休闲服务
来访者 ——接机人员等	餐饮、礼品及纪念品商店
来访者 ——航空运输工具爱好者	专业航空商店、旅游、观看台、展览及餐饮服务
本地商业	办公/会议设施、轻工业/商业地产租赁服务

机场对其所在居民社区来说也是一个有吸引力的可供选择的购物中心，尤其是当机场不太拥挤，有良好的公路和铁路系统与社区连接，交通方便时更是如此。有时候，机场还会采取一些措施（比如在机场购物享受免费停车）来吸引本地居

民。但这些措施的普及也可能有悖于机场的经营策略。对一些有着严重的地面交通问题的大型机场来说，鼓励外部顾客到机场消费会影响到正常的航空运行，机场邻近的购物中心也可能对这种做法提出反对。

如果法律上对在主要街道购物有时间限制，那么机场作为可供选择的购物中心会更受欢迎，例如，法兰克福机场就曾得益于城镇的购物时间限制。阿姆斯特丹机场在 1995 年开设了自己的购物“广场”，包括 40 家商店，一个 5 400 m^2 的购物中心，私人和公共交通都很方便。其中大多数商店的质量都是一流的，并且经营一些在荷兰很难买到的国际知名品牌。在这个购物广场里，只有 30%的消费者是乘客。

在机场会客的人员、接机人员以及其他来访人员等，可能对餐饮服务有需要，或者对出售鲜花、礼物和纪念品的商店感兴趣。机场的汽车停放收入通常也来自这类人员。机场提供的各种专业购物设施和商品使得航空旅行仍然对某些人具有很大的吸引力。在商业基础上，机场还可以提供收费的观光和展览等服务，同时还可以起到公关和服务社区的双重作用。例如，慕尼黑机场观光公园就是德国巴伐利亚州最受欢迎的一日游项目之一。公园里有交互式多媒体中心、观景山、机场展览、公交车游览、餐饮以及零售设施。机场提供的一些休闲设施也会吸引不少来访者，典型的例子是马来西亚吉隆坡新机场。在该机场的地域范围内有 1 个一级方程式赛车跑道、一个冒险公园，并且机场还提供攀岩、射击、高尔夫、电影和骑马等休闲娱乐项目。

机场还可以为商业团体提供各种会议设施，大多数枢纽机场都提供这类设施。由于机场具有良好的交通连接优势，因此对于国际商务而言，这种会议设施很有吸引力。这些设施用于为商务旅客、本地商业组织以及其他顾客服务。例如，慕尼黑机场在 1999 年开设了新商业中心，其中包括办公和会议设施、医院门诊部、餐饮，以及旨在吸引大量不同消费群体的各种商店。韩国新仁川国际机场也有 1 个商业中心，这个商业中心有 2 个容量为 1 000 个房间的酒店，还有 1 个面积为 12 000 m^2 的购物商场。很多机场还利用邻近地域建立酒店、综合办公系统、轻工业、货运仓库、配送中心等。

但是对机场运营者来说，大部分机场收入的主要来源仍是飞机起降区域的销售。1998 年，1 项对欧洲 15 个不同规模的机场的调查表明，航站区的销售平均占到机场零售业 37%的营业额，而这只是总营业额的 22%。与之相比，飞机起降区域的销售按平均每 m^2 计算，营业额要高出机场其他区域销售 6.8 倍；按平均每名乘客计算，则要高出 32 倍。在这些机场的航站区顾客中，64%为乘客，16%为员工，13%为接送旅客的亲友，还有 7%是当地居民或其他人。一些地面服务机构，如邮局、旅行社、住宿登记代理等不会直接为机场带来大量的收入，但是从乘客和其他消费者的角度来看，它们可以作为机场产业的附加价值。

二、机场商业经营的地理特征

大多数创造非航空收入最成功的机场都坐落于欧洲，这是很多因素综合作用的结果，如在欧洲有大量的国际交通量和相对较高的收入的乘客。随着非航空收入成为机场业发展的一个显著成果，欧洲机场成了商业化和私有化的先导。2001年，ACI 的机场经济情况调查表明，欧洲机场通过非航空渠道，平均可从每位乘客身上获利 8 美元，高于全球平均值 7 美元，如图 5.1 所示。

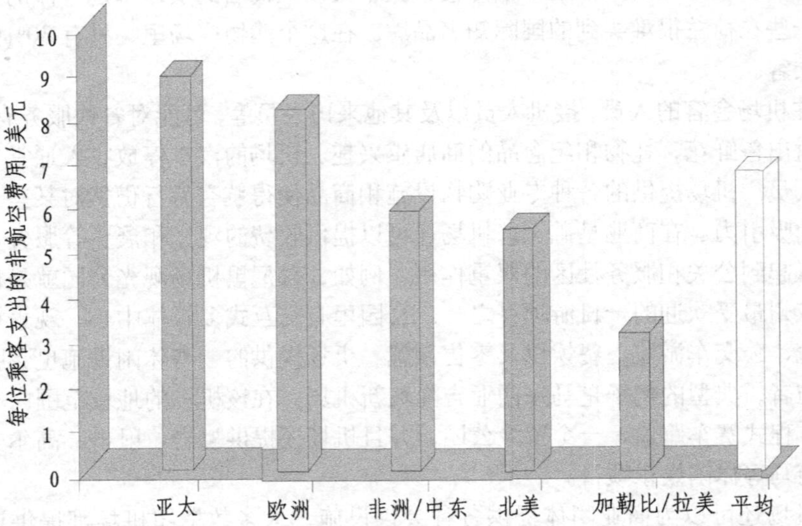

图 5.1　2001 年世界各地区平均每位乘客在 ACI 机场支出的非航空费用

机场特许经营所带来的收入是非航空收入的重要来源。购物在机场特许经营收入中的比例最高，并且这一趋势可能会继续保持下去。比如，2001 年在布鲁塞尔机场，零售收入就占机场特许经营收入的 42%，如图 5.2 所示。

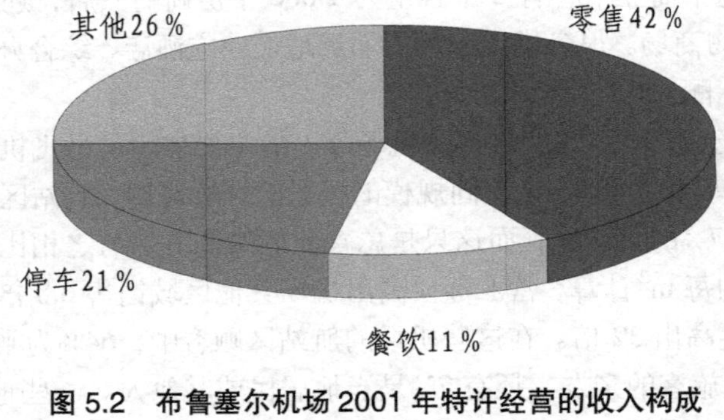

图 5.2　布鲁塞尔机场 2001 年特许经营的收入构成

从 ACI 的调查数据可以看到，北美机场的非航空收入远比欧洲机场的少，平均每位乘客才 5 美元。这些机场的乘客以国内旅客为主，花费较少。同样，枢纽机场的重点主要放在迅速而有效的中转连接上，而不是为乘客提供逛商场和购物的时间。对汽车的依赖和缺乏足够的公共交通工具意味着北美机场的 2 个最重要的非航空收入来源是汽车停放（1.87 美元/每乘客）和汽车租赁（0.99 美元/每乘客）。购物方面，相对于欧洲机场 6.47 美元/每乘客的收入来说，北美机场 0.66 美元/每乘客的收入就显得微不足道了。图 5.3 所示为在华盛顿机场的特许经营收入中汽车租赁和汽车停放所扮演的重要角色。从图中可看出，汽车停放和汽车租赁收入共占机场特许经营总收入的 2/3。

令人惊奇的是以购物商场闻名世界的美国是在 20 世纪 90 年代才充分意识到机场的商业潜能的，这远远落后于欧洲机场。此前的美国机场几乎很少看见品牌商店和餐饮设施的影子，尽管这些品牌商店和餐饮设施在美国其他地方正广泛使用。后来在 90 年代早期当 BAA 与匹兹堡机场签订了 15 年管理该机场商业设施的合约后，情况开始发生变化。BAA 用世界知名品牌商店替换了原来机场的报刊经销店和普通商店，同时还引进了欧洲机场的一些新的商业经营理念，如产品预订等。BAA 在印第安纳机场和波士顿机场也采取了类似的措施。美国的机场商业开发先驱还有波特兰机场，它最先引入了购物商场的概念。

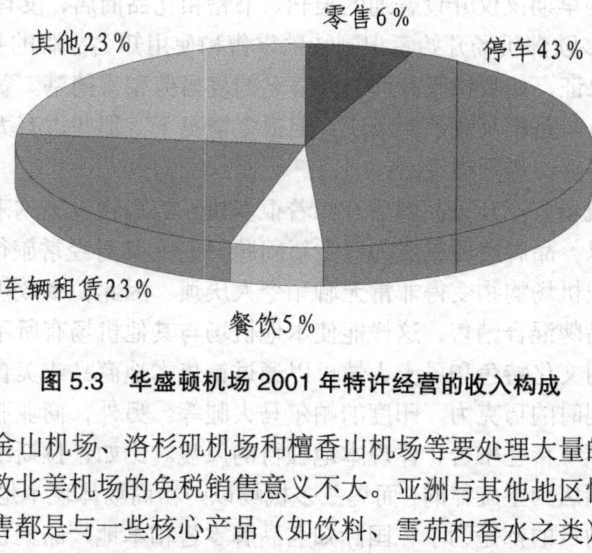

图 5.3 华盛顿机场 2001 年特许经营的收入构成

除了像旧金山机场、洛杉矶机场和檀香山机场等要处理大量的亚洲运输份额的机场外，多数北美机场的免税销售意义不大。亚洲与其他地区情况不同，欧洲传统上免税销售都是与一些核心产品（如饮料、雪茄和香水之类）有关，而亚洲的免税商品的范围要广得多。在很多亚洲的大型机场，甚至还有到岸免税商店。新加坡樟宜机场在世界上就享有良好的购物声誉，吉隆坡机场和香港机场都在极力向它学习。

随着亚洲国家以年轻人和中产阶层等为主的高消费旅游者的加入，这些机场的乘客结构也在发生变化。另外，返家旅客的出发地更加分散，对价格更敏感，其消费模式也因此变化，他们更多地强调购买物有所值的商品。但是，ACI 的调查仍然发现在这个地区平均每位乘客花费的非航空费用在全球是最高的。

中东地区的机场之间竞争非常激烈，各个机场都把购物作为吸引乘客的主要方法。比如，阿布扎比机场就开设了大量的免税设施。在阿布扎比，由于商场作为民航部门的分支机构，享有一定的补贴，所以出售的商品价格比较低，以吸引乘客使用机场的购物场所。

在世界其他地区，如非洲和南美，机场对非航空收入缺乏信赖。部分原因是这些地区的大多数机场的乘客数量都相对较少，同时本地居民的购买能力又比较有限。机场密切地依赖于政府所有者，既缺乏专业指导又没有来自商业上的压力，所以很少考虑如何充分开发其非航空收入的资源。在某些国家，尤其是在南美，随着经济的发展，目前也开始鼓励交通增长和扩展基于消费者的商用设施。另外，这些国家的许多机场已经私有化，并且引入了欧洲和北美的管理理念，开始尝试使用商业战略。

第四节　机场提供商业服务的方法

大多数机场早期仅仅开设普通的报刊、书籍和礼品商店，没有品牌店。20 世纪 80 年代，许多欧洲机场开始意识到特殊零售和使用知名品牌的吸引力。品牌为旅客提供品质保证，如餐饮服务商引入著名的麦当劳和肯德基。餐饮区被划分为很多不同的，有时是相互竞争的场所。但很多情况下，那些占有大量有价值空间的餐厅却利用不够，形同虚设。

然而，在机场广泛开设品牌店意味着很多机场的购物设施越来越相似，差异越来越小。所以，品牌疲劳就成为一个新问题——尤其对经常旅行的乘客来说，他们可能会发现机场购物变得非常无聊和令人厌烦。因此，多数机场都设法把知名品牌和本地品牌混合销售，这样能使本地机场与其他机场有所不同。机场所属的城市或国家的文化特色和风土人情可以通过销售本地商品或美食来体现，如瑞士的奶酪、比利时的巧克力、印度的帕尔马火腿等。另外，商业服务的总体基调也可以和本地环境特色融合，体现本地独特的风貌。比如，拉斯维加斯机场的设施是以众多的酒店为主旋律的，而奥兰多机场以购物商场体现本地的特色。总之，以上各种做法的目的都是为了在国际知名品牌零售和本地产品销售中寻求一种平衡，从而使当地机场有与其他机场相区别的特征。

巴黎机场 1994 年采用的新零售战略就是一个典型的例子。机场管理者决定抛弃传统的免税商店和香水商店，取而代之的是名为“乘客之都”的大型商场。“乘客之都”采用的是被巴黎一些商业大街所广泛采用的新型零售理念。巴黎机场引进了，如 Hermes，Cartier 和 Christofle 等知名品牌，同时也增设了，如“Musees de France”以及其他销售法国美食的商店。马德里机场的“Palaces and Museum's”商场中的商品都富有西班牙文化特色。香港的启德机场则设法体现出它独特的东西融合文化的特点，设立了大量的国际零售商店，既有亚洲特色的餐厅，也有西方特色的餐厅，另外还设有大量快餐店。曼彻斯特机场的“Donkey Stone”酒店就备有本地的“Boddingtons”啤酒，并且还有一个曼彻斯特足球俱乐部商店。温哥华机场则主要体现出不列颠哥伦比亚的本地文化风格。而智利的圣地亚哥机场采用的风格是尽力体现智利从沙漠到南极的不同地理风貌。

某些机场对在机场销售的商品强制采用机场的商标，而不是用普通商业大街上的单独商标。阿姆斯特丹史基辅机场和新加坡樟宜机场就是采用该策略的典型例子。比如，所有在阿姆斯特丹机场隔离区的商店都要冠以“See Buy Fly”标志，所有的店员都穿相同的制服，所有卖出的商品都用统一的印有机场商标的黄色购物袋装放。

但机场最终会发展为购物中心的想法并不普遍流行。某些乘客，尤其是商务旅客时间紧迫，他们最大的希望就是尽快通过机场，因此，他们更偏好于一些能为他们节省时间的服务设施。目前，很多机场对商务旅客的需要已做出了反应，开设了自动售票机和自行办理乘机手续的设施（self check-in)，这些措施会加快旅行过程，减少乘客在起飞前花费的时间。

有的航空公司认为机场的非航空收入的增加会导致航空公司收入的减少，并常常表示机场的购物功能干扰了乘客在候机楼内的正常通行。比如，由于机场充斥着各种零售和餐饮标志，乘客有时很难找到登机门的指示牌。这些航空公司还声称，很多乘客误机的原因很大程度上在于他们在免税商店里迷了路。因此，目前一些机场已经在商业区增设了航班信息系统。

有些航空公司还抱怨，机场在开发商业服务上花费了太多的注意力，忽视了飞行所需的基本条件。如20世纪90年代中期在希思罗机场，英国航空公司抱怨从机场入口处到候机楼区域缺少信息咨询台，因为这些区域被各种各样的商用设施占据了。类似的，一些旅客也抱怨机场为了最大限度地实现零售收入而导致诸如候机座椅、卫生间等基本的乘客设施的不足，众多的商店也分散了乘客走向登机门的注意力。因此机场应该在商用设施和保证正常飞行的基本设施间找到平衡点，使商用设施在提供非航空收入最大化的同时又兼顾飞行的效率。不过要做到这点并不容易。

除效仿各商业大街开设品牌商店出售名牌商品外，很多大型机场也已开始尝试其他的零售措施。这些新措施的实施部分源于机场雇佣了专业的零售管理人员，而不是像以往那样雇佣机场内部人员。机场运营商，如英国机场集团公司和爱尔兰机场公司（Aer Rianta）通过发放“忠诚卡”鼓励顾客购物的忠诚度。在阿姆斯特丹机场，“See Buy Fly”零售商是荷兰皇家航空公司（KLM）“常旅客计划”的合作伙伴，该计划不仅为机场管理者提供了鼓励乘客重复购买的机制，同时在增设了新的产品和服务时，还使机场管理者能发现相应的顾客并和顾客沟通。

此外，有的机场还引入了返值或返款保证机制，这种鼓励消费的方法在普通大商场已采用了多年。比如，新加坡樟宜机场对顾客有 2 个承诺：

（1）饮料、烟草、香水和化妆品的价格不会高于亚洲地区其他主要机场。其他商品的价格不会高于城镇商场。如果在本机场发现有高于以上承诺的商品，机场将以双倍的差价返还顾客。

（2）如果顾客认为他们所购买的商品不合适或买错了，机场将全额退货。

另外，互联网和电子购物对机场零售活动的影响也是不可忽视的。机场管理者既要清醒地看到互联网在某些方面带来的威胁，因为在互联网上有更大范围的折扣商品，也要看到如果在机场把互联网和其他终端设施进行联合开发，也能给机场带来很多的机会。现在许多机场的网站上都详细列出了机场的商业服务和商品种类，使得乘客在访问机场时心里有数，可以在有限的时间内更好地安排购物。

随着机场数量的不断增多，商业竞争日益激烈，现在甚至可以在机场预定商品。如温哥华机场的土特产和艺术品可以通过机场网站购买。有的机场还实现了商品送货上门服务，顾客可以待在舒适的家中进行机场购物。这意味着机场购物的消费者不再局限于乘客了。互联网广告等形式的电子商务也同样可以为机场提供获得非航空收入的机会。随着机场日益被看做一种重要的广告媒介，广告也成了机场获得商业收入的重要方式之一。比如，2002 年针对一种假设的以“Bleu”命名的品牌的研究显示，乘客仅仅 1 个月后对该品牌的全面意识就达到了 31%。机场广告变得越来越形式多样和具有交互式特点，比如，滚动广告牌、等离子屏幕。赞助商提供的钟表、行李打包带、行李推车、电话亭以及传统告示牌和灯箱上都可以看到广告的影子。2000 年，希思罗机场第四候机厅还安装了一个重 7 t，容积为 4 000 L 的热带鱼水族广告箱，箱中饲养了近 2 000 条不同的热带鱼。当然，对于机场来说，广告的原则应该是不影响乘客通过机场和不刺激乘客。比如，维也纳机场的候机厅就有一个巨大的“T”形标志，是为电信产业打的广告。但是调查显示，乘客并不喜欢这个标志，而更愿意接受机场的标志。

第五节　商业合同及投标程序

机场提供商业服务的形式可以是多种多样的。大多数机场都选择把这些服务以合约形式外包给专业零售商和餐饮公司。这样对机场的风险最低，且不需要机场运营者具备专业技能或去详细了解市场环境。某些机场，尤其是规模较小的机场，常常选择把商业服务整体授权给专业承租人，由这些承租人来负责运营和聘用专业管理人员。也有一些大型机场公司，如 Aer Rianta 和 BAA，选择自己提供某些商业服务（如免税商品）。对 Aer Rianta 来说，这主要是因为自 20 世纪 40 年代第一家商店开业以来已经在这一领域内积累了大量的专业知识和经验。而 BAA 在 90 年代才开始采用这种方法来全面控制“从供应商到仓储到顾客购买”的整个零售过程，从而为自己的国际扩张提供机会。目前，大多数机场都倾向于自己开展汽车停放业务，因为汽车停放业务需要的专业技能很少，资金投入也不大。

一、合同细节

当机场运营者要合约外包其商业服务时，他们通常要和提供相应服务的公司签订授权合同。除了规定最少年度保证金外，合同中一般都要涉及承租人将自己营业额的多少份额付给机场的问题。付给机场的营业额份额可以从 5%到 50%不等，主要取决于不同服务的利润率。机场运营者有时只给承租人提供经营范围，而配置各类商用设施的资金投入则由承租人自己负担。授权时间通常为 5 年。这样的安排对机场运营者来说风险相对较小，他们不用对这些商业服务负太多责任。承租人要向机场运营者保证一定数量的营业收入，但因为这种收入是同承租人的销售量联系在一起，而不是与利润联系在一起的，所以承租人不会像关心利润率那样去保证最大限度的销售。

作为选择，机场运营者还可以同零售或餐饮公司签订管理合同，这在机场汽车停放服务上已使用多年了。对其他商业服务目前还没有一种普遍的经营方法，但是管理合同的观念已经产生了一些好处——尤其是在 1999 年欧盟内部税和免税销售废除以后。20 世纪 90 年代，在自己经营商业服务前，BAA 同它的免税零售商就是使用的此类合同。其他的例子包括大量的英国地方机场，如伯明翰机场就是采用的同几家承租人共享利润方式的管理合约。这种类型的安排基础是利润或利润共享。比起传统授权合同，它能使机场运营者和承租人之间建立更长久的关系，使他们不得不按照目标要求共同合作，以实现利润最大化，并共担风险。

第三种选择是当机场运营者加入了专业零售或其他组织，与其成为伙伴关系后，可以签订一个合资提供商业服务的合同。阿姆斯特丹机场的餐饮服务就是采用的此种方法。当机场运营者希望扩展它同其他机场的联系时，这种方案可能会带来更多的机会。以 Aer Rianta 为例，为能在独联体和中东地区提供商业服务，它签订了大量的合资合同。

在欧洲、北美和亚洲，当合同续订期到来时，大量的授权合同被拿出来招标。这种做法在一些发展中地区并未被广泛采用，但它通常是保证合同安排的最有效方式。招标条件因机场而异，估价既要考虑财务条件（支付的授权费用），更多地还要考虑质量条件（质量、外观、技术革新等）。一些机场仅仅选择能带来最高收益的投标——实际上在某些国家，如新加坡和以色列，这也是法律上的要求——

这可能导致出价过高的趋势，最近几年在欧洲尤为明显。虽然从短期看这会为机场带来高额的授权费，但长远看这种情况不会持久。因为承租人利益受损，他们会同机场重新谈判或者被迫放弃经营权。欧洲国际机场委员会（ACI Europe）尝试开发一种投标代码，出价过高的问题是其要考虑的一个关键因素。代码的目的是要通过推荐标准化的招标程序，使招标过程更为容易，并建立起基于综合的质量、数量等因素的公认的挑选标准。一种考虑了三方面因素的评分系统已制定出来，用以全面评估投标者的质量（经营范围和规模、实践经验、财务信用）、商业计划（市场分析和产品战略、店面设计、营业额预测、组织、人员、投资额）和所能提供的授权费用。

二、影响机场商业经营效果的因素

如果想要充分开发机场的商业机会，选择合适的承租人和就合同细节进行正确的谈判是关键环节。但也有很多其他的重要因素可能影响到机场经营者在商业上的成功。例如，需要考虑机场交通的特点、了解乘客的构成、尽可能配置适当的商业服务以满足乘客的需求和喜好，并通过不断调研反馈来最大程度地开发商机和实现商业利润。

机场的商业收入要经历不同的发展阶段，这主要与机场的大小有关。小型机场只能提供基本的设施，如免税商店、报刊经销和餐饮。随着机场的不断成长壮大，就会有更多的专业商店加入，直到机场最终变成一个购物中心。

乘客的消费倾向通常受整个经济环境的影响，包括 GDP 增量、消费支出、税收水平、通货膨胀率以及外汇汇率变动等。航班延误也会对消费模式产生影响。延误 1 小时以上会给乘客充足的时间逛商店和进餐厅。另外，机场处理程序的延长，如护照审验或移民安全检查排队过长，也会产生一定的影响。乘客想要减少令人烦闷的等待时间就会逛商店，有时还会去餐厅消费。

机场的商业服务间也存在竞争，这些竞争来源于不同的方面。首先是不同机场间的竞争。中东地区机场间的竞争尤为激烈，如迪拜机场、阿布扎比机场、巴林机场等。还有亚洲的一些机场间的竞争也很激烈，如新加坡机场、吉隆坡机场和香港机场。其次，机场与各航空公司在飞行中的销售也存在竞争，尤其是有包机业务的航空公司。这些航空公司，比如，英国的空中旅游航空公司（Airtours）和布里塔尼亚航空公司（Britannia）允许乘客预定商品，以便能在乘客进行机场购物前获得商机。另外，竞争还来自于机场所在地针对国际旅行者的城镇免税商店。前面讨论的电子购物也可能发展成为机场的一个主要竞争对手。

与普通的商业大街一样，机场商店的大小，商用设施的设计都非常重要。但目前大部分机场在设计时都没有充分考虑机场候机厅所能提供的商业机会。商业企划者通常都是在机场候机厅设计和建设到最后阶段才参与进来，这就意味着商用设施经常不能完全符合要求。成功的商业企划要与乘客需求紧密联系，商业设施不能位于机场死角或者远离乘客的视线。理想的情况是各种商业设施应该像登机门一样位于同一楼层，因为如果要极不方便地上下几层楼的话，会打消一些乘客光顾某些商用设施的念头。

很多机场都不能最大化它们的商业收入，因为它们的商用设施可能设计得不适当。问题可能还来自于候机厅，如慕尼黑机场在每一个候机厅都重复配置一些设施，这样就导致运营成本增加，只有当有足够的乘客吞吐量后才能供养得起所有这些设施。伦敦希思罗机场第四候机厅最初开放时就曾经遇到过类似的状况。

乘客耗费在机场的时间多少也明显地影响着他们的消费行为。不同类型的乘客花费在机场休息室的时间是不同的。BAA 估计，在伦敦希思罗机场第三候机厅的国内休息室，经济仓乘客平均花费 49 分钟，公务仓乘客平均花费 27 分钟，而头等仓乘客平均只花 13 分钟。登机门附近的商业设施通常更让乘客感到放松——一旦所有程序（如办理登机手续、安检等）都完成后，他们不太喜欢走到太远的地方购物。餐饮有时可以很好地打发乘客购物后的无聊时间，因此餐饮设施一般都设置在零售区附近，但是必须以不干扰旅客通行为前提。另外，商店和餐厅必须足够宽敞，不给人拥挤的感觉，但是太大又会使乘客感觉萧条和空旷。

三、机场非航空绩效的测量

机场及其授权的合伙人现在对非航空绩效的监控日益重视。很多机场都通过消费者调查来评估消费者满意度和对价格的感受。比如在 2001 年，日内瓦机场调查发现 46%的被访者感觉机场的价格过高。另外，一些机场还使用诸如“每乘客销售”、“每 m^2 销售”等指标来分析它们的商用设施的经济绩效。

因为所需信息的商业敏感性以及缺乏可靠的行业数据，进行机场绩效的比较是非常困难的。最为详细和规范的研究是从 1998—2000 年对欧洲、亚太、非洲和北美地区的“机场零售研究”。该项研究考虑了机场隔离区和航站区的零售收入/乘客、零售收入/m^2 等绩效指标，分析了各种不同的因素，以实现对比较结果的分析和解释。这些因素包括商店的地理位置、所有权模式、交通量大小、密度等。

案例 欧盟取消免税销售和“9.11”事件对机场商业经营的影响

欧洲统一市场建立后，欧洲各国之间针对欧盟旅客的机场免税销售已违背了统一市场的基本原则，欧盟委员会于1999年6月取消了这类免税销售，这给欧洲机场的商业经营带来了很大的影响。“9.11”事件后，机场安全管理更加严格，也严重影响到机场的商业经营。分析这2个不可多得的案例，会帮助我们更好地理解机场的非航空性经营活动。

一、欧盟税及免税销售的结束

（一）背 景

对于大多数旅客而言，机场零售就是免税购物。而且很少有乘客完全清楚免税购物（不用支付购买商品的增值税，如香水、化妆品、服装、电子设备）和免关税购物（免除酒类和烟草类的高额关税）的区别。以欧洲为例，增值税从丹麦、瑞典和挪威的20%到西班牙、葡萄牙和卢森堡的15%不等。在某些国家，如奥地利和德国，大部分免增值税销售是不允许的。关税在斯堪的纳维亚国家最高，在希腊、西班牙和意大利最低。因此，乘客对免税和免关税商店中价格的感受在很大程度上依赖于与他们本国情况的对比。

1947年，第一家机场免税商店在爱尔兰的香农机场开业。1951年，另一家免税商店在苏格兰的Prestwick机场开业。这些商店都是为吸引那些因需要加油而中途经停上述机场的横渡大西洋的乘客而设计的，销售少量的酒类、烟草、香水和其他商品。到20世纪60年代，其他机场也相继开设类似的商店，并扩大商品销售的品种范围，以响应航空客运急速增加的需要。如阿姆斯特丹机场就是首家提供免税电子器件和摄影材料的机场之一。随着很多机场不断扩大隔离区，免税购物进入空前繁荣时期。机场提供大量的不同品种、式样的产品，从传统的酒类、烟草和香水产品到可携式摄像机、手表、珠宝、运动服装等，以满足不同旅客的需要。

20世纪90年代对欧洲机场来说是一个不确定的时期。由于新的欧洲统一市场的建立，最初打算从1993年1月1日起废除所有的欧洲免税和免关税销售，因为这套系统与统一市场的运作不相适应，而且这种消费特权被认为是对无权使用这种销售模式的运输部门（如铁路）的不公平对待，对市镇普通商家来说也是不公平的。但机场方面争辩说免税特权并没有扭曲和阻碍欧洲统一市场的发展，如果坚持废除免税特权会造成上百万人的失业，机场收入也会锐减。为了补偿减少的收入，会导致航空服务成本激增，进而影响整个国民经济。通过游说政府部长而达成了妥协，将废除免税销售的截至日期延长6年半至1999年6月30日。

（二）机场的应对策略

从1999年6月30日开始，当旅客们被告知欧洲的免税购物已经取消之后，机场的收入锐减。并且这一事件产生的直接冲击比预期的要强烈得多。如与1998年相比，1999年BAA机场的零售收入下降了20%。

为解答乘客的疑惑，许多机场发起了大规模的市场活动，向旅客解释到欧洲或欧洲以外旅行的乘客，哪些能在机场免税购物，哪些不能。

许多与其特许零售商有合作关系的欧洲机场自己消化了零售税和附加税，商品价格仍然按以往免税价执行。某些机场还有选择性地以免税价格销售一些饮料和酒类。在很多机场，欧洲和非欧洲的乘客都共同使用相同的零售区，因此，机场不得不设计一些方法来区分商品分别是卖给了哪类乘客。在某些机场，如BAA机场，印有蓝色编码区的商品是供应欧洲乘客的，印有绿色编码区的商品是供应欧洲以外地区乘客的。很多乘客对这样的划分感到难以理解，因此机场又不得不提供更多的文字性材料来说明情况。在另外一些地方，机场特许经营者、机场公司和运输公司还联合成立了“旅游价值协会”。协会的所有成员都在店内打上统一的“花的少买的多”标语向乘客表明旅行购物仍然会节省一大笔开支。比如在曼彻斯特机场，机场登记处都有巨大的提示，提醒欧洲以外乘客旅行购物的好处。同时，机场网页上还更详细地列示了乘客可以购买的商品资料。这一系列的措施无疑吸引一部分乘客回到了机场商店购物，减少了因失去免税优惠的冲击。

在1999年6月禁止令之前，有人预测航空收费将会大量增加，以补偿非航空收入的减少。但仅有一些机场采纳了这种航空收费涨价的策略。哥本哈根机场1999年7月将航空收费增加了15%，2000年增加了13%——虽然该机场之前很多年都没有增加过航空收费。BAA的决策者也决定对每位乘客增加58便士的收费，相当于大约14%的涨幅。而其他的机场，如阿姆斯特丹机场、法兰克福机场和巴黎机场决定不增加航空收费以补偿非航空收入的减少。

二、2001年“9.11”事件的影响

在欧洲废除免税购物不久以后，机场商业管理者又不得不面临一个新的挑战——2001年“9.11”事件的冲击。乘客的明显减少使得商业收入锐减。同时由于更严格的安全检查措施需要经过更多的程序和花费更多的时间，也对机场商业收入造成了负面影响。但有时也因为安检需要，乘客提前很多时间到达机场，最后反而有更充裕的时间来购物。一些机场于是专门为排长队等候安检的乘客准备了餐厅和配餐车，而在另一些机场，等候安检的长队却堵塞了一些重要的零售区。

有的机场，尤其是美国的机场，不得不重新设计其商用设施以满足严格的安检需要，这导致成本增加和非航空收入的减少。比如在“9.11”事件以前，陪送人员可以一直将乘客送到登机门，但“9.11”以后就被禁止，这也导致了由送客人员产生的非航空收入的减少。由于安全原因，FAA规定在机场候机楼周围300

米范围内不得停靠任何交通工具，因此，以往创造了大量非航空收入的停车场也被迫关闭或选新址重建。

虽然“9.11”事件为航空业带来了巨大的负面影响，但同时也在某种程度上为机场特许经营者创造了更宽松的交易环境。一些机场，如旧金山和洛杉矶机场暂停收取承租人的最低保证金以帮助承租人渡过难关。还有很多机场对其零售商的租金也做了适当的调整，根据乘客流量和营业额的多少来决定其应缴纳的租金，帮助零售商应对“9.11”事件后乘客骤减所带来的冲击。

[Anne Graham.Managing Airports — An international perspective（second edition）. Butterworth—Heinemann，2003，London]

本章小结

(1) 非航空性经营活动是指机场除航空活动外的旨在增加机场收入的多种经营活动，也叫商业性经营活动。多种经营指个别企业供给市场不同质的多种产品和劳务。对于机场来说，多种经营不是指某项服务的品种多样化，而是指提供不同性质、不同类别的服务。从世界范围来看，多种经营战略已经成为现代机场的一种重要的发展趋势。

(2) 一个机场的容量是有限的，航空性经营活动的开发受到限制，但非航空性经营活动是无限的，它们之间的关系可概括为：多种经营的基础是专业化经营；多种经营不是否定专业化经营，而是专业化实现的一种途径，能促进专业化更好地实现；专业化经营通常与规模经济相联系，多种经营通常与成长经济相联系；专业化经营与多种经营既相对独立又相互联系，都应该从战略角度予以重视。

(3) 对机场商业服务的发展起推动作用的因素包括：机场业的商业化和私有化趋势给了机场更大的自由来发展其商业政策和多样化的经营方式；航空公司一直在对机场施压以降低机场对其征收的各种费用水平；机场客流量正日益增大，乘客在机场购物也变得越来越有经验；机场间竞争的加剧对于开发非航空收入也起到了重要的促进作用。

(4) BAA 将英国旅游者分为四类，每一类都有不同的购物特点。首先，是一年只乘坐飞机旅行一次的休闲度假旅客，他们通常是即兴购物者，并且倾向于购买免税商品。其次就是年轻的，一年多次乘坐飞机旅行的高消费乘客，他们购物时偏重于考虑商品的品牌和品质。再次是老年的，一年多次乘坐飞机旅行的高档消费乘客，他们收入可观，主要喜欢购买免税商品，如香水等。最后一类人是视时间为金钱的商务旅行者，他们容易被一次性的促销和电子产品吸引。还有另一种分析乘客购物特点的方法，就是通过乘客的行为来对乘客进行分类。

(5) 机场提供商业服务的形式可以是多种多样的。大多数机场都选择把这些服务以合约形式外包给专业零售商和餐饮公司。某些机场，尤其是规模较小的机场，常常选择把商业服务整体授权给专业承租人，由这些承租人来负责运营和聘用专业管理人员。也有一些大型机场公司，选择自己提供某些商业服务（如免税商品）。

（6）机场的商业收入要经历不同的发展阶段，这主要与机场的大小有关。小型机场只能提供基本的设施，如免税商店、报刊经销和餐饮。随着机场的不断成长壮大，就会有更多的专业商店加入，直到机场最终变成一个购物中心。

思　考　题

（1）非航空性经营活动的含义是什么？

（2）如何思考非航空性经营活动和航空性经营活动的关系？

（3）机场大力发展非航空性经营活动的原因是什么？

（4）如何对旅客进行有效的市场细分？

（5）世界各大洲机场非航空性经营活动收入的特点是什么？

（6）影响机场商业经营效果的因素有哪些？

（7）机场提供商业服务的方法主要有哪些？

第六章　机场营销

机场体制的多样化和产品的特殊性，使人们不习惯把机场与营销联系起来，有的人甚至看不到机场营销的存在或否定营销对机场发展的作用。有竞争就有营销，当我们意识到机场竞争的存在，就应当关注到机场的营销问题。

机场营销与其他行业的营销不同。机场局部有限垄断的特点决定了机场并不因营销与否而存在，却因营销与否而停滞、萎缩或更快发展。人们不难发现，在没有营销的年代，机场也得到了发展；甲机场不搞营销却发展得比致力于营销的乙机场要快。在讨论并强调机场营销的时候，不应排除区域优势及局部有限垄断的市场对机场发展的重要作用，但应该看到，对任何一个机场而言，成功的营销都可以使它做得更好。随着机场商业化、企业化或者私有化的发展，航空需求的增加，机场竞争的加剧，机场发展的内在动力提高，机场营销将越来越为机场的经营管理者所重视。

虽然机场营销的理论尚未得到业界内外的普遍重视，更缺乏系统的研究和总结，但在机场的发展过程及经营管理的实践中，营销的战略、手段及方法已在一些机场广泛地应用，并积累了大量的机场营销的成功案例和经验，这些营销实务都为理论的总结奠定了良好的基础。为了更系统地阐述机场营销，本章将从机场的产品特征分析入手，继而介绍和分析机场营销的内容与策略。

第一节　机场产品的定义及其基本特征

受传统的生产观念支配下的产品概念影响，人们习惯于把产品理解为具有特殊用途的物质形态。随着第三产业的兴起，产品被定义为客户通过购买获得的需求满足。机场作为服务领域的产业之一，其产品具有“满足客户需求”这一共性，同时又具有非常独特的表现形式。

一、机场产品的定义

从一个完整的机场概念上说，机场是由多种不同功能的设施和为客户提供多种服务的很长的生产链条构成的。它包括为飞行器提供进近指挥、起降、停场、加油、配餐、各种地勤服务及为旅客、货物提供的候机楼、货站等过站服务，同时还包括地面运输、餐饮、零售、酒店等其他配套服务。根据这一特性，可以将机场产品分为核心产品、主导产品和延伸产品三个层次。

核心产品是机场整体产品最基本的层次，即客户在使用机场产品过程中和使用后可获得的基本利益和效用。因此，可以将机场的核心产品界定为满足承运人（航空公司）的航空器起降、停场服务及其旅客、货物的过港需要。准确理解机场核心产品很有必要，因为只有当机场工作人员理解他们在生产什么，销售什么，才可能认真去发现隐藏在众多形式产品（即各种服务）背后的价值，把客户需求的核心利益和服务提供给客户。

主导产品或称主营产品是与机场设施相关联的各种航空运输服务，也就是通常所称的机场航空业务。如飞机的起降、停场、地勤、机务及候机楼和货站等服务，是机场核心产品的主要体现形式。它因机场不同的体制构成，组合成若干相互联系的产品。通常可根据不同企业承担的服务项目分别称之为不同的形式产品。如地勤公司可承担飞机停场的各种地面服务、机务及部分候机楼服务业务，可视为一个产品组合。

延伸产品或称附属产品是利用机场资源综合开发同时为主营业务提供配套支持的各种业务。如餐饮、零售、酒店及机场提供的地面运输服务等。还有一些业务虽没有直接与主营业务相关，但仍可以对核心产品起辅助支撑作用，如机场房地产开发等，通常把上述 2 类业务称为非航空业务。

就像制造复杂设备的生产型企业一样，机场产品可以从零部件生产到总装全部由一个企业承担并统称为一个产品，也可以依靠专业化协作分别由不同的企业生产出零配件（独立的产品），再由总装厂组合为一个产品（不同的是机场产品的零部件不能实现异地生产）。但在讨论机场的营销问题时，通常不考虑其“零配件”有多少厂商生产，而视为由一个流水线生产出的一个完整的产品。

二、机场航空业务产品的基本特征

作为航空地勤及相关配套服务，机场航空业务产品既有一般服务产品的共性，也有鲜明的行业特征。

（一）顾客直接感知

由于服务性产品的非实物性，顾客不可能在购买后转移或延期消费，顾客对该产品的购买只能是一种直接的感知或体验过程。服务产品是无形的，它通过环境、设备、人员等载体展示或传递出来，因此这些载体本身就是产品的一部分，虽然在销售过程中并不发生所有权的转移。如便捷的流程和良好的候机环境就是机场产品的组成部分。服务产品虽然有规范的形式、程序和内容，但难于形成固定模式，其感知或体验可能因人（包括买卖双方）、时间、地点而异。这一特点使机场可以异地营销，但只能就地消费，且在生产及销售过程中难于保持其产品质量的稳定性。

（二）生产与销售一体

服务企业的生产过程就是销售过程，同步完成，不可分割。机场不存在半成品，其每一个服务环节都在把产品交给客户，任何环节出现问题都相当于交付给客户不合格产品。而不像生产企业可以在生产过程中依靠检验把出现质量问题的半成品剔出或返修，最后交给用户的还是合格的产品。因此机场要创造品牌，就必须使员工成为合格的产品生产者，同时又是合格的营销者。

产销一体的特点还使得消费者、生产者之间情绪或态度会相互影响产品质量。如出现航班延误，只要有一位旅客情绪激烈，就容易感染其他旅客而导致大面积的服务质量问题。因此，机场员工不仅需要具备生产和销售技巧，还应懂得协调团队、管理顾客和因时、因地控制自己的生产和销售行为。

（三）不可储存

有形产品可以储存，可以根据生产能力和市场需求来调节，且顾客购买后如果不满意还可以退货或换货。而服务产品的即时生产和消费表现出不能被储存、不能重复出售、也不能退还的特点。这一特点导致了生产资源难以均衡控制。如机场的生产运行，往往因间歇性的航班高峰期而使候机楼内的人员、设备的利用效率不高。一方面因短暂的能力不足而影响产品质量，另一方面又因能力的闲置而加大了机场的生产成本。因此，如何在营销过程中发挥调节作用，使被动的需求尽可能与相对稳定的能力相匹配，对机场提高产品质量和降低整体成本具有十分重要的作用。

（四）产品组合链条长

与其他服务产品相比，机场可以称之为由一个联合企业群生产出的复杂的组合产品。从服务的链条来看，仅旅客出港，由进入机场到完成各种值机、行李托运、联检报关、安全检查、候机服务，到飞机停场的地勤设施设备配套服务、机务、飞机客货舱服务、供油、供水、供餐，到飞机离港要经过上百次直接的服务程序，同时还有旅客的进港及货物的进出港。任何一个环节的问题都会导致机场整体产品的失败。在机场的整个服务链条中，其对象是多元性的，既直接服务于人（旅客、货主、航空公司），也服务于物（飞行器、航空货物）。对象的不同也带来服务标准、服务工序、服务方法的差异。

由于服务的综合性，使产品组合链条的不同环节在专业上表现出极大的跨度，也使该链条常常要由不同的独立运行单位来完成。如航空地勤的服务业务、土建及机电等工程设施保障业务、飞机过站机务业务、导航指挥业务、安全和应急救援业务，以及其他配套服务业务等。要使分别隶属于不同单位的服务项目都达到较高的专业水准并组合成紧凑和谐的生产链条本已不易，加上体制构成上每一个专门业务都可能分属于一个独立法人经营，同时还有属于政府机构的海关、公安、检验检疫等部门，使得机场当局的生产协调难度很大。而任何一个客户在机场感受到的不愉快，通常不会仅认定于哪个环节或该服务的提供者，而会直接认定为机场，即机场的整体产品会因某一环节的瑕疵而遭到客户的否定。机场当局需要为其他单位产出的不合格服务买单。从这一角度来看，机场的服务产品要创造自己的品牌就比其他服务产品要困难得多。

（五）主营产品与延伸产品伴生并融合销售

机场的延伸产品源自于主营产品并反过来为主营产品提供支持，成为主营产品的一部分。如候机楼内的商业零售或餐饮，虽不属于主营的航空业务产品，但却是旅客候机配套服务的重要组成部分。良好的配套服务可以使旅客在过港、候机过程中获得更大的需求满足和更有价值的心理体验。特别是在发生航班延误等非正常情况，如有较好的餐饮、购物和娱乐服务项目，则对主营产品的缺陷将产生很大的弥补作用。

三、机场非航空业务产品的基本特征

机场的非航空业务产品具有多样性的特征，既有服务产品，如商业零售、酒店、餐饮等，也有物质产品如航空食品等。但在严格意义上这些产品都不是机场由航空业务派生的直接产品，而是属于派生的二级产品。

机场非航空业务的初级产品应是具有开发价值的资源，如有价值的商业场地、广告媒体、可供专门用途（可用于酒店、仓储、会展、种植等开发经营）的土地等，这些如已探明的埋在地下的矿藏，从机场营销的角度上说，提供给客户的不是“矿产”本身而是可供开发的“矿”，而“矿产”的营销要由开发公司来进行,也就是当我们提及非航空业务开发时是以由机场资源衍生的二级产品为主导，这些产品的营销，无论机场自营与否，都属于其特定行业的营销概念。如商业零售营销、酒店营销、食品营销、广告营销等。而在讨论机场营销时，则应界定为机场的非航空业务的初级产品，即拟出让（租）的可供开发的资源。当然机场当局也应协助特许经营权的受让人或承租人开展二级产品的营销。

第二节　机场营销的意义和作用

营销的理论和实务早已在生产和服务行业被广泛应用。由于机场体制定位的多样性和机场产品的特殊性，使机场营销的理论和实践远远落后于其他领域。许多机场甚至还不了解机场营销的概念，看不到机场营销的需求。

一、机场营销的含义

（一）市场营销的基本概念

市场营销概念随着企业市场实践的发展而不断演进，不同的发展阶段、不同的学者有不同的表述。我们可以把它较为直接地理解为企业为满足消费者利益而提供商品和服务的活动。其主要内容包括市场调研、市场细分、产品开发、价格制定、渠道选择、促销方式、售后服务和信息反馈等。其目的是创造、赢得并保有客户，并为企业创造收益。

市场营销的要素是多方面的，为了使企业有限的资源能更有效地分配到重点要素上，理论界根据市场实践提出营销组合的概念，即企业如何综合运用并优化组合若干可控因素，以期实现其经营目标。通行的市场营销组合理论即4Ps理论。4Ps 营销组合把市场营销的诸多要素归纳为产品（product）、价格（price）、地点或渠道（place）、促销（promotion）4 大组合策略，认为企业的市场营销活动只有通过科学合理地运用这 4 大要素才能取得市场成功。

随着市场实践的发展，许多学者又试图在此基础上进行进一步的发展和完善。有的学者提出应该在 4Ps 理论基础上增加"政治权利"（political power）和"公共关系"（public relation），将市场营销组合扩大至 6Ps ，以更全面地考虑其他社会因素在营销活动中的作用。有的学者则从服务市场营销的角度提出在 4Ps 基础上增加"有形展示"(physical evidence)、"人"(people)和"服务过程"(process)，将服务产品的市场营销与有形产品的市场营销区分开，形成 7Ps。

7Ps 的营销组合表现环境及设备设施作为无形服务的有形载体在生产和销售过程的重要性。如机场环境与自然的和谐程度、候机环境的空间、亮度、色彩、声音给旅客的愉悦程度，各种服务设施设备使用的舒适性及边界程度等都会影响旅客对机场提供服务的价值评价。

"人"在服务产品的营销过程中更表现出与有形产品不同的突出作用。服务产品的直接体验和生产与销售一体的特征，使顾客在消费过程中常常把服务人员视之为产品的组成部分。因为服务产品是通过这些人员传递并销售出来的，所以他们的执行情况对企业的整体营销都相当重要并直接相关。

"过程"同样是服务产品营销的特殊要素。有形产品的生产过程对消费者来讲并不重要，因为消费者需要的是满足其需求的最终产品。服务产品的产销即时性及生产者与消费者的互动性使服务过程在服务产品营销中表现出特殊的作用。如机场的进出港流程是否合理；服务程序的设计是否更人性化（如排队等候时间、开闸通关时间等）；服务人员对旅客候机过程的需求变化的反应能力；旅客在进出港过程中对特殊服务（如航班延误时的动态信息掌握、问询的信息满足程度及解决问题的能力等）的参与程度等。

当然我们也可以把上述的3Ps直接理解为“服务产品”的几个方面，因为这3Ps都是构成服务产品的要素，又是其在营销中区别于有形产品的特殊要素。

除了上述3个特殊要素外，与一般市场营销相同的其他4个要素就相对易于理解。“产品”指服务的范围、内容、形式、质量、标准及品牌等；“价格”指的是客户获取相关需求所应支付的成本，包括价格水平、付款方式及作价原则等；“地点或渠道”指的是提供服务的所在地及其地缘的可达性，就机场而言，即我们通常所称的市场辐射区域；“促销”指的是通过各种市场沟通方式以引起客户对产品的兴趣，提高企业知名度的活动。

在探讨市场营销组合时还需要提及4Cs理论。20世纪80年代美国营销专家劳特朋提出市场营销应从生产为中心转换到消费者为中心。即以顾客（consumer）代替产品（product），企业不是卖其能够制造的产品而应卖顾客想要的产品，应该按照顾客的需要来设计、生产产品并使顾客能以其喜爱的方式便利地获得产品；以成本（cost）代替价格（price），应了解顾客为满足其需求愿意支付的成本并通过降低生产成本和销售价格与客户获得双赢；以沟通（communication）代替促销（promotion），更多的为顾客着想，减少急功近利；以便利（convenience）代替地点或渠道（place），为顾客提供更多便捷的服务。

（二）机场营销

机场营销即机场当局（公司）以市场为导向，采取系统的生产经营行为，为客户提供满足其需求的产品（即机场服务和机场资源），从而实现机场利益目标的过程。

根据机场的产品特点，机场营销可以分为主业营销（或称航空业务营销）与辅业营销（或称非航空业务营销）。

1. 机场的主业营销

机场的主业营销包括航线营销和航班营销。机场航线营销的主要对象是航空公司，目的是通过航空公司增加航线、航班的飞行以带来机场业务量的增加。机场航班营销的主要对象是旅客、货主、旅行社、航空货运代理公司，目的是为机场创造更多的客、货源，以维持或推动航班量的增加。

广义上的机场产品应是与机场所拥有的航班和航线共同构成的。没有航班、航线的机场产品是没有意义的。机场首先因开辟了航线使航空公司成为客户，其次才因有了航班使旅客和货主成为客户。所以在一定意义上，机场的航空业务是与机场的航线及航班结合才能成为旅客和货主的消费品。航线布局越广，航班密度越大，旅客的选择性越多，机场的产品就越有吸引力，综合质量也越高，机场的品牌效应也越好。至于哪个航班、哪条航线是由哪个航空公司执行，那就是另外一个产品系列问题。就如航班时刻表，机场的时刻表与航空公司的时刻表对消费者各有不同的价值。机场的时刻表对消费者提供的是从该机场出行有哪些可供选择的机会,当然此时消费者也会考虑到进出港过程所能获得的需求的满足程度;而航空公司的时刻表仅表现为该航空公司执行的航班情况，消费者只能对其提供的航班时间、价格、服务、联程的可能性等做出选择。两者是不能替代的，除非该机场只有1家航空公司飞行。因此，机场的航线、航班营销与航空公司的营销既有一致性，也有差异性。机场营销直观上为的是增加开辟本机场航线的航空公司的客货源，但最终落脚点还是机场的业务，即获得更多的机场服务的销售机会。

2. 机场的辅业营销

机场的辅业营销包括机场的初级产品营销和二级产品营销。

正如我们在分析机场非航空业务产品的基本特征所述，机场非航空业务的初级产品是指可供开发的伴生性资源，这是我们探讨机场营销的重点，因为机场的初级产品对于每个机场而言是共性问题。而二级产品则可能因自营与非自营体制关系表现出各个机场的差异性，同时二级产品还因其行业归属不同（酒店、商业零售、广告等）而具有不同的营销特征。

需要指出的是机场的辅业营销不仅仅是存量资源的营销，而是通过营销实现资源的增量。机场的存量资源是有限的，只有通过营销不断创造增量，即使资源不断丰富，价值含量不断提高，才能使机场的非航空业务收入不断增长。

二、机场营销的特征

机场营销除了具有服务营销的一般特征（即人在产品中的特殊作用、注重服务产品的有形展示以及强调服务的传递过程）外，还具有如下3个方面的典型特征:

（一）两类产品

与其他行业的企业不同，机场的航空与非航空产品是伴生的，只要有航空产品就必然有非航空产品（资源)。即不论你是否决定安排生产，非航空产品总是要伴随航空产品而出现。因此，机场应当在两类产品中适当的分配营销资源，使两类产品的营销共同发展。

一方面由于两类产品的差异性很大，一个是航空地勤服务产品的销售，另一个是机场商业资源的出租转让，两者营销对象不同，渠道不同、策略和方法也不同，势必要求机场同时具备适应两类产品特点的营销管理能力。另一方面，由于这两类产品都由众多的子产品构成，且可能分别为不同的企业所拥有（不论是长期拥有，如体制安排或买断；还是短期拥有，如租赁等)，所以两类产品在营销过程中的协调性将表现得尤为突出。

（二）双重客户

无论是机场的航空业务或非航空业务，都具有非常独特的直接与间接的双重客户。

就航空业务而言，直接客户是航空公司，间接客户是旅客和货主。因为旅客和货主是在选择了航空运输成为某一航空公司的客户之后才成为机场的客户的，所以机场对旅客、货主的航空服务收费也来自于航空公司。而非航空业务的直接客户是相关资源的承租人或受让人，即相当于向机场购买客、货流资源或土地资源而从事经营的企业或个人，他们多数应是该行业（如酒店、零售、广告等）的专业经营者；间接客户则是机场的零售、广告、酒店的消费者。机场当局的非航空业务收入同样也是不直接向消费者收取（直接经营除外），而源于机场资源的承租人或受让人。

双重客户产生双重营销，双重效果。对直接客户营销的效果是直接的，客户的购买行为是主动的，机场的收益也是直接的。对间接客户营销效果是间接的，客户的购买行为是从动的，即便机场有再好的产品，再好的营销，如果航空公司或非航空业务经营者的产品不能为消费者所接受，这些消费者也不能成为机场的客户。

（三）间接效果

间接客户的消费决定了直接客户的存在，直接客户决定了机场的存在，这一特殊的消费链关系使机场的营销既应重视直接效果，即直接客户的消费需求及结构的变化，同时还应重视间接效果，即间接客户对直接客户的消费需求及结果。如机场在完成航线营销时，不得不关注其营业情况，并不得不重视对间接客户的营销。对间接客户，其营销手段和方法与对直接客户有所区别。作为航空公司或零售商可能更侧重于宣传本公司的优势，突出个性以提高消费者对本公司产品的印象和购买欲。而机场面对所有的间接客户应是公平的，应创造使消费者能在这个平台上公平选择自己消费产品的环境，因此应突出机场的整体产品，以为直接客户穿凿市场为目标，即为机场聚集更多的人气，为各航空公司及商家聚集更多的客、货源。

总之，机场产品的多元化、营销对象的多维性及营销效果的间接性等特征，使得其运营者对机场营销的认识比其他行业产品营销要复杂和困难，因此也就产生了对机场营销的必要性在认识上和实践上的不确定性，这需要机场经营者给予足够的关注。

三、机场营销的意义和作用

机场营销一直是我国机场经营管理中一个薄弱环节，其主要原因如下：

第一，机场的经营者过多地看到机场经营的垄断面。机场局部有限垄断的特征使机场自然拥有一定的客、货源。地理区位优势越强，其客货量越大，增长越快。这一情况很容易形成一个错觉，即机场的顾客是主动上门，机场业务量的增加完全依赖于当地的社会经济发展，与营销无关，特别是在机场密度不高、航班需求量不大、机场竞争的特征表现还不突出的时候，使机场缺乏发展的动力。加之机场营销难度较大，直接效果有限等很容易使机场的经营者忽视了机场营销的意义和作用。

第二，机场经营者缺乏机场营销的思想和技巧。有些机场经营者虽然对发展有强烈的要求，但无从下手。服务产品的非实体性本来就比实物性产品的营销困难，加上机场产品及营销对象的多元化、多维性以及营销效果的间接与滞后，更使有些机场经营者在营销上感到茫然。这是我国机场从营销理论到实践的不足造成的。

第三，机场经营者不愿支付机场营销成本。机场营销需要有较大的资金投入，特别是价格政策的运用会使机场的近期利益受到一定的影响。我国目前绝大部分机场的效益不好，一些机场就不愿为此付出代价。此外，营销效果的间接性也使一些机场认为营销费用应由承运人支付，机场投入这方面资金从情理上难于接受。

随着我国民航业的快速发展，航空运输需求迅速提高，机场密度日益加大，特别是随着民航体制改革的深入，机场整体下放并转为企业经营，机场的竞争性日益显现。机场的经营者越来越清楚地认识机场营销的意义。机场营销的作用主要表现在以下 4 个方面：

第一，机场营销推动机场经营观念的变革。机场的企业定位需要建立更强的市场观念。正如其他生产或服务型企业的观念演进一样，机场也应由生产观念转变为营销观念，甚至是社会营销观念。目前，我国很多机场还停留在生产观念上，即“我生产什么就出售什么”。我抓好服务、安全就可以了，最多想想办法降低成本以提高效率。而现代营销观念要求机场以顾客为中心，一切生产经营活动为满足顾客需求，通过与顾客建立长期的互惠关系而获得更多的企业利益。社会的营销观念更要求除了满足顾客的需求外，还要符合并增进社会利益。机场营销活动的开展，有利于引导员工树立顾客服务的意识，推动机场经营管理水平的提高。

第二，机场营销维护并提高机场形象。机场营销的过程就是与顾客沟通、与市场互动的过程。通过沟通，可以更多地了解市场需求，接受顾客的意见和反馈，然后根据相关信息调整和改进产品（服务），为顾客创造更大的价值，从而使机场的形象和声誉这一重要的无形资产获得增值。

第三，机场营销创造和赢得更多客户。机场局部有限垄断的特征能使机场自然拥有一定的客户，但从竞争的角度看，同样存在很多潜在的客户，有的或许被其他机场所分流，有的可能选择了其他的交通运输方式。开展营销活动可以提高客户对机场的认识和兴趣，使客户乐于使用机场产品。如通过推介可以使航空公司更准确的认识机场的某一航线航班的市场情况、机场的服务保障能力和水准而投放相应的运力；通过灵活运用价格策略，为旅客、货主提供增值服务。

第四，机场营销提高机场的经济和社会效益。机场从某种角度来看，和企业一样需要有良好的赢利能力。良好的营销能给机场带来更多的客户和更高的赢利水平。

第三节　机场营销的对象与内容

机场产品的特点决定了机场客户的多元化。就航空业务而言，其直接客户有航空公司，间接客户有旅客、货主、旅行社、货运代理公司。就非航空业务而言，其直接客户是相关行业的经营者，间接客户除了航空业务的所有客户外，还有周边社区及机场工作人员。由于机场的社会性很强，所以两方面的业务还有一个共同的重要客户即政府的相关机构，虽然它不一定成为机场服务产品的直接购买者，但对机场产品的营销发挥着重大的作用。

一、对航空公司的营销

航空公司是机场最重要的客户。机场向航空公司营销的目的是通过增加航线、航班来促进机场产品的销售。机场对航空公司营销的主要内容包括：

（一）市场推荐

市场推荐是机场实现营销目标的基础性工作。航空公司是否愿意开辟航线、航班取决于市场情况及其经营成本。除了基地公司外，航空公司对机场所在区域的市场熟悉程度通常要低于机场，因此机场提供可信度高的市场推荐报告，往往能成为航空公司决定开辟这一市场的重要依据。

（二）机场推荐

在向航空公司推荐市场的同时，应做好机场的自我推荐。因为航空公司要进入这一市场首先就要成为机场的消费者，因此机场的推荐就像产品说明书一样应让消费者明白产品的内容特点、使用条件及优势等，以提高对顾客的吸引力。否则，由于航空市场具有相对流动性的特点，在机场竞争日益激烈的情况下该机场区域内即便有一定的市场，航空公司也有可能选择邻近的其他机场而使造成市场流失。机场的推荐包括以下几个方面：

1. 基础设施保障

包括机场等级、设备配套等。

2. 安全、服务保障

机场除了介绍自身的基本情况、特点、优势外，还应根据不同的航空公司及营销的航线、航班，有针对性地介绍可能引起航空公司关注或可供选择的内容，特别是对外国航空公司的营销更要有针对性。如机场的起降时段高峰分布、机场开放时间等。

3. 配套能力保障

配套能力包括机务维修能力、旅客中转或延误的住宿接待能力、航空食品供应保障能力、客货运输衔接的联运能力。

4. 收费条件及依据

营销过程中的价格条件一般不会一成不变。既然向客户推荐产品，客户也希望得到更具吸引力的优惠价格。因此可适时介绍机场的收费标准及其依据，在不同阶段及不同航班量的情况下所能提供的价格优惠条件等。

（三）互动建议

机场对航空公司的营销通常不可能通过一次联络或递交一份推荐报告就大功告成，往往需要经过一个互动的过程才能实现营销目的。因此在提出市场及机场推荐时还应提出互动办法和条件的建议。主要内容包括：

1. 建立联络机制

明确双方的联系渠道、部门、主要人员及必要的时间安排，保持双方的密切联系，以推动营销进程。

2. 前期工作的支援与配合

如航空公司对市场及机场的考察配合，非机场单位（航管、联检部门、政府机构、旅行社等）的辅助联络及信息传递，航线开辟前航空公司所应办理的相关手续的协助办理等。

3. 机场设施、服务、价格等条件调整和改善的可能和办法

4. 促销的配合

新航线的开辟需要有一个促销和培养的过程，保证客户的成功才能保证机场营销的成功。所以机场有责任与航空公司一起开展相关航线的促销活动。

二、对旅客、货主、旅行社、货运代理公司的营销

对旅客、货主、旅行社、货运代理公司的营销目的是使这些营销对象选择航空公司作为出行或运输的主要交通方式，选择本机场为出发、到达或中转机场。虽然机场的这些营销对象与航空公司的营销对象一致，或者说航空公司的营销将

比机场更直接和有力，但其目的、内容与效果却不完全一致。

从目的上看，航空公司的营销仅针对自己的产品，而机场则是针对所有客户航空公司的产品。特别是对中转客货，就航空公司而言，无论从哪个机场中转，都以有利于或符合本航空公司的利益为目标，但却直接关系到特定机场的切身利益。

从内容上看，航空公司更多的是表现本公司的优势，由于竞争需要甚至会贬低同一航线上其他公司的产品或冲淡客户与竞争航空公司间的联系；而机场则公正均衡地宣传客户航空公司的优势，使营销对象能有更多的选择机会。同时机场还着重宣传机场优势，能使营销对象对由机场与航空公司共同完成的组合产品有更完整的认识，有利于增强营销的效果。

从效果上看，航空公司仅仅关注本公司在特定市场的业务增减，而机场则更关注吞吐量变化所带来的航班的变化。因此机场的营销更有利于产生群体效应，能有效推动航空公司的业务增长，最终到达机场营销的目的，即客户航空公司的增加和航线航班的增长。

此类机场营销的主要内容包括：

（一）客户航空公司所能提供的服务情况

客户航空公司所能提供的服务情况包括航线布局、航班时刻、各航空公司的服务情况及特点，包括机型、票价、订票、订舱等服务的联系方式。设计出内容完整并能成为出行或运输指南的机场航班时刻表本身就是很好的营销手段之一。

（二）机场提供的服务情况

机场安全、准点、便捷、舒适的服务保障能力是高品质航空运输服务的重要组成部分，旅客对这些条件是极为关注的。航空运输的高效率可能被不方便的地面运输或较长时间的后续等待所抵消，高消费的航空运输可能因为低劣的服务使客户感觉物非所值而选择日益改善的其他运输方式。曾经有过的不良经历或误解也有可能使机场失去客户。对于中间市场的客户，机场服务的情况会明显影响其对始发、到达机场的选择。特别是中转客货，中转流程、设施、服务条件（包括中转手续的办理、中转过程所能提供的休息、娱乐、餐饮等）、联检和通关政策等更是决定其选择中转机场的重要依据。国内外有些大中型机场与航空公司配合或独立为中转旅客及航班延误时间较长的旅客提供免费的城市旅游就是为促销（吸引更多旅客来本机场乘机或转机）而推出的特色服务。因此适时、准确地宣传机场的服务对机场的促销是很有意义的。

（三）配套服务的能力

配套服务的能力包括多式联运、宾馆、餐饮、购物、商务活动的保障能力、服务水平及价格等。这些配套服务的条件往往会构成旅客、货主出行、运输所支出的总成本和所获得的总价值的一部分，机场对此类客户群的促销活动就不应仅提供航空相关信息，而应结合营销策略突出宣传本机场有特色的配套服务，使旅客、货主感到选择本机场能获得其他机场所没有的超值服务。

配套服务项目的宣传同时也是对辅业的营销，结合主业营销进行更广泛的服务项目的推介，便于旅客、货主选择，也有利于辅业资源价值含量的提高。

（四）旅游产品设计的参考方案

该营销的主要对象是对本机场拓展航线航班有着较大影响的外地旅行社。机场根据航线航班的发展战略及导向，对相关旅游产品（线路）进行分析研究，提出有说服力的推荐方案。一方面可以联合航空公司及本地的旅游部门，如景点单位、宾馆酒店等共同推荐具有吸引力的本地旅游产品；另一方面可联合上、下程航空公司以及本地和第三地旅游部门推出以本地为中间站的旅游产品，这一形势的产品将给机场带来加倍的流量。当然这一营销方式涉及的利益单位较多，操作难度大。因此机场在设计及推荐相关产品时应尽可能调动自身的资源因素，使相关利益单位能受惠于该产品的组合。

三、对相关的非竞争性机场的营销

任何一条航线的开辟都需要 2 个以上的机场共同完成，无论是始发、到达还是经停机场都对该航线运输的成本和质量有很大的影响。如果该航线上的机场能形成利益联盟，建立共同的营销目标，合力争取航空公司开辟航线、增加航班甚至打造精品航线，则势必更有利于形成几家共赢得局面，这就是对相关的非竞争性机场营销的目的。

所谓相关非竞争性机场是指那些与本机场发展战略相关又不存在竞争关系的机场。这种情况多出现于在相关市场区域内为取得本机场的竞争优势，争取获得更大的中间市场份额而力求建立更具竞争力的航线。如某国际机场为获得更多的国际中转旅客,而某国内干线或支线机场为接通国际通道获取更多的外国旅客，通过机场间的营销取得目标和行动上的一致，进而共同向航空公司营销，与航空公司一起建立便于与国际航班衔接且价格上具有吸引力的航线航班。国内航线上的枢纽机场与干线机场间、干线机场与支线机场间也可能出现类似的需求。此外，国际货运中卡车航班的兴起——国际机场间为增加国际货物的吞吐量，通过海关监管卡车以空运航班的名义将货物由一个机场运往另一个机场以接通某条国际航线——同样需要机场间的营销。因此，选择合适的相关非竞争性机场并开展营销是必要的。

对相关非竞争性机场营销的主要内容有：

（一）机场战略交流

利益联盟并非一般机场间的航线航班或其他业务的简单的合作关系，它需要在特定的业务方向或项目上具有共同的发展目标、利益需求、经营策略及管理手段等基础才能形成。因此应与建立利益联盟的目标机场在战略上作广泛的交流，协调彼此间的经营理念、目标和方法，使双方在获取共同利益的关键要素上取得一致。

（二）提供开辟目标航线的相关资料

开辟具有竞争力的航线是建立利益联盟的主要目标，围绕这一目标的前期调研十分重要。应按照对航空公司营销的市场推荐、机场推荐及互动建议的基本框架和内容形成初步资料提交目标机场，在交流中补充完善。特别是在此后对航空公司营销所需采取的共同步骤、政策及具体办法方面应形成明确的共识，以提高营销的力度和成功率。

（三）建立沟通渠道及协调机制

在共同进行的航线营销中，机场与航空公司之间需要及时沟通情况，协调动作，在形成利益联盟之后及时提供相关的客货源等动态信息，巩固和发展利益关系。

（四）服务链延伸

为使目标航线更具竞争力，使旅客、货主获得更大的附加价值，本地机场需要联盟机场延伸客、货运输服务或提供配套服务项目。如商务贵宾的全程服务、货物配送服务、为始发旅客提供在到达机场的商务配套服务等。当然机场间服务链延伸的营销并非局限于相关非竞争性机场，它已广泛运用于大中型机场的航线之中。

四、对周边社区及机场工作人员的营销

对机场周边社区及机场工作人员的营销有两重目标。一是主业上获取周边社区及驻机场各单位的认识、理解和支持，为机场创造良好的经营环境，进而创造更大的企业价值；二是辅业上增加在机场消费及开发利用机场资源的机会。

（一）针对航空主业的营销

在航空主业上，这种营销更多地属于关系营销和社会营销范畴。机场是社会性极强的企业（或机构），其运行和发展一方面给周边社区及机场相关单位提供了

发展机会，另一方面也受制于这一社区和单位。就社区而言，机场提供了就业、配套工商业发展、税收等机会，同时也带来土地资源占用、环境污染、规划限制等负面影响。为减少或消除这些负面影响，机场必须付出相应的成本。一般情况下社区对负面影响的允许值越低，反应就越强烈，机场所应支付的成本也就越大。因此，开展关系营销就显得十分必要。

所谓的关系营销，是指对企业生产经营活动中涉及的各种关系加以系统的整合、利用，以构建和谐关系网的营销活动。关系营销对价值的创造在于它可以建立更高的顾客满意度，从而使企业创造出更多的顾客让渡价值。从机场的存在及生产运行的角度上看，可以把周边社区及相关单位视为顾客，如果通过合适的营销提高他们对机场的满意度及构建和谐的关系，机场就可以大幅度的降低建设和运行的成本，提高运行效率，获取更多的可变现的资源，也就意味着通过营销而获得了更多的顾客让渡的价值。

围绕航空主业的营销内容有：

1. 及时并持续地宣传和介绍机场建设和发展的动态情况

如机场的建设项目、进度、投资安排，机场生产运输指标、效益情况，机场的更新改造、新技术运用可能对机场的形象、周边环境带来的影响，机场应及时并持续的宣传和介绍其发展规划及远景设想等。

2. 敏感问题的通报及说明

机场因建设而征用市民或农民的土地，因噪音或污水排放对居民利益的影响等都属于敏感问题。机场应建立良好的沟通机制，一方面主动通报情况，引导相关群体准确了解其来源、影响程度、已采取的防治措施，避免因误解引起过激行为；另一方面采取适当措施协助解决由机场造成的较突出的问题，缓解矛盾的情绪。

3. 共享机场成果

共享机场成果包括组织或引导社区居民参观机场，使之了解机场建设的发展、环境条件的改善以及由于机场建设给周边社区带来的道路、水电、园林绿化等方面的进步；适当赞助周边社区的公益活动；尽可能为周边社区提供更多的就业和事业发展的机会。通过了解机场及分享机场发展的利益，使社区居民理解和支持机场，从而达到机场营销目的。

（二）针对非航空业务的营销

周边社区与机场工作人员及接送旅客人员同样是机场非航空业务的营销对象，其营销的主要内容包括：

1. 机场可供开发的资源及其有利条件

机场某些资源的开发利用，对机场周边的投资者或厂商具有相对的优势，如土地资源的开发或仓储业的发展等，在非航空业务上建立密切的合作关系对促使他们支持机场主业的发展也有间接的意义。

2. 机场可提供服务的项目、条件及价格

一般的中型机场（包括各驻场单位）有几千员工，而大型机场则会有上万或几万名员工。接送旅客的人员也是一个不可忽视的机场消费群，德国慕尼黑机场调查发现接送旅客人员与旅客之比接近于1/3，而且由于旅客下机后要提取行李、或可能碰上延误、或办理进港手续等，预计到达时间往往不是旅客真正到达候机楼的时间，因此接客的人在机场平均要停留 1 个小时以上。加上周边社区人口都是机场各种服务的消费市场的重要组成部分，如宾馆、零售、餐饮、商务、辅助交通以及场地和写字楼出租等。因而为接送旅客人员创造良好的消费环境，适时推荐特色产品（如对预约在机场举行宴会的客户提供更到位的航班动态信息，甚至代理部分登机手续等），可以提高该群体的消费欲望。良好的营销将有效地提高机场相关资源的价值含量。

五、对非航空业务客户的营销

基于机场非航空业务产品（资源）的特点，其客户分别隶属于不同行业，有不同的经营方式，但机场对这些客户开展营销的目标是一致的，即提高机场资源的价值及收益。因此其营销就具有相同的内容。

（一）机场资源的推荐

如何使客户更清楚地认识到机场非航空业务的初级产品，即客、货流资源与土地资源的存量及价值是营销的基础。为此机场必须在规划、评估、消费能力及市场潜力调查的基础上及时准确地向潜在的客户，即可能进入机场经营而又符合机场要求的厂商通过函件、面谈、广告等方式介绍机场的总体情况（如客货流量、成分、发展情况及预测、交通等信息），拟出让或租赁的资源种类、数量、具体方位、作价办法、经营方式、机场的管理原则等，同时还可以适度介绍该资源的价值评估、国内外机场同业经营情况、机场外围相关资源的存量及价格等供潜在客户参考的相关资料，尽可能引起业界对机场拟转让资源的关注。

（二）以合理的方式选择客户

客户的选择是机场资源充分体现价值（包括经济的和社会的，如机场形象及消费者利益保障等）的关键要素。首先应做好潜在客户的调查（特别是对已经在其他机场经营或有过机场经营成功经验的厂商），建立潜在客户档案，保持适当的沟通，为正确选择营销对象打好基础。其次是选择客户，可以是定向邀请也可以招标选择。定向邀请通常是针对知名的品牌连锁店或酒店集团等，它们既有良好的品牌、强大的营销能力及较规范的经营运作方式又对资源的价值含量也会有比较准确的评估，价格也相对客观。招标选择则是通行的方式，需要编制具有吸引力的标书及制订公正合理的评标办法，特别是要把握好对投标人的报价、经营方案及品牌商誉的评判标准，以选择最符合机场利益原则的客户。

（三）与客户保持良性互动

机场非航空业务初级产品的客户就是承接机场资源的经营者，机场在完成其产品的销售（出让或租赁）后，应建立良好的售后服务机制。由于机场安全和服务管理的特性，售后服务的首要任务就是建立严格的管理规范，及时向经营者通报机场相关的动态性信息及新的制度和标准，帮助经营者建立符合机场要求的经营管理模式；同时要及时反馈机场所获得的各种服务调查结果、旅客投诉意见等，推动服务品质的提高；及时听取经营者的意见和建议，为他们创造更好的经营环境。

（四）为客户创造更大的价值

机场资源的价值受客货流量、旅客的购买欲望、购买能力、机场周边市场变化等因素的影响而波动。为客户创造价值就是为自己创造价值。因此，加强主业的营销推动客流量增长，加强对周边社区及机场工作人员的营销以增加消费总量，创造更合理的流程和环境布局以提高旅客的购买欲望等都是为客户创造价值的最好办法。在各种资源的营销过程中，以某种资源的付出赢得其他资源的增值。如通过相对低的价格推动土地资源的开发并聚集更多的人气，进而带来更多的人流、物流及更大的消费，提高商业零售、餐饮等资源的价值含量，这也是组合营销的重要内容。

六、对政府机构的营销

把政府机构确定为机场重要的客户，其依据并不在于政府机构的各种活动所产生的数量可观的航空客货运输消费，而在于政府是机场所创造的社会效益的主要购买者。不管直接间接，有意无意，政府都在通过各种形式和手段鼓励和支持当地机场的发展。政府支持的形式和手段就是其支付的成本，机场发展所产生的社会效益就是机场的产品，也就是政府所希望获得的收益。由于顾客（政府）所支付的费用（支持的手段），及生产者（机场）所创造的产品（社会效益）都难于做具体的价值判断，因此，机场从这一特殊的购买者手中获得更大的让渡价值就是营销的目的。

政府通常用什么“购买”或“换取”机场的社会效益呢？这就是政府天然所拥有的资源。例如土地资源、航线资源、政策资源（包括资金投入、补贴、减免税收、赋予某项专有权或优先权、价格、关税政策）等。政府是这些资源的拥有者也是提供者，取得更多的政策支持，便是获得更大的让渡价值，这是机场的其他客户所不可比拟的。当然这里并不主张回到“等、靠、要”的老路上去，而是以积极的营销手段争取政府提供更多的资源，同时通过机场的发展创造更大的社会效益，为政府这一重要的顾客创造更大的价值。

对政府机构营销的主要内容有：

（一）让政府机构全面了解机场创造的社会效益

机场作为城市重要的基础设施之一，其社会效益是众所周知的。但它能在哪些领域有直接的贡献，贡献率有多大并非谁都明白。政府作为社会效益的受益者代表，当政府对机场的社会效益期望值越高，理解越深刻时，给予的支持也越大，即在安排或分配其掌握的资源时倾向性就越大。有研究认为，机场每增加 100 万旅客就将给所在区域带来 1.3 亿美元的经济收益和 2 500 个工作岗位；每新增 10 万 t 航空货物，将创造 2 400 个工作岗位并带动 50 亿～60 亿美元的进出口额。要使政府的相关机构更全面地了解机场对社会的贡献，机场一方面要积极推荐和介绍国内外民航界、经济界已调查研究出的其他机场的社会贡献情况；另一方面还要认真调查分析本机场为当地所创造的社会效益，如机场带来的就业、税收、投资、消费以及由客流量带来的对旅游、商业、会展等行业的影响和货流带来的产业扩张、产业升级、物流效率提高、成本降低等方面的实际影响。当政府及社会更清楚地意识到机场是社会效益投入产出比很高的行业时，机场要争取获得政府的资源支持就更有条件。

（二）主动介绍民航及机场的发展动态与趋势

机场的发展需要有相应的环境与条件，也面临着竞争与威胁。由于地方政府并不一定了解民航，可能认为只要把机场建起来就一定能发展，就一定能达到预期的社会效益目标，由此可能导致对机场的经营过程缺乏持续的关心和支持，甚至片面要求机场的发展速度以致对发展步伐的指责等。如果政府对机场发展规律缺乏了解，将影响机场在政府心目中的形象，进而影响可能获得的政府资源的支持。因此机场运营者要主动向政府相关部门介绍机场发展的基本原理及其规律、影响机场发展的因素与条件、行业的动态及相关背景、外地政府对机场支持的政策与措施等，同时还应把本机场的发展情况及时通报政府，提高政府对民航业的了解深度及对机场发展的关注，以争取得到更大的支持。

（三）向邻近地区政府推荐机场

由于地理及行政区划跨度的影响，邻近地区的政府机构对本机场提供服务的具体情况及配套条件可能缺乏全面的了解，这将导致因“使用不方便”的错觉而不愿或不善使用机场，影响到本机场的市场拓展，同时还可能导致邻近地区政府致力于建设“属于自己”的机场而加剧竞争。

因此要更广泛地与能够提供服务的邻近地区的政府机构沟通，介绍本机场的航线航班，可提供的配套服务，如陆路、水路交通、商务贵宾服务、宾馆酒店、会议接待、旅游包机等具体服务项目及内容；介绍机场可以提供的优惠条件，并按照邻近政府提出的相关需求改进服务，以提高吸引力及亲和度。同时介绍机场的投资建设与经营情况，改变邻近政府以行政区划认识机场的概念，形成“虽非行政隶属，但能为我所用”的认识，以取得政府的有效支持，如改善连接机场的交通设施，引导客货源使用本机场，为开通某些特殊的航线（如旅游包机等）提供财务支持，放弃或延缓投资建设辖区内机场等。

（四）向相关国家的外交或商务机构推荐机场

争取外国航空公司开辟本机场的国际航线需要开展对目标航空公司的营销。由于地域及文化差异，机场提供的市场推荐等资料并不一定能得到外国航空公司的信赖与认可。倘若其国家的驻外机构能认同本机场意见并协助推荐，就更能引起相关航空公司对该航线的兴趣，提高航线营销的效果。因此，机场运营者应根据机场的总体战略，与相关国家驻华外交或商务机构建立联系，表达开辟航线的意愿和优势，定期发送机场及相关市场资料，争取获得这些机构的支持，为开辟航线创造更好的条件。

第四节　机场的营销策略

在讨论过营销什么和对谁营销之后，我们需要探讨怎么营销的问题，这就是营销策略。机场的营销策略是多样化的，但彼此又不是孤立的。营销策略的组合运用是提高营销成效的重要保障。

一、积极主动的机场（产品）推介

积极主动是针对传统机场对于市场的被动性而言的。积极主动地推介自己的产品是机场经营作风的转变和开始，也是开展机场营销的基本动力。

机场的产品推介应注意以下几个问题：

（一）找准机场的市场定位

市场定位即机场在整体市场的位置，也就是通过对市场的调查分析，找出并发挥本机场的相对优势以更有针对性地对目标市场开展营销。准确的机场市场定位应包括 2 个层面的综合分析：

1. 分析本区域内航空运输在各交通运输服务中的位置

机场运营者应根据所在区域的地理位置、交通环境、自然资源、社会经济发展、国民收入情况以及其他交通设施的发展情况寻找机场的优势，即在现有以及未来的交通总量中所能占据的市场位置。例如在同等社会经济背景条件下，位于平原地带的铁路、公路交通发达地区对航空运输的需求可能要小于位于多山地区陆路交通较不发达的某些地区；内陆自然资源丰富特别是旅游资源丰富地区的航空需求可能要高于经济比之发达几倍的沿海某些地区。如四川的九寨黄龙机场，虽位于高原地区，由于旅游资源丰富且陆路交通条件有限，航空在交通运输中的地位就特别突出。该机场通航第一个完整年度旅客吞吐量即达 90 万人次，远远高于沿海地区某些经济更为发达且同样有旅游资源的机场。这样的机场定位于以旅游为基础的航线航班营销，成功率就很高。

2. 分析本机场在行业中的位置

机场运营者应根据航空需求的调查分析以及国家对机场的总体规划布局和邻近机场的发展情况准确定位本机场的性质及市场拓展方向，如是以国际航班为主导还是以国内航班为主导，是干线还是支线，是以旅游还是以公务、商务为主导。此外，还应考虑周边机场的影响因素，包括分流的可能及在航线布局、旅客对象、客货比例等方面由于优势不同产生不同的市场侧重面（即市场分工）的可能。机场的定位不应该靠投资者（特别是政府）对机场性质（如定位于国际机场或枢纽、干线机场）的主观意愿来确定，而应是科学的市场调查及机场环境分析得出的结果。以不准确的市场定位开展营销往往会导致营销失败。国内有许多机场定位很高而发展很慢，不无这方面原因。

准确的市场定位才能准确地选择营销的目标和手段，包括以下几个方面：

首先是航空公司的选择。根据不同的营销目标选择与之相适应的在航权、运力、航线布局、拥有机型等有条件的公司为目标公司。例如，英国利物浦的约翰·列农机场原是一个很小的机场，且离英国第三大机场曼彻斯特机场仅 1 小时车程。该机场根据市场情况进行了准确的定位，即服务于休闲旅客，并紧紧围绕这一定位开拓市场。该机场利用自己是世界著名歌手约翰·列农的故乡，通过改名等一系列宣传活动来推广自己；把“非繁忙机场”这一劣势转为优势来吸引低成本航空公司和假日旅游包机公司，使机场成为伊西航空的一个基地，并利用良好的地理条件开展夜班货邮，从而成为欧洲发展最快的机场之一。

其次是客货目标市场的选择。根据市场调查结果，向航空公司提供准确的目标市场分析，以期采取合理的价格措施及促销手段，同时也利于机场围绕这一目标市场采取相关的辅助促销及配套服务措施，保障新辟航线、航班的成功。如厦门机场在争取开通日本及韩国航线时，充分利用厦门环境舒适且周边具有较多高尔夫球场的优势向全日空、日航及大韩航空积极推荐旅游健身市场，航班开通后，大量日、韩游客组成的高尔夫球旅行团已成为这些航线的重要客源。

第三是航线航班推荐。机场根据市场定位及市场潜力向航空公司推荐合理的航线和航班，包括合理的时刻安排，不同航季的班期及密度（特别是以旅游为主导的机场）等，使航空公司能在该航线航班上产生更好的营运收益。

（二）选好机场的推介方式

机场的推介方式是灵活多样的，主要有：

1. 信函推介

信函推介简单易行，成本低、适用面广，但不易引起营销对象的重视。在市场准备较充足，意向较明确的情况下，以机场高层名义直接向航空公司高层发送推介函也可能起到良好的效果。

2. 访问推介

访问推介即派遣专人或团组直接向营销对象推介机场，这一推介方式利于与营销对象沟通，感觉亲切，便于建立直接的互动关系。

3. 会展推介

会展推介即通过参加各种行业内或相关的会议、展览并争取在会上发言、发放推介资料或设置展位等推介机场。该方式接触面广、层次高，可以利用这些机会相对集中地与营销对象的中、高层接触、沟通，易于获得新的市场机会。但一次性费用较高，目标不集中也可能产生不好的效果。这一推介方式多用于国际航线的营销。

4. 专题推介

专题推介即以召开机场推介会的方式推介机场。该方式主题突出，目的性强，影响面广，但所需费用高，需要动用较多的人力、物力。

上述几种方式各有长处，机场应根据不同的对象和目标采取不同的方式或综合运用多种方式才能取得更好的推介效果。同时机场营销是一个动态的过程，一次推介只是一个开端，需要与推介对象保持沟通与互动，对推介的各种反映进行紧密跟踪，直至达到营销的目标。

机场推介会是机场营销的重要手段，开好机场推介会应注意把握几个重点：

一是时机与地点的选择。由于机场推介会需要投入较大的成本，因此其推介的目的要明确，选择的时机和地点要恰当，这样才能产生好的效果。例如 1997 年，厦门刚刚获得国家批准的落地签证（口岸签证）的政策，为充分利用这一政策发展厦门机场的国际航线，厦门机场策划了以市政府牵头，机场当局、口岸联检单位、旅游部门等代表参加主办的机场推介团队，在新加坡、马来西亚、菲律宾分别开了 3 场推介会。由于我国当时具有落地签证政策的口岸很少，且同时具有一定的国际航线优势的机场也不多，因此机场的推介得到很大的反响。

这类推介会的成功关键在于时机把握的恰当。

二是推介会的准备。信息准备和组织准备是推介会能否成功的关键。信息准备首先要做好市场调查，摸清目标客户的需求条件，即客户在具备什么样的条件下更愿意选择本机场，以及哪些对象（包括政府部门、中介机构如旅行社、货代公司等）对目标客户具有实际的影响力。组织准备则是对目标客户需求条件的前期落实，以及确定邀请参加推介会的对象和参加推介会的代表成员。通常参加推介的代表应该包括机场所在地政府官员（既表示政府对机场的重视也利于引起推介地政府的重视与支持）、航空公司代表及机场代表。若以推介国际航线为主则应请口岸联检单位一起参加，以介绍通关条件及口岸优势，使目标客户更了解机场的整体服务水平。

三是推介会效果的跟踪。推介会的召开不能仅仅停留于对邀请对象的一次性宣传或借助媒体造成一次轰动效应，应充分利用推介会期间掌握的客户资源做定向跟踪，了解推介会对客户行为的影响情况，机场采取的各项措施的执行效果以及客户在机场消费过程的满意度等，以及时调整机场并协调航空公司调整相关的政策、设施及服务，稳定并持续发展新的客户。

二、建立并传播品牌

实施机场的营销策略首先是要致力于树立机场品牌，它包括保持良好的安全和服务记录，不断改进服务以更好地满足顾客的需求，创造有特色的服务产品形成机场独特的优势等。建立机场品牌还有一个重要因素是提高机场的地缘可达性及机场航线、航班网络的连接性。没有便捷且低成本的地面交通配套，没有开辟较大纵深且具有一定延展潜力的市场区域，没有相对密集的航线航班使旅客、货主有较强的选择性，就谈不上良好的机场品牌。

机场在建立品牌的同时，应充分注意品牌的“有形展示”，即善于利用构成机场服务的各种有形载体把无形的服务品质表现出来，达到品牌传播的目的。强化客户的机场品牌概念。

机场的品牌传播有以下几种形式：

（一）品牌的外在宣传

机场基于其公共基础设施特征，一般情况下都具有较高的知名度。但大众对机场的了解并不等于树立了机场的品牌形象，因此需要有计划地安排机场品牌的外在宣传。提起品牌宣传，人们往往会联想到广告，但机场不同于有形产品，也不同于一般的服务产品。通常波音公司可以做单纯的形象广告而无需陈述其产品的具体内容，麦当劳也同样如此，因为他们需要强化客户包括潜在客户对其品牌的意识并引导其购买行为。而机场若仅仅做简单的形象广告，其作用就要大打折扣。一般情况下，机场的存在行业内了解，相关区域内的客户也都明白，再通过各种手段强化客户对机场存在的认知就没有太大的实际意义。因为客户需要知道的不是有没有这个机场，而是这个机场能为我提供什么样的服务。因此树立机场品牌的广告应以传达其具有独特性的信息为主导。如对航空公司而言更希望了解机场客、货市场的成长性及其条件，机场的安全记录情况、服务特征；旅客、货主、旅行社、货代公司更希望了解机场航线航班的分布、密度、时刻安排的动态情况以及机场能为客户创造的独特的价值（如环境的温馨、出入机场或中转的便捷、口岸通关服务的有效保障）；政府机构及相关社区则更希望了解机场的社会贡献度，等等。简洁而良好的机场评论、有针对性的软广告以及机场专题调研报告都是机场树立品牌，扩大品牌影响力的极好方式。

品牌的外在宣传还有很多有形展示方式，如制作能代表机场服务品牌的影像资料寄送客户或在合适的场合播放，满足客户对服务的心理预期（一些客户可能没有感受服务品质的经验，特别是在特殊情况下如航班延误、中转等，通过系统服务质量的集中展示可以有效提高客户的品牌认知）；参加各种质量评比活动，力争获得较高的奖励（香港、新加坡机场都曾在全球机场的服务质量评比中连续被评为第一名，这对以追求中转旅客为主要增长动力的机场而言，既是最好的有形展示，也是最有效的营销）；向客户做出某些公开承诺，一方面表现机场的服务水准，另一方面能真正满足目标客户的需要。

（二）品牌的内在宣传

品牌的内在宣传即不是通过语言图像、依靠听觉或视觉，而是通过顾客的实际体验来传播品牌。内在宣传有三个重要方面：

一是创造更良好的顾客体验氛围，主要包括环境、过程、服务对象的直接体验。环境体验即创造环保、舒适、可信赖的环境，给旅客以独特的美感，特别是对因中转等需要在机场停留时间较长的旅客，良好的环境体验是品牌的重要因素。环境体验重在细节，广播音量、音调、灯光的控制都直接影响顾客体验结果。过程体验主要在于流程的安排与实施，顾客在接受服务过程中的特殊需求的满足及突发事件的处理情况，特别是后者，顾客的体验将是最集中也最深刻，往往能成为品牌内在宣传的契机。服务对象体验主要是服务人员的形象、态度及服务水准的展示。需要提及的是服务人员直观形象给顾客的体验，如直接服务旅客岗位的人员着装应使旅客有亲切感，严肃、威武的制服将给顾客高高在上的距离感；安全保卫人员良好的精神风貌也会给顾客产生直观的安全感。这些都是品牌内在宣传的组成部分。在2004年度国际航空运输协会和国际机场协会联合举办的全球机场旅客满意度调查中被评为最佳机场的香港机场的行政总裁彭定中说："香港国际机场致力于为每次光临的旅客创造愉快而难忘的体验，为此我们都引以为荣"。这就是最好的品牌宣传。

二是机场员工在服务过程中表现的品牌意识及品牌传播意识。当员工为顾客提供了某项满意的服务并受到顾客赞许时，一句"如果您遇到其他困难（或有其他需要）时，我的同事都会这么做（或帮助您）"，就不仅能为机场品牌带来活力和个性，而且已经做了最好的品牌宣传。

三是机场在航季高峰或当地节假日及重要活动期间所创造的独特魅力。在顾客特别是嘉宾最集中的时期，如果善于运用各种资源创造具有独特风格或色彩的机场环境，同时为顾客提供更为满意的服务，即能形成良好的品牌效应。我们常会遇到机场在某些重大活动中由于设施、人员准备不足，服务考虑不周，造成顾客甚至是嘉宾的抱怨，这即是对品牌最大的反宣传。国外的一些大型机场往往会在重要的节假日或活动期间特别强化机场环境的布置，并在候机楼内开展演出、展览、互动式活动或抽奖等，即是为了强化顾客对机场品牌的认知，形成强烈的印象，从而达到营销的效果。

（三）让顾客传播品牌

口碑是企业品牌传播的重要途径，而口碑的形成主要源自于客户。通常顾客的品牌传播是机场营销者所难于支配的，但营销者应创造利于传播的环境。

首先是创造传播的题材。一般情况下，机场平淡的服务过程难以激起传播的愿望，只有当顾客经受到较强烈的正面或负面的体验时这种愿望才能产生。负面的口碑自然是应该避免的。而创造正面的口碑则需要在研究分析顾客对机场的期待后重点去满足。顾客对服务企业的期待主要有：① 提供"够水准的"服务；② 实践其服务的承诺；③"多走1里路"，即比其他企业在服务上考虑得更细致、更到位以及提供更多的延伸服务；④ 能马上为顾客解决难题；⑤ 有失误立即改正并有主动认错的勇气。如果机场在其中的哪个方面表现得比其他机场要好，能提供更好的个性化服务，就能够形成顾客传播机场品牌的题材。

其次是鼓励和引导潜在的客户与现有客户的交流。例如让正在做开辟航线前期调研的航空公司与已经在本机场有成功经验的航空公司(特别是外国航空公司)进行沟通；请有一定影响力的货运代理公司或货主在适当的场合（如行业聚会上）介绍本机场的货运优势、通关条件等。

三、合理灵活的价格政策

价格是市场营销中最重要、最敏感的因素之一。机场的局部有限垄断特征使价格不像完全竞争性企业表现得那么突出，但随着机场竞争的加剧，价格因素也日显重要。

在市场经济条件下，影响产品价格的因素是复杂的。而我国的民航机场又是由计划经济时代的事业单位脱胎而来，由全国整齐划一且相对稳定的价格体制演变而来，在步入市场经济环境并转变为企业经营时，就应该充分研究和认识影响机场价格的因素，并合理灵活地运用价格政策，使机场能在市场经济的环境下取得更好的发展。

影响企业定价的因素主要有成本、需求和竞争三个方面。

成本是产品价值的基本组成部分，通常它决定着产品价格的最低界限，即如果企业的产品价格低于成本，企业便无利可图。但由于机场的社会公用设施及局部有限垄断特性，决定了机场难于按自身的市场目标定价，往往要受行业整体价格的某些约束，加上竞争因素的影响，因此机场难于依靠大幅度提高价格来保持自己的赢利，只能依靠降低成本来保证在社会合理价格下的赢利空间。在一定程度上其生产经营的成本越低，价格的弹性空间也越大。再者，由于机场成本主要由固定成本（折旧及财务费用）及半固定成本（一定规模下的人工及水电费用）组成，因此其成本对价格的影响因素也表现出较大弹性。客观上无论其价格是否低于构成成本，只要高于为某一航班提供服务所支付的变动成本，对机场都应当说就是有利的。况且，机场还应考虑到由于客、货流的增加所带来的非航空业务的收益。因此机场在进行价格决策时的成本考虑就带有更大的策略性和灵活性。

需求与供给关系决定了产品的市场价格。一般情况下产品价格与需求成正比，而与供给量成反比。与其他产品不同，机场的供求对价格变动的敏感性较低。主要原因：一是由于机场的公共设施特征，其价格受社会或政府的监控与约束，不可能完全按供求的关系来决定；二是机场的收费占航空公司在该航线上的经营成本比重并不很大，客货源的保障要比机场的价格弹性对航空公司的经营收益影响更大，因此机场价格（收费）并不能成为航空公司飞与不飞的决定性因素；三是由于机场的投资及建设周期的影响及价格的社会约束，机场价格对机场供给的影响是缓慢而滞后的，或者说机场的供给更多取决于社会利益因素而非价格因素。

竞争对机场的定价有着直接的影响。这主要取决于机场的总体竞争环境及机场自身的竞争战略。在机场密度高，各机场间共同市场区域大的情况下，机场产品价格（收费）的敏感度也相对高，即机场收费对航空公司选择飞哪个机场或飞不飞有一定影响。而当机场确定自己在某一区域的竞争战略时，竞争机场的价格则对本机场的价格决策具有决定性的影响。

根据影响机场产品价格（收费）的三大要素的分析，我们可以这样认为，合理灵活地运用价格政策的主要依据是机场的竞争环境与竞争策略。在最高价格既定的情况下，成本是决定价格弹性空间的主要因素（这里排除了政府出于社会利益的需要对机场经营实行补贴的情况）。

从国际民航组织规定的机场中性服务立场出发，机场的价格政策应以公平为原则，对竞争性客户（有竞争关系的航空公司）政策相同，在公布的标准价格下采取灵活的策略，以更好地发挥价格在营销组合中的作用。

机场实行灵活的价格政策的主要办法有：

（一）航线航班目标价格法

航线航班目标价格法是为了鼓励航空公司开辟新的航线或增加航班，机场采取收费价格折扣、减免相关费用或对航空公司适当的财务补贴的价格策略。如美国佛罗里达州的墨尔本国际机场，为了与相距62英里的奥兰多国际机场竞争，为每家新开辟墨尔本机场航线的航空公司提供至少20万美元的初期促销费用，而且1年内免收起降费及售票柜台、行李装运和办公室的费用或租金，而且还为每位乘机旅客提供8美元的推销费。这些项目加起来，每家航空公司将可获得120万美元的优惠补贴。但机场同时要求航空公司承诺在3年内至少再向1个尚未与墨尔本机场通航的城市每天开通1个以上航班。

（二）客货市场目标价格法

客货市场目标价格法是为了提高客货流量或培养某一特定市场，机场采取航班或载客奖励办法，或采取补贴包舱、包座位的价格策略。例如在“非典”期间，为支持航空公司稳定市场，马来西亚吉隆坡机场、新加坡机场和香港机场都分别对所有飞本机场的航空公司实行50%或15%的起降费回扣。为鼓励航空公司载运更多旅客到新加坡，保持竞争优势，巩固枢纽地位，新加坡樟宜机场于2003年设立2.1亿新元的航空枢纽发展基金，航空公司可以获得起降费、办公室和仓库租赁费 15%的折扣。基金还同时为航空公司进行业务拓展和促销计划提供资助。2004年樟宜机场又推出4 000万新元的航空公司载客增幅奖励计划，对客货流的增长起到很好的推动作用。厦门机场为满足戴尔（Dell）电脑公司及时将产品运往日本的需求，同时培育该机场飞往日本的货运航线，于2001年起对货代公司进行包舱补贴。由于有大宗货物的支撑加上舱位销售价格合理，该货运航线发展很快，由原有1家公司飞包机发展为3家航空公司飞班机或包机，机场也逐步退出了包舱补贴。

（三）机场设施调节价格法

机场设施调节价格法是为了充分有效或更为均衡地利用机场设施设备，同时也减少为短暂高峰期而配备的人员成本，机场根据不同季节、时段、航线采取的不同收费标准的价格策略。如多数的旅游城市机场，在旅游淡季时往往造成机场设施的大量闲置及工作人员冗余。而几乎所有机场都有较明显的航班高峰时段，在这一时段往往显得设备设施不足，人员紧张，甚至影响到服务质量，而非高峰时段同样出现闲置与冗余。为减缓峰谷峰底之间的差距，提高设施设备及人员的使用效率，降低投资及运行成本，机场若采取在非高峰时段为航空公司提供大幅度优惠的价格政策，对鼓励和引导航空公司减少旺季航班或将航班计划调整到非高峰时段具有一定的影响作用，使机场与航空公司共同获益。

四、多产品联动或捆绑营销

机场虽然具有两类产品，双向客户的特点，但其产品之间的关联性强，围绕着主业而存在，且多数子产品都在同一产业链上。随着机场商业化程度的提高，专业化分工越来越强，机场两部分子产品的经营主体也越来越多。在机场的营销过程中，两类产品之间、各子产品之间以及不同的经营主体之间，能否以机场的主导顾客，即航空公司为主要对象，以增加航线航班提高客货流量为目标，调动一切有效的资源开展营销，是能否形成群体竞争优势并实现机场内各关联企业整体利益最大化的关键。因此，应发挥机场营销的整合功能，在机场服务产业链上的各产品间和各主体间建立营销联动机制，在主业的营销上统一战略目标，统一战术步伐，发挥团队作用，形成营销合力，以更有效地实现营销目标。

机场的多产品联动营销主要有两种方式：

（一）机场内部的产业链联动

机场内部的产业链联动包括产品的组合及价格的组合。

产品组合即在营销过程中，根据客户的需求由机场当局牵头，组合各经营单位，集中提供各种产品介绍、服务质量标准，集中与客户交流及商洽，一揽子提供客户所需的各种产品。如飞机起降服务、地勤服务、候机楼服务、货站服务、机务维修服务以及机组过夜和航班延误所需的酒店服务、航空配餐服务等。若各项服务分别由不同的经营主体负责，客户需要逐个项目调查了解分别谈判、签约，一则影响效率，二则在运行中可能增加协调难度而增加客户成本，对营销工作的开展是不利的。

价格组合即在统一的营销战略指导下，为形成更明显的价格优势而采取的联动的价格优惠。不论是航空公司还是旅客货主，在机场的成本都由服务链中各环节成本综合构成，一个环节的优惠影响力有限，并可能为其他环节较高的收费所抵消。对旅客而言，较高的陆路运输成本或机场内的其他消费成本甚至可能抵消掉机票的折扣优惠。因此，要形成整体竞争优势，提高营销成效就必须建立机场内部产业链中各经营主体的价格协调机制，以使价格因素在营销整合中发挥更大作用。

（二）机场集团或联盟内的多机场联动

机场集团或联盟内的多机场联动是指集团内或建立了利益联盟的相关机场为实现某一营销目标，协调营销行为，最大限度地利用有效资源而开展的营销活动。多机场联动营销同样可以表现在两个方面，一是价格联动，共同形成更有吸引力的价格条件，更有效地提高目标航空公司投入运力的信心；二是多产品组合打造精品航线，形成对市场更大的影响力。倘若起讫的两端机场能与经营该航线的航空公司共同按市场需求提升服务品质，为客户创造更大的价值，则势必形成多方共赢的局面。

五、公共关系营销

公共关系营销是指机场为改善与社会公众的关系，促进社会公众对机场的认识、理解、信任和支持，树立良好的机场形象，促进机场产品销售而进行的各种信息沟通、关系协调等系列活动。机场的公共关系营销主要有以下几种方式：

（一）利用各种媒体扩大宣传

机场是社会公众关注的焦点之一，在公众心目中建立什么样的形象对机场的经营与发展具有直接的影响作用。对机场及其产品的正面宣传渠道很多，最经济有效的方式包括：① 与新闻单位建立良好的关系，通过新闻媒体正面报道机场的经营动态、发展情况、服务及安全保障、新服务产品的开发、对社会的贡献等。由于新闻媒体具有较高的权威性且覆盖面广，容易取得社会公众的认可和接受；② 利用各种专业杂志发表各种研究性文章，通过机场各方面经验总结及案例引用，树立机场在公众的形象，以上两种方式都是“投入小，效果好”的宣传方式；③ 自办媒体即机场内部的报刊杂志，向各相关单位广泛寄送交流，或陈列于候机楼大厅等供公众阅读。国外的大中型机场在宣传方面都倾注了大量的人力和财力。如德国的法兰克福机场就设置了专门的公共关系部和新闻部开展宣传工作。其公关部主要负责对外新闻发布（召开新闻发布会），以及对政府和各党派开展公关。新闻部则负责向媒体提供稿件，向机场网站提供新闻，采集与机场有关的各种外界的报道及出版 3 份机场报纸。新闻部共有 12 名员工，每年的开支达 1 500 万欧元。

（二）有针对性地发布营销广告

广告是企业产品促销的有效手段。由于机场产品的特点，就航空业务产品而言，其广告目标的选择，将决定广告的作用和效果。例如对航空公司的促销就不宜以广告的方式进行，因为航空公司更希望了解的是广告难于表达的市场调查及机场的能力与条件。而对于机场新增的航线航班，通过适当广告宣传就有助于扩大在市场上的影响，聚集更多的客流与货流，提高新增航线航班的成功率。从表面上看，这样的广告投入是替航空公司做市场，而最终还是做了机场的市场。在这一方面国外机场有很多成功的范例，如 1999 年美国巴尔的摩至伦敦航线的宣传。该宣传活动包括在电视台播放广告，在伦敦的出租车及地铁站投放广告等，广告促销费用达280万美元，该费用全部由机场支付。这次活动取得了很好的促销效果，并因此在意大利罗马召开的一次国际会议上获得了最高奖项。

（三）合理处理投诉及负面事件

机场作为公共服务单位，生产链条长、服务环节多、工作牵涉面广，服务过程中难免出现各种差错和意外，而这些差错和意外又往往最易引起社会公众特别是媒体的关注和炒作。对这些事件的处理直接关系到机场的形象和声誉，甚至会对机场的整体经营管理带来重大影响。良好的应对策略和技巧不仅可以减少或消除这些事件所产生的负效应，有时甚至可以变坏事为好事，为机场树立更良好的公众形象。合理处理投诉及负面事件的主要策略是：

1. 建立投诉受理及调查处理机制

有研究表明，不满意的顾客会向10～16个人（依抱怨的严重性而定）提及其不愉快的经历，而如果你的反应让这一顾客满意，他们只会向半数的人诉说这个正面的经历。要使抱怨的顾客满意首先就是要让顾客“投诉有门”，并启动相应的处理程序。

2. 建立良好的投诉协调网络

无论在机场哪个服务环节，由哪个单位提供的服务，只要是在机场经历的不愉快事件，顾客一般都投诉于机场。因此机场应建立各关联单位处理投诉的协调网络及合理的跟踪和反馈工作渠道，避免因非机场本身责任的投诉“石沉大海”而使顾客因对机场的误解产生不良情绪。

3. 设立发言人制度，正面引导媒体舆论

机场出现的不正常状况往往是媒体追逐的焦点，若机场不能主动提供情况，作合理的说明，媒体就只能通过其他渠道了解情况，并可能因此做出不利于机场的报道。如发生航班延误、个别旅客出现不合理要求或过激行为，媒体若得不到正面的信息，常可能片面听取个别旅客的意见而形成不公正的报道，在社会上引起不良反应。

4. 制定合理的处置预案

合理的处置预案包括对各种投诉、不正常状况或负面事件的处理程序、协调对象、补救措施及赔偿办法。机场应尽可能缩短处理过程，避免扩大负面影响。

5. 及时反馈处理结果

机场对各种事件处理的结果不仅应反馈给顾客，重大的事件还应及时通过新闻媒体向社会反馈，显示机场对顾客的责任感，树立顾客对机场的信心。

（四）开展社会公益或专题公关活动

机场通过支持社会福利项目、赞助文化教育等社会公益事业，组织员工参加

社会志愿者组织、扶贫帮困等活动，主动承担社会责任；通过举办各种展览会、联谊会，组织公众对象参观机场等，都是树立机场形象和声誉，提高机场在市场的地位和影响力的有效办法。

六、全员营销

生产即销售的行业特征决定了全员营销对机场的重要作用。就机场的航空业务产品而言，其全员营销又有别于其他服务行业的全员推销，它不仅具有直接扩大或增加产品销售量的战术意义，而更具有激发全体成员的营销意识为实现机场整体营销目标发挥作用的战略意义。

推进机场的全员营销，应重视以下几个方面的工作：

（一）树立全员营销意识

认识机场营销的必要性和建立机场营销的职能部门对开展机场营销是重要的，但不能把营销界定为仅仅是这些部门的职责。没有各部门的协调配合，任何营销行为都难以获得成功。从机场的生产服务上可将各个部门分为一线部门与二线部门，而从全员营销的角度上看，机场各部门都应视同为一线部门。各部门及机场的所有工作人员都应围绕机场营销的整体战略，通过为顾客创造更大的价值来赢得更多的客户。

机场的企划部门应把机场营销作为机场竞争发展的要点，把营销与机场的各战略发展阶段和步骤相结合，使营销融入机场的各项经营管理活动，贯穿于机场整个业务流程。

机场的财务部门应善于从营销战略出发，根据机场的投入产出情况、市场及客户的需求提出更具竞争力和吸引力的财务支持策略，特别是相关的价格政策，创造更有利于在经济上共赢的局面。

机场的运行标准部门应从如何满足客户不断提高的服务期待来调整流程设计及运行规范，推动服务质量的持续改进，以更好地满足客户的需求。

生产一线上的安全和服务保障部门更应从如何满足顾客的需要及如何为顾客创造更大的价值上来开展工作。例如在服务过程中开展顾客的需求调查或满意度调查，就不应仅视为服务管理的内容，而应放在营销的高度来对待。一方面通过这样的活动来创造顾客更满意的产品，另一方面通过这类活动建立与客户更密切的联系，使客户感受更多的亲切感和更多的尊重。该活动也可视为公共关系营销的一种形式。

如果每个员工都认识到只有满足顾客的需要才能满足机场的发展需要，全员营销的意识就自然形成。每个部门以至每个员工都考虑到我能为客户做些什么。不管这是直接的还是间接的，并从这一角度去开展工作，机场的营销就会水到渠成。

（二）建立有利于全员营销的管理机制

服务产品的营销组合突出“人”的因素，是基于服务产品是通过人进行传递及销售的特征。因此人力资源管理过程中应充分考虑到全员营销的素质及体制要求。机场员工特别是从事直接服务于客户岗位的员工招聘应特别关注其“服务于人”的意愿及性格特质，聘用“热心服务”和“乐于助人”的员工是开展全员营销的基础。培训员工掌握为顾客提供个性化服务的技巧；授权员工在工作过程中有满足顾客合理要求的自由；奖励为顾客所赞赏的员工等都是开展全员营销所必须配套的工作。

建立机场内部的营销沟通与协调机制。机场在开展专项营销活动时，应及时让各部门及员工了解意图及措施安排，使员工能围绕营销目标做好各项准备工作，并激励员工做好相关的关系营销和交往营销。如当机场开展对低成本航空公司营销时，一方面要调整相关服务及条件以适应和满足低成本航空公司的需求，另一方面应关注传统航空公司的反映及可能对其造成的影响，尽可能不因发展新客户而丢失了老客户。在新老客户的营销过程中机场各部门、环节、员工的行为都可能对能否达到理想的营销效果带来影响。

（三）建立新型的服务文化

我们可以把传统的对服务的认识理解为“为现在的服务”，因为这一服务强调按程序及规定完成，满足顾客既定的需求，这样的服务文化是生产任务型的，对顾客需求的满足是被动的。新型的服务文化应是营销式的服务，是“为未来的服务”，它主动地去研究顾客的需求并不断去满足顾客对服务的潜在的“期待”。

建立新型的服务文化首先应着力于革新僵化的组织。没有适应竞争环境的组织形式就难有全员营销的组织行为。我国机场传统上以事业单位为主导的组织形式缺乏不断满足客户需求的基本动力，机场的企业化经营及机场服务的专业化将有利于推动以营销为主导的新型服务文化的建立。其次应着力于开展个性化服务，由于旅客对服务的“期待”因人而异，并逐步升级，因此应善于从市场研究发现新的需求，通过提供个性化服务，使客户获得的价值比预期多、成本比预期少，以强化客户关系并获得更多客户。第三，让员工分享营销的成果。即建立合理的薪酬及奖励机制，使员工能从每一条航线开辟，每一个航班增加，每一年客货吞吐量的增长以至每一次顾客对机场及员工的赞赏中得到精神、情感和利益上的满足，从服务中感受营销的成果，也因成果的激励而奉献更好的服务。

本章小结

(1) 机场产品分为核心产品、主导产品和延伸产品三个层次。核心产品是机场整体产品最基本的层次，即客户在使用机场产品过程中和使用后可获得的基本利益和效用。主导产品或称主营产品是与机场设施相关联的各种航空运输服务，也就是通常所称的机场航空业务。延伸产品或称附属产品是利用机场资源综合开发同时为主营业务提供配套支持的各种业务。

(2) 机场航空业务产品的基本特征包括：顾客直接感知、生产与销售一体、不可储存、产品组合链条长、主营产品与延伸产品伴生并融合销售。机场的非航空业务产品具有多样性的特征，既有服务产品如商业零售、酒店、餐饮等，也有物质产品如航空食品等。但在严格意义上这些产品都不是机场由航空业务派生的直接产品，而是属于派生的二级产品。

(3) 4Ps 营销组合把市场营销的诸多要素归纳为产品（product）、价格（price）、地点或渠道（place）、促销（promotion）四大组合策略，认为企业的市场营销活动只有通过科学合理地运用这四大要素才能取得市场成功。机场营销即机场当局（公司）以市场为导向，采取系统的生产经营行为，为客户提供满足其需求的产品（即机场服务和机场资源），从而实现机场利益目标的过程。

(4) 机场向航空公司营销的目的是通过增加航线、航班来促进机场产品的销售。机场对航空公司营销的主要内容包括：市场推荐、机场推荐和互动建议。

(5) 机场对旅客、货主、旅行社、货运代理公司营销的目的是使这些营销对象选择航空公司作为出行或运输的主要交通方式，选择本机场为出发、到达或中转机场。虽然机场的这些营销对象与航空公司的营销对象一致，或者说航空公司的营销将比机场更直接和有力，但其目的、内容与效果却不完全一致。

(6) 所谓相关非竞争性机场是指那些与本机场发展战略相关又不存在竞争关系的机场。这种情况多出现于在相关市场区域内为取得本机场的竞争优势，争取获得更大的中间市场份额而力求建立更具竞争力的航线。

(7) 机场品牌传播的形式有：品牌的外在宣传、品牌的内在宣传、让顾客传播品牌。

(8) 机场内部的产业链联动包括产品的组合及价格的组合。机场集团或联盟内的多机场联动即集团内或建立了利益联盟的相关机场为实现某一营销目标，协调营销行为，最大限度地利用有效资源而开展的营销活动。

思 考 题

(1) 从市场营销学的角度来看，机场产品包括哪三个层次？他们各自代表什么含义？

(2) 机场航空业务产品和机场非航空业务产品的基本特征是什么？

(3) “4Ps”理论的含义是什么？

(4) 机场的主业营销包括哪两个方面？其营销对象是谁？营销目的是什么？

(5) 机场营销的特征是什么？

(6) 机场对航空公司营销的主要内容包括哪几个方面？

(7) 机场对旅客、货主、旅行社、货运代理公司的营销的主要内容包括哪些？

(8) 机场对相关的非竞争性机场营销的目的是什么？其主要内容包括哪些？

(9) 机场对周边社区及机场工作人员营销的目的和内容是什么？

(10) 机场对政府机构的营销的主要内容是什么？

(11) 机场的品牌传播有哪几种形式？

(12) 机场实行灵活的价格政策的主要办法有哪些？

(13) 什么是机场内部的产业链联动和机场集团或联盟内的多机场联动？

(14) 机场的公共关系营销主要有哪几种方式？

(15) 如何推进机场的全员营销？

第七章　机场建设的筹资与投资

资金是机场建设的基本条件，没有资金和资金的运动，机场的经营活动就无法进行。机场要开展经营活动，首先要筹集足够的资金，以换取所需的生产要素的投入。筹集资金形成资金的投入，是资金运动的起点，是决定机场能否存在和发展，能否产生经济效益和社会效益的重要条件。筹资的目的是为了投资，投资是以收回现金并取得收益为目的而发生的现金流出。要提高建设的投资效率，机场必须掌握正确的投资决策方法，建立科学合理的投资指标评估体系。

第一节　机场的筹资

一、机场筹资概述

（一）机场筹资的意义

民用机场作为国家基础设施投融资的重要领域，投资额巨大，回收期长，对民航业和区域经济影响深远，其融资问题是国内外机场业长期关注的焦点。特别是20世纪90年代以来，随着机场融资缺口的急剧扩大，许多国家都在探索改善机场融资模式的途径。

我国已初步形成覆盖全国的机场网络系统，但与发达国家相比我国民用机场建设还存在一定差距。同时，我国民航发展潜力巨大，航空运输量的激增也将对机场建设的数量、规模和标准，进而对机场建设资金提出更迫切的需求。如何完善机场融资模式，满足机场融资需求，增强机场自我生存和发展的能力，为整个航空运输系统的可持续运作奠定基础，成为中国民航界关注的焦点问题。

（二）机场筹资原则

机场在制定筹集资金的总体构想之后，在具体筹集资金时，还应注意三条原则。

1. 适度性原则

适度性是指机场筹集的资金一定要适合本机场资金使用的需要。筹资不足会影响机场的生产经营，筹资过剩又会造成资金的浪费。只有一个合理的数量界限，才能产生较好的经济效益。

为此，做好机场的运量预测至关重要。运量预测的目的是要掌握运量发展变化的趋势，及其对机场运输能力的要求，以确定机场的建设规模及资金的需求量。运量预测应包括机场的整个计划寿命期，要预测出每年的国际和国内定期及不定期飞机活动数量、客货运量，每月和每天的高峰期交通量以及未来在该机场起降的飞机机型的有关数据。

2. 低风险原则

机场在筹集资金过程中，会经常遇到难以预料的情况，使机场的实际收益与预期收益发生背离。对由于筹资上的原因带来的收益的不确定性称为筹资风险。机场在进行筹资决策时，要充分权衡筹资风险，合理筹集资金。

筹资方式不同，其筹资风险也就不同，所以在筹资时选用不同的渠道和方式，可使各种方式优势互补，风险相互抵消。另外制定详细周密的筹资计划也是非常必要的，计划应考虑到项目的成本构成、不同阶段所需资金的数额、所需货币的种类和资金的来源等问题。

3. 低成本原则

机场可从多渠道筹集资金，由于不同筹集资金渠道的资金所付出的代价不同、资金来源结构不同，所以资金效益就不同。因而资金成本大小是企业必须要考虑的筹资条件。应当从不同的筹资渠道中，选择资金成本较低的渠道取得资金。此外还应考虑各筹资渠道的约束条件、利率等因素，以取得最佳筹资效果。

二、机场建设资金的来源

（一）目前我国机场建设项目资金来源的特点

有关的统计资料表明，我国机场建设项目的资金来源具有以下特点：① 投资主体单一，最大的投资者是国家和地方政府；② 机场建设资金通过市场融通的比例太低；③ 投融资模式集权化；④ 投融资资金缺口不断扩大，不能满足市场日益上升的需求；⑤ 内生资金缺乏。作为机场中效益较好的枢纽机场也仅仅是达到扣除折旧前的收益为正。而在扣除折旧后的会计利润为负，表明大量机场仅仅能够维持日常的经营，而根本无力更新设备和进一步扩大规模。根据上面的分析可知，与国内大多数的交通基础设施的情况相似，在属地化改革后，机场也面临如何扩展筹资渠道、如何重新架构投资主体、如何扩展资金来源的问题。

（二）机场建设的筹资方式

机场基础设施属于特殊建设项目，从总体上说具有准公共产品的特征。即既要提供公共服务、满足公共利益，又要取得一定的经济效益。而由于各个机场的类型不同，每个机场具体投资项目的公益性和赢利性的组合方式不同，其相应的财务特征也不同。所以，融资选择的基本核心应该根据上述的不同特征进行细分化，即根据不同类型的机场、机场的不同功能区域，联系相关建设项目的公益性特征、经济收益特征、回收周期长短等因素设计和匹配相应的融资方案。一般来讲，机场建设资金的来源包括：

1. 国家财政预算内投资

国家财政预算内投资简称“国家投资”，是指以国家预算资金为来源，并列入国家计划的固定资产投资。由于机场基础建设项目属公共产品项目，需要投入的资金巨大，故国家投资是机场进行建设融资的重要组成部分，必须尽力争取各种类型的国家投入。

2. 证券融资

证券融资通过发行证券、股票进行基础建设融资，可以达到利用外资而不举外债、利用内资而不举内债的效果。

3. 以“土地开发”诱导投资

以“土地开发”诱导投资包括：批租土地交换投资、征收与土地开发有关的税费和规划土地开发吸引投资。

4. 发行机场长期建设债券

发行长期债券是机场融资的常用手段。由于国外的融资系统比较完善和成熟，因而进行债券融资的成本很低。不过，通过当地政府发行的机场建设债券，利率一般低于同期的工业债券，但由于机场建设债券均由政府发行，不仅信誉好，而且可免交所得税，因此资本市场对机场债券反映积极，发行债券是机场在资本市场融资的主要工具。

5. BOT（build-operate-transfer）融资模式

BOT 是“建设、经营、移交”的简称，主要用于政府基础设施项目的开发和经营权暂时交给民营企业或私营机构，利用私人资本发展诸如电力、交通等基础设施建设项目，经营期满后无偿交给政府，从而不改变所有权性质的一种融资方式。BOT 不仅是投资基础设施以及工业项目建设的一种选择，同时更是一种配合投资促进战略和吸引外资的有效手段。BOT 的运用自 20 世纪 80 年代诞生以来方兴未艾，并日益受到各国的关注。如印尼政府曾就棉兰国际机场陆侧设施的建设经营发出 BOT 邀约。

在 BOT 项目融资中，风险管理内容主要是通过各种项目文件和信用担保协议，使项目风险在参与者之间得到合理分配。其基本原则是将所有的风险都分配给最合适的风险承担者，既达到风险管理的目的，又使管理风险所带来的成本支出达到最小。如东道国政府不愿意承担项目的商业风险，但愿意承担政治风险，而境外投资者却正好相反，他们有能力承担商业风险而对政治风险望而却步。机场航空主业作为基础设施属于非产品收益项目，为吸引受高额利润驱动的外商参与投资，可采取灵活的策略，让渡给外商参与BOT项目有关的其他项目开发或经营权，如机场周边土地资源开发等。诸如此类的措施可在一定程度上缓解投资风险，促进项目成功。

6. ABS（asset-backed securidization） 融资模式

ABS 指“资产证券化”，是一种以项目所属的资产为支撑的证券化融资方式。它以目标项目所拥有的资产为基础，以该项目资产的未来收益为保证，通过在国际资本市场发行债券来筹集资金。ABS 方式的目的在于，通过其有助于提高信用等级这一手段，使原本信用等级较低的项目照样可以进入国际高档证券市场，利用该市场信用等级高、债券安全性和流动性强、债券利率低的特点，大幅度降低发行债券筹集资金的成本。ABS 是近几年新兴的但已被证明十分有效的融资方式，1996 年珠海市的建设高速公路案例是资产证券化在我国较为成功的尝试，这次融资的程序及操作与国外资产证券化已相差无几。

此外还有外资投入、合理利用国际金融组织和其他国家的政府贷款、以“设施使用协议”进行融资等多种融资模式。在上述融资模式中，目前发达国家在机场建设项目中采用得最多的融资模式是国家投资、发行债券、BOT 以及企业自筹等，这主要是由机场建设项目同时具有公共产品和商品的二重特性所决定的。

三、美国民用机场融资模式分析

（一）美国民用机场融资模式

美国负责民航事务的部门是运输部（DOT）下设的联邦航空局（FAA）。截止到 2005 年 2 月，美国共有 5 280 个公共机场，但没有任何一家在资本市场上上市融资。美国完全利用私人资本的公共机场还不足全国总量的 3%。美国机场的主要融资方式和资金来源如表 7.1 所示。美国机场能够充满活力的主要原因是美国政府把公共机场定性为：“不以营利为目的，为社会提供公益服务的公共产品，是城市基础设施”。这一定性使美国机场融资模式具有十分鲜明的特点。

1. 总体上以机场债券融资为主，以政府财政融资为辅

发行机场债券是美国机场主导的融资方式（除 1993 年，其比例都超过融资总额的 50%），其次为由 AIP（机场改进计划基金）、PFC（旅客设施费）（二者属于国家财政）以及州和地方资助（地方财政）构成的政府财政融资。美国机场是市政债券的重要应用项目，机场债券是市政债券的重要组成部分。市政债券是指地方政府或其授权代理机构发行的有价证券，所筹集资金用于市政基础设施和社会公益性项目的建设。市政债券融资的核心是运用市财政或项目的现金流支持债券发行，其实质是州和地方政府的信用问题以及资金偿还的担保问题。因此，按偿付资金来源和担保形式的不同机场债券主要分为普通责任债券、收益债券（包

括普通机场收益债券、租赁或特种设施债券）以及自偿性普通责任债券（混合债券）三种。

2. 对机场分类融资，不同规模机场融资模式有所差异

虽然将机场定位为不以营利为目的公共产品，美国政府对机场融资却非大包大揽，而是针对不同规模、经济特性、重要性的机场分类融资。不同规模的机场呈现出不同的融资模式：大中型枢纽机场通常能够赢利，通过以机场债券融资为主来满足自身资金需求，而不需要联邦政府的资助；非枢纽机场通常亏损，依赖于其所有者提供的运营补贴，AIP 是其主要或唯一融资来源；小型枢纽机场的融资模式介于上述二者之间，能够以内源融资满足部分资金需求，通常发行机场债券的能力有限，仍然需要一定的 AIP 资助才能完全满足资金需求；非主干机场（除了最大的非主干商用机场和备降机场）对 AIP 依赖性非常强，通用航空机场收入甚至难以弥补运营和维护成本。

表 7.1　美国机场融资方式及资金来源

融资方式		资金来源
机场债券（州和地方政府或机场当局发行的免税债券，包括票据）		个人资金、货币市场基金、封闭基金、保险公司、商业银行、养老保险基金等
政府财政融资	机场改进计划基金（AIP）	由国会通过机场和航路信托基金（来源于各种航空相关税收）筹资
	旅客设施费（PFC）	由国会立法授权，由航空承运人收取旅客费（每航段$4.5）
	州和地方资助	州和地方资助、贷款及相应的 AIP 资助
机场内源融资（机场收益）		空侧收入（飞机起降、客货服务收入等） 陆侧收入（特许经营和租赁收入等）

3. 内源融资是美国机场最次要的融资方式

总体而言，机场内源融资（机场收益）占总融资的比例最小，仅为 2%，大中型枢纽机场的该比例为 5%，略高于平均水平，而小型机场几乎无法利用内源融资建设机场，该比例刚超过万分之一。究其原因，理论上，（机场收费）剩余成本法是用来保证机场盈亏平衡而非获取高额利润，因此，大多数机场的净利润水平并不高。法律上，美国将机场定位为公共企业，这就意味着机场利润率水平要受到地方和州政府的严格限制。

4. 财政融资用途划分清晰，分配方法系统，使用监管严格

FAA 每年向那些对国家综合机场系统（NPIAS）的发展有重要意义的机场提供数亿美元的补贴，以保证机场规划、发展、降低噪音、增加容量以及其他一些项目的开展。这部分补贴主要来自航空信托资金（Aviation Trust Fund，ATF），大约占 ATF 总支出的 20%左右。

5. 机场融资出现民营化趋势，但民营化程度低

管理合同和长期租赁是美国机场民营化最主要方式。1994 年美国城市报告显示，1982—1992 年，与私营机构签订的机场管理合同增加了 16%。1995 年，印第安纳波利斯机场与BAA签订10年期托管合同,BAA承诺合同期间将削减成本，增加收入，使起降费降低25%，并提供更好的服务。1997 年，里弗赛德（Riverside）县也将其机场运营外包出去。与 BAA 签订管理合同的机场中，1996 年和 1997 年印第安纳波利斯机场节约成本 450 万和 600 万美元，而每位旅客在匹兹堡机场的消费翻了三番。一些小型商用机场和大型通用航空机场租赁给私营公司。还有一些机场被当地政府租给独立的公司，最典型的例子如纽约和纽华克市政府将 Kennedy、LaGuardia 和 Newark 机场出租给纽约和新泽西机场公司。

（二）美国机场融资模式对我国的启示

由上述分析可见：美国机场融资模式较好地平衡了机场的公益性与收益性，缓解了本国机场的融资需求压力，各个机场的融资模式既各具特色，又有共同之处。其各自特色与其机场业的发展状况、国家的经济运行机制、政治体制、历史背景甚至文化传统都密切联系；其共同之处反映了机场融资的普遍规律。分析美国机场融资模式，能给我国机场的发展带来启示。

1. 政府对机场定位明确是决定融资模式的重要因素

将机场定位为以营利为目的的实体进行商业化运营，还是定位为公共设施履行提供公共服务的义务，是机场定位的两种选择。换言之，即机场的首要目标是以向用户收取的费用弥补所有成本，还是为现有和潜在的用户提供更好的服务，而无论这种服务获得的收入是否能弥补成本。后者的根据是机场外部效益大于内部成本，其服务的受益者不仅仅是直接用户，还有周边的整个社区。政府对机场的定位是确定融资模式的基点，决定着政府是否在机场融资中发挥主导性作用，并直接影响到机场收费水平的确定、补贴政策的制定以及机场收入用途的限定，从而影响到机场内源融资的能力。美国对机场的定位都很明确，从而保证了融资模式的稳定性和融资政策的一致性。

2. 无论机场定位如何，对机场内源融资都非常重视

机场的公益性与收益性并非势不两立，无论定位如何，由于内源融资能力是机场自我发展的根本，是吸引外源融资和保证机场资金链持续发展的关键，美国将机场定位为公共设施，基于“谁投资，谁受益”的原则，要求接受过政府资助的机场所得收入必须用于机场本身，防止机场内源融资的对外流失。

3. 对机场分类融资

政府对所有机场并非“一视同仁”，对其融资大包大揽，而是按照规模、作用、国家的发展目标等因素对机场进行分类融资。一般赢利性强的大中型机场更

多的参与市场化融资，而赢利性弱的小型机场则更多地依靠政府财政融资。但对于将机场定位为公共设施的国家，政府财政都在机场融资过程中间接或直接地发挥着基础性作用，美国机场债券更多地以普通责任债券为主，而这种债券仍然以政府信用作担保。

4. 中央和地方政府的职责分明

机场作为基础设施要获得全面发展，必须要有足够的经济实力，要有财政做后盾支持，这一财政负担应由中央和地方政府共同分担。从美国的情况来看，由于空管设施是一个覆盖全部空域的不可分割的整体，且涉及国家主权，应由中央政府投入和管理；而机场带来的外部性效益主要为地方受益，所以一般应由地方政府投入和管理。同时，中央政府负有科学制定相关政策，有效进行宏观调控的职能，包括对机场布局进行规划和管理，对机场融资进行引导，对机场融资产生的绩效进行评价，对机场收费水平进行规制，使之既符合市场化定价趋势，又利于协调机场、航空公司、旅客的利益关系，对机场的适航条件和安全性进行管理，对机场的持续运营和公平竞争进行管理等。宏观调控职能的实现，既需要法律手段，又需要税收、补贴等经济手段。

5. 机场民营化融资是大趋势，但要谨慎选择民营化方式

机场是一个资金密集型行业，为完善机场体系并维持其发展，不仅需要国家财政融资，更需要吸纳社会各方投入，机场民营化融资趋势势不可挡。特别是我国加入 WTO 以后，不去拓展投融资渠道，寻找发展建设的资金来源，只会坐吃山空。美国机场民营化多用管理合同和长期租赁方式，而我国则要结合国情，谨慎选择民营化方式，有效地将机场开发的风险和成本从政府部门转移到私营部门。

第二节　机场的投资

随着我国对外开放的深入发展和世界经济一体化进程的加快，我国民航经济的发展也面临更高的要求。这就要求机场投资建设更加科学合理，以便在高效利用民航资源的同时，为民航的高速发展提供坚实的基础。

一、中国机场投资的发展阶段及现状

（一）民用机场投资的发展阶段

我国民航基础设施建设得到充分重视和加强是在 1984 年以后，随着对外开放、对内搞活政策的落实，民航业处于优先发展的位置，基础设施建设大致经历了三个阶段：

第一阶段是 1984 至 1987 年。这一阶段为了适应我国沿海地区对外开放的需

要，以 14 个沿海开放城市为代表，大规模的民航基础设施建设拉开了序幕。民用机场建设速度快，质量较高，规模适中，在对外经济、技术和文化联系中发挥了巨大作用，也为以后的机场建设积累了一定的经验。

第二阶段是 1988 年到 1991 年。这一阶段我国经济增长出现了较大波动，民航基础设施建设投资增幅减缓；由于受到通货膨胀的影响，机场建设速度较慢，质量也相对较差。

第三阶段是 1992 年到现在。这一阶段我国经济进入相对平稳增长期，民航基础设施建设进入了一个有史以来规模最大、投资最多、时间最长的建设高峰期。40 个干线机场的新建、迁建和扩建到 2000 年基本完成。机场建设进入高潮的同时，空管系统由传统的程序管制向雷达管制过渡，通信、导航、气象、管制、航行情报等大规模空管现代化改造工程全面推开，并取得了实质性进展。据统计，从 1978 年到 2000 年民航用于机场建设的投资达千亿元。地方投资和中央投资之比约为 5∶3。民用机场投资建设的现状和特点表明，随着我国国民经济的增长，客货吞吐量的增加，机场建设在 20 世纪 90 年代进入了一个快速增长期，建设规模之大，前进步伐之快是前所未有的。

（二）中国机场投资现状

“八五”期间，民用航空运输事业空前发展，旅客吞吐量以每年 24%的速度飞速增长，民用机场的设计容量已远远不能满足需要。在全国民航形势一片大好的情况下，各地政府纷纷要求新建、改扩建机场，“九五”期间新建迁建机场 48 个，堪称民航发展史上的里程碑。但是，随着各地民用机场相继完工交付使用，全国机场从 1998 年起即陷入全面亏损的境地。同时，“十五”规划新建、迁建、改扩建机场总数 55 个，如何加强机场建设项目的投资控制，改变目前机场建设投资管理粗放的状况，降低机场建设成本，使有限的资金发挥最大的作用，取得最大的投资效益，是当前机场管理建设的重要问题。

二、国内民用机场建设投资效益低下的原因分析及对策

（一）原因分析

提高投资效益是一项贯穿机场建设全过程的系统工程，投资额的高低取决于项目决策、项目设计、项目实施、资金筹集和使用等各个环节。从全国已交付使用的新建机场分析，造成投资失控的主要原因有以下几个方面：

1. 项目决策方面的原因

当前在项目决策中存在两个问题：决策目标不明确；决策方法和程序不科学。具体表现为民航政企不分，导致机场投资项目决策缺乏科学性、客观性和公正性；

很多机场建设项目考虑政绩因素多于经济因素，考虑地方利益多于国家整体利益；项目前期市场调查不充分，对建设规模的确定缺乏科学依据；机场建设项目可行性研究报告中的财务评价流于形式；项目初步设计概算的调整缺乏约束力。

2. 项目设计问题

在项目设计方面主要存在的问题为项目初步设计和施工设计缺乏深度，随意变更设计现象较普遍；项目技术设计和项目概算分离；我国现行项目设计收费使设计人员对如何降低造价，节约投资没有丝毫的积极性，相反是希望投资规模越大越好，工程造价越高越好。

3. 项目建设实施方面的原因

项目建设实施阶段是投资控制的具体落实阶段。在这个阶段，主要存在招投标制度贯彻不力、施工阶段的投资失控、项目筹资与资金使用脱节等几个问题，从而影响了机场建设的投资效益。

（二）对 策

民用机场建设项目工程庞大，构成要素众多，关联关系交错，环境影响因素日益复杂。因此，要提高机场的投资效益，必须采用综合的控制方法。

1. 规范民用机场建设项目决策程序是提高投资效益的前提

首先民航必须彻底实现政企分开，民航行业管理部门作为政府职能部门，无论对中央投资的机场还是地方投资的机场，都应制定规范的机场投资项目决策程序，由专门的机构对项目立项、项目的可行性和评估进行审核把关，保证机场投资项目决策的科学性、客观性和公正性，使国家资本真正投入到能产生效益的项目中去。

2. 科学、客观的财务可行性分析和评估

提高民用机场建设项目投资效益的关键是民用机场建设项目的可行性研究和项目评估其目标都是为投资决策提供科学的依据，而可行性研究中的财务可行性分析和项目评估中的财务效益评估是判断项目是否可行以及选择最佳方案的关键。它们的基本目标是考察项目赢利能力、清偿能力和可持续能力等，主要包括以下内容：

(1) 项目的赢利能力。项目的赢利能力是指项目投资的赢利水平，它直接关系到项目投产后能否生存和发展，是企业决定是否进行投资活动的原动力。作为评价项目在财务上是否可行的标志以及企业进行项目投资决策的首要因素，应主要从项目投入运营后正常生产年份可能获得的赢利水平和项目整个寿命期的投资收益水平两方面进行分析和评估。

(2) 项目的清偿能力。项目的清偿能力是指项目按规定的期限和要求还本付息的能力，通常用投资回收期、借款偿还期、资产负债率、流动比率和速动比率进行分析和评估。这些指标是贷款机构决策的重要依据。项目偿还能力的大小，直接决定着贷款机构的意愿和决策，若指标评估结果高于贷款机构提出的要求，则认为项目具备清偿能力，从清偿能力角度可以考虑接受。

(3) 项目的可持续能力。项目的可持续能力是指通过制定项目计算期内（包括建设期）的完整的项目实施财务计划，以反映项目的投资、融资、运营收入、经营成本、费用支出、还本付息及股利分红等现金流量状况，评价项目计算期内各年的财务现金流入抵偿现金流出的充足性，判断项目的财务可持续能力。项目的可持续能力可通过现金流量比率和现金利息备付率等指标反映。

3. 有效地进行民用机场建设项目工程造价的确定与控制

工程造价的有效确定与控制是提高机场投资效益的核心，主要包括以下内容：

(1) 科学合理地确定工程造价。工程造价管理是一项技术与经济相结合的系统工程，是决定建设项目投入产出是否合理的关键环节。所谓科学合理地确定工程造价，就是在建设程序的各个环节，采用科学的计算方法和切合实际的计价依据，合理确定投资估算、设计概算、施工图预算、承包合同价、结算价和竣工决算。

(2) 对工程建设全过程的造价进行有效控制。

① 以设计阶段为重点的工程造价控制。设计是工程的灵魂，技术先进、经济合理的设计可以缩短建设项目工期、节省投资、提高效益。因此，要提高项目的投资效益，必须抓住设计这个关键阶段。在该阶段必须建立健全设计法规，实现设计投资控制法制化；建立技术经济双重责任制，主动控制工程造价；实行限额设计制度，严格控制投资膨胀。

② 严格实行招投标制度。要认真组织招投标工作班子，班子成员中要有相应的技术、预算、财务和工程管理人员，而且要具备对投标企业进行资格评审的能力；招投标工作小组应严格按照招投标的程序进行开标、评标和决标，保证投标单位进行公平竞争。以较少的投入取得最佳的功能效用，引进国际新技术、新工艺、新材料和新的施工方法，使项目投入运行后能降低管理成本，提高劳动生产率，达到投资效益最大化的目的。

③ 加强工程项目的合同管理。加强合同管理首先应建立和健全工程项目合同的谈判与签订、合同的担保与审批、合同的履行、合同纠纷处理等一系列管理制度；其次，应建立合同履行跟踪管理系统，主要内容有合同变更控制系统、进度报告和付款系统。合同变更控制系统规定合同修改须通过的程序；进度报告及时提供工作进展情况；付款系统结合合同条款、合同变更书面记录和合同进度报告，监督控制合同付款情况。通过合同管理具体措施的落实，减少经济纠纷，避免额外的费用支出。

(3) 改变现行设计费的提取办法。将设计费额与因设计导致的投资节支或超支情况挂钩，节余则按比例提取奖励，超支则按比例给予处罚。可以尝试把设计费计取办法改为：设计费额×概算数额+（基本费率－概算数额）×预算数额=奖励费率。

这样，在现有收费办法的基础上，就加入了投资节约提成，当预算超过概算时便扣除一定比例的设计费，使设计方案更加经济合理，鼓励设计单位和设计人员在技术设计时，更注重工程总造价的控制。

4. 加强资金结构分析和资金使用管理，努力降低资金成本

加强资金结构分析和使用管理是提高民用机场建设项目投资效益的重要途径。主要包括以下内容：

(1) 确定最佳资本结构，多渠道筹集资金。资本结构是指各种长期资金筹集来源的构成和比例关系。机场建设的特点是一次性投资大，建设周期长，往往需要多渠道筹集资金。而科学的筹资决策能降低筹资成本，提高投资效益。

(2) 加强资金使用管理，根据工程进度制订资金使用计划。机场建设过程中，应根据机场建设项目实施进度与资金来源，制订资金使用计划，合理安排和使用资金。首先，应按照不同年度的工作量确定相应的资金供给量；其次，在安排资金计划时，应先安排权益资金，后安排债务资金。在安排债务资金时，应先安排利率较低且资金供应较为稳定的贷款，推迟使用高息贷款；同时将年度资金使用计划分解到每季、每月甚至每旬，根据工程实际进展情况及时做出调整，尽量减少资金的沉淀量，缩短资金沉淀时间，达到降低项目建设期间债务资金利息支出的目的。

5. 进行机场竣工投产后的投资效果分析和考核

机场投资效果分析和考核是提高民用机场建设项目投资效益的保证。提高机场建设投资效益，就是用尽可能少的人力、物力和财力进行机场建设，待项目完工投入运营后，能获得尽可能高的运输生产能力和利润。通过竣工投产后的投资效果分析，可以发现在投资过程中存在的问题，总结经验教训，找出解决问题的办法，从而不断提高民用机场建设项目的投资效益。

(1) 建立投资效果分析和考核评价指标。分析和考核结合机场生产经营的特点，建立适应机场投资效果评价的指标，可用静态指标分别进行分析和评价。

(2) 指标分析。指标分析应以机场投入运营后的实际资料为依据，通过对考核评价指标的计算和分析，发现存在的问题，提出建设性意见，改善经营管理。在反映机场建设项目的决策水平以及实际投资效益偏离预测投资效益的程度的同时，应分析造成偏差的原因。必须通过分析，联系机场在实际运营中存在的问题，找出影响投资效益的真正原因，才能有针对性地提出建设性意见，采取切实有效的措施，纠正偏差，改善经营管理，将因机场建设造成投资效益下降的负面影响降低到最低程度。

民用机场建设是一项庞大而复杂的系统工程，在实际工作中，投资效益能否得到充分发挥，还与机场的运营能力、供油能力、导航指挥调度能力、机场周围的交通条件、驻场单位的配套服务水准等都有密切联系，这些能力如与机场不配套，机场的运营效力也不能得到充分发挥。因此，要提高民用机场建设项目投资效益，必须综合考虑技术、经济、体制、环境和社会影响等多方面因素，在机场的规划、布局、设计和建设上应符合全国枢纽机场、干线机场和支线机场的总体布局。除了搞好本项目的投资控制，还要兼顾配合相关单位建设，取得令人满意的投资效益和社会效益。

三、建立合理的民用机场投资指标体系

虽然造成机场投资决策失误的原因很多，如管理体制的原因，预测偏差的原因等，但其中一个重要的原因是目前还没有一套投入产出的量化指标来指导机场投资决策。如何科学合理地设计吞吐量并确定出合理的可量化的投资规模，如何正确评价已运营机场的状况（项目投资的后评价）并及时发现存在的问题并进行机场的改扩建，是目前机场投资决策中非常重要的管理环节。

（一）指标体系建立的原则

1. 科学性原则

科学性原则是根本性的原则，即指标的设计必须同经济、社会、科技中相应范畴的科学含义相一致。指标概念要科学，含义要确切，计算范围要明确。确定指标所依赖的资料是一手资料，样本的选取要有代表性，计算方法要简明。

2. 合理性原则

合理性原则指数据处理要用科学周密的数理统计方法，如概率分布统计、线性回归方法等。合理区间值要通过实际案例验证。

3. 一致性原则

一致性原则指指标的设计要和会计制度、统计原理、财务管理方法保持一致。

4. 可比性原则

可比性原则指指标与指标体系的设计要在口径范围、时间、价格和计算方法等方面具有可比性，要采用标准化、系列化和积木化的方法，使指标之间互相协调，衔接配套，以满足多层次、多样化的需要。注意研究将不可比因素转化为可比因素，以满足纵向对比和横向对比的需要，满足共同的比较基础和比较条件。

5. 实用性原则

实用性原则指指标体系的设计要适应经济发展水平、统计管理水平的要求，要考虑统计、会计与机场投资业务三者核算之间的联系和统一，使项目评价决策者方便实用，易于操作。

6. 全面性原则

全面性原则指设计考核指标体系还要注意指标的全面性，防止顾此失彼，指标之间要有制约性，便于上级指令层层下达。

（二）样本选取时应注意的问题

设定指标只是为了明确对拟建机场主要从哪几方面重点考核以确定投资额，对已运营机场主要从哪几方面重点考核已有投资的合理程度。而为了便于比较，还需结合机场投资现状给出反映投入产出关系的指标区间值。在做这项工作时，样本的选取是十分重要的。到2000年底，中国已有民用机场129个，其中华北地区14个，东北地区13个，华东地区32个，西北地区23个。

对于数量众多的机场，逐一进行数据的收集和计算，不仅工作繁重，也不符合典型抽样的原则。在选取样本时要注意以下问题：

1. 一般性和特殊性相结合

抽取样本时要充分考虑到所选机场样本的一般代表性，因为根据设计指标所得的合理区间值必须对大多数的机场都具有指导意义。根据设计吞吐量这一信息，可以一般地估算出投资额的大小，同时，每一具体给定的机场都有不同程度的个体差异，在机场样本选取上又要考虑到机场的特殊性，使所得到的机场具有代表性。

2. 分类选取的原则

分类选取的要点是先将总体单位按其属性标志，划分为若干性质不同的类型，然后在各个不同的类型中用简单随机抽样或等距抽样抽取所需的样本单位。从各类型中抽取样本的单位数有两种方法：① 等比例抽样，即各类样本单位数在样本中的比重与各类单位数在总体中的比重完全相同；② 是不等比例抽样，单位数少的类型很可能抽不到必要的样本单位数，此时，可把单位数少的类别抽样比例放大一些。实际工作中，采用后一种方法，这是由各类机场在数量上差别很大决定的。不同类的机场，投资规模相去甚远，如在选取机场样本和确定指标的合理区间值时，采用分类选取的原则把旅客吞吐量在1 200万以上的列为一类机场，但在机场分类中，一类机场数量十分有限，因而用不等比例抽样方法抽取样本的单位数。

3. 利于提高机场经济效益

在选取样本时，要根据机场的盈亏及运营状况选取。一般要多选择运营状况好的机场，适当少选运营状况差的。因为指标必须对机场今后的建设有积极的指导意义，同时还要适应经济不断发展的需要。如果过多选择运营较差的机场作为样本，那么随着经济的发展，该指标将很快失去它的实用性。由于多方面的原因，中国机场90%以上是亏损的，但相比较之下，深圳保安、厦门、天津、大连、白云、虹桥等一些机场运营状况较好，可以重点采集这些机场作为确定指标的样本。

4. **根据机场地理位置布局，兼顾到沿海和内陆不同经济发展地带的机场类型**

由于地理因素和历史原因而导致的沿海和内陆地区的经济发展水平的差异是显著的，而经济水平的差异又直接导致人们对乘机消费的差别以及该地区对外的经济吸引能力的差异。简单地说，吞吐量的既有水平和发展速度有很大的不同，所需的机场投资规模也是有所区别的，因而在抽样时要兼顾到沿海和内陆的特征，在各类机场中，既要有深圳保安、海口美兰、厦门、白云等这样一些东南沿海经济发达地区的机场，也要有西宁曹家堡、银川河东、西安咸阳等西北地区的机场。

（三）指标体系的建立

1. **主要指标的建立**

确定合理的投资规模是投资决策面临的重要问题。为确定合理的投资规模，需要建立的主要指标包括：设计旅客吞吐量的投资额；设计旅客吞吐量的航站区投资；设计旅客吞吐量的货运区投资；设计吞吐量的飞行区投资；设计旅客吞吐量的空管设备区投资；设计旅客吞吐量的生产辅助设施投资；设计旅客吞吐量的配套设施投资；设计旅客吞吐量的其他投资等。其中设计旅客吞吐量的投资额为总量指标，其他均为各功能区指标。

（1）设计旅客吞吐量的投资额。设计旅客吞吐量的投资额是整个指标体系中最为关键的指标，也是决策者科学决策所依据的重要信息。随着中国市场经济体制的建立，民航市场化改革的深入，市场经济条件下资源配置不合理所造成的机会成本已不容“拍脑门”决策的继续存在。因此，为适应目前中国机场投资决策部门科学合理决策的需要，提出设计吞吐量的投资额这一指标，具有很强的实用性。该指标相当于提供给决策部门如下信息：单位投资可以形成多大的生产能力，或为了达到已知的生产能力需要投资多少；在确定总投资的基础上，机场各功能区为了协助共同实现某一生产能力，功能区之间保持怎样的内在配合比例。如要实现 1 000 万的吞吐量，需要的总量投资额中，跑道投资、航站区投资、货运区投资、飞行区投资及相关配套设施的投资应各为多少，才能使机场的系统功能发挥得更好。当然，实际使用时，应根据机场具体的客运和货运的偏重程度不同而作相应调整，为的是使机场功能得以发挥而必须有的搭配比例不会变动很大。

（2）设计旅客吞吐量的航站区投资。航站区投资主要确定为设计旅客吞吐量所需的候机楼工程、行李传输系统和旅客服务系统方面的投资。

（3）设计旅客吞吐量的货运区投资。货运区投资确定为设计旅客吞吐量所需的货运库工程和特种车辆等投资。

（4）设计旅客吞吐量的飞行区投资。飞行区投资主要确定为设计旅客吞吐量所需场道工程、地基处理工程、助航灯光工程等所需的投资。由于飞行区的投资是作为机场的最基础的投资，即便是很小的设计吞吐量，作为飞行区也必须至少有一条跑道，还要有助航灯光，因此对设计吞吐量越小的机场，该指标的数值相对越大。

(5) 设计旅客吞吐量的空管设备区投资。空管设备区投资主要确定为设计旅客吞吐量所需通信工程、导航工程、气象工程、通信线路和航管工程等的投资。它和设计旅客吞吐量的飞行区投资有相同的特点，不完全随着设计吞吐量的变动而同方向变动，因此，设计吞吐量越小的机场，该指标的数值相对越大。

(6) 设计旅客吞吐量的地面服务设施投资。地面服务设施投主要确定为设计旅客吞吐量所需地面设备和车辆购置、生产辅助用房、售票处和旅客过夜用房等投资。

(7) 设计旅客吞吐量的公用设施的投资。公用设施的投资主要确定为设计旅客吞吐量所需场内外供电工程、供热工程、供水工程、污水处理及排水工程以及消防站、机务维修车间、办公室和航材库等各类仓库用房的投资。

(8) 设计旅客吞吐量的其他投资。其他投资确定为设计旅客吞吐量所需的油料、供油工程等投资。

另外，根据机场的设计吞吐量，也可以估算出应该配备多少员工，并且由此对运营资金的需求量有个基本估计。

2. 辅助指标的建立

从投资角度考虑，投资规模的大小是首先需要确定的，但在既定的投资下，对投资效果的跟踪考察，对资产的利用效率的考核，也是投资决策管理的一个方面。为此，在主要指标的基础上又建立辅助指标，以便进行机场利用效率方面的考核，使具体的资产利用有一个相应定位，并能适时地进行机场的扩容工作。辅助指标的建立应当包括以下几方面：

(1) 吞吐量的总成本。吞吐量的总成本即要实现一个吞吐量的总成本是多少。根据国内机场的现状，通过典型抽样，得出每一吞吐量的成本一般水平（各个不同运营时期的），将十分有利于适时地掌握机场运营的成本水平，对照合理区间值进行调整，控制成本，从而增加收益。

(2) 吞吐量对应的员工。吞吐量对应的员工即要实现某一吞吐量，需要的员工人数是多少。减员增效以提高生产效率，是任何生产部门不能忽视的。机场部门研究每一员工应体现多少生产效率，实现多少吞吐量，是很有必要的。作为决策者，根据机场的设计吞吐量，也可以估算出应该配备多少员工，并且由此对运营资金的需求量进行基本估计。

(3) 单位固定资产净值对应的吞吐量。指标中的吞吐量是指实际吞吐量，它随时间而变化，与投资额有一定的关系。实际吞吐量随时间变动的同时，固定资产净值也在随时间变化，它们之间是什么样的关系，是考查机场资产利用率的一个重要指标。对整个机场来说，是投资太超前，还是机场需要扩建，这个信息很重要。

为了对一个已运营的机场提供上述信息指导，还需建立单位航站区固定资产净值对应的吞吐量、单位货运区固定资产净值对应的吞吐量、单位飞行区固定资产净值对应的吞吐量、单位航管设施固定资产净值对应的吞吐量、单位机坪固定资产净值对应的吞吐量和单位地面服务固定资产净值对应的吞吐量等指标。指标体系的结构如图 7.1 所示。

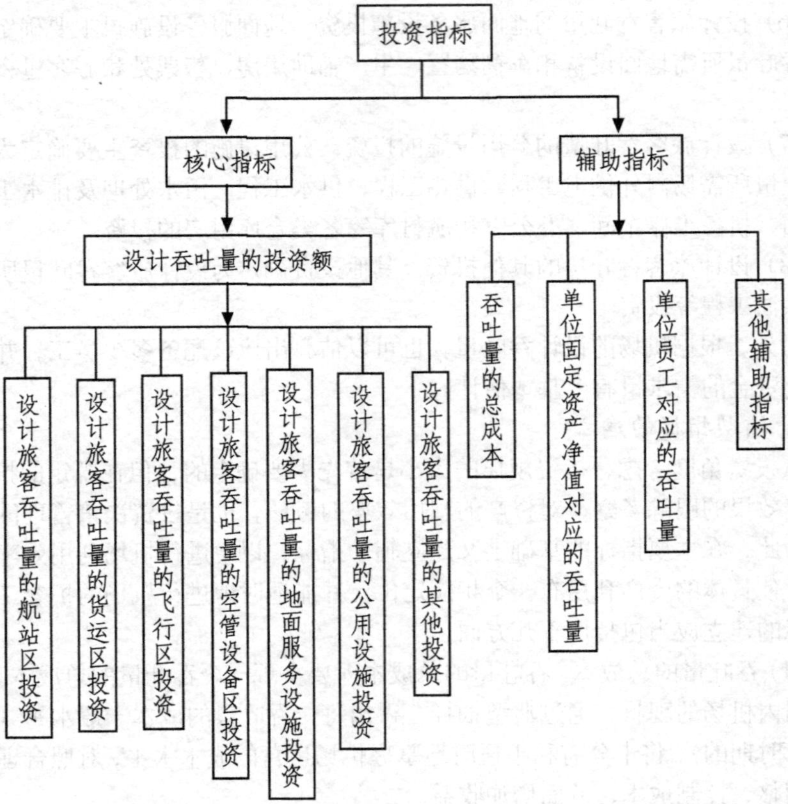

图 7.1　机场投资指标体系图

（四）指标的运用

如果针对即将建设的新机场，上述指标在使用时，首先采用主要指标（核心指标），根据新机场的设计吞吐量，结合设计旅客吞吐量的投资额这一指标值，考察投资额的合理程度，并按相同的方法，考察各功能区的投资情况。对拟投资额远远超过计算投资额的情况应分析原因，加以调整。

其次，通过分析从设计吞吐量到投资，再到生产这一过程，最终可得到投资与该投资按固定资产净值折算应该产生的吞吐量之间的关系。实际的吞吐量和应该产生的吞吐量之间往往有个差距，二者进行比较，由此来分析是投资太多，造成资源闲置浪费，还是投资太少，很快就达到饱和，需要扩建，以及需要扩建的是哪一个功能区，为已经运营的机场提供指导。这一分析过程如图 7.2 所示。

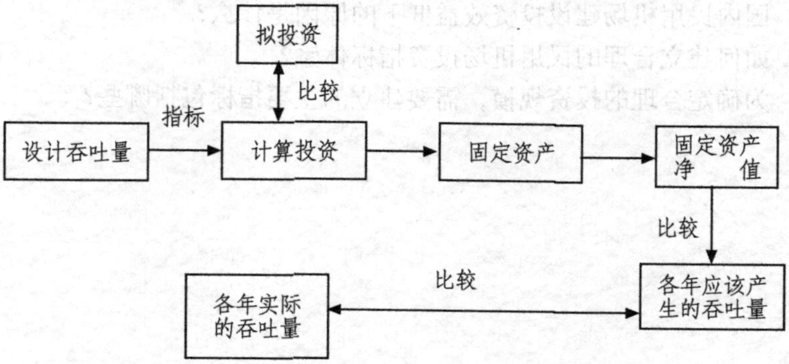

图 7.2　机场投资指标过程图

本章小结

（1）筹集资金形成资金的投入，是资金运动的起点，是决定机场能否存在和发展，能否产生经济效益和社会效益的重要条件。筹资的目的是为了投资，投资是以收回现金并取得收益为目的而发生的现金流出。

（2）机场筹资的原则包括：适度性原则、低风险原则和低成本原则。

（3）机场建设的筹资方式包括：国家财政预算内投资、证券融资、以“土地开发”诱导投资、发行机场长期建设债券、BOT（build-operate-transfer）融资模式、ABS（asset—backed securidization）融资模式。此外还有外资投入、合理利用国际金融组织和其他国家的政府贷款、以“设施使用协议”进行融资等多种融资模式。在上述融资模式中，目前发达国家在机场建设项目中采用得最多的融资模式是国家投资、发行债券、BOT 以及企业自筹等，这主要是由机场建设项目同时具有公共产品和商品的二重特性所决定的。

（4）建立合理的民用机场投资指标体系的原则包括：科学性原则、合理性原则、一致性原则、可比性原则、实用性原则和全面性原则。

思考题

（1）机场筹资的意义是什么？

(2) 机场筹资的基本原则有哪些?

(3) 目前我国机场建设项目资金来源的特点有哪些?

(4) BOT（build-operate-transfer）融资模式的含义及其基本特点?

(5) 美国民用机场融资模式的特点是什么?

(6) 国内民用机场建设投资效益低下的原因是什么?

(7) 如何建立合理的民用机场投资指标体系?

(8) 为确定合理的投资规模，需要建立的主要指标包括哪些?

第八章　机场经济及其绩效标准

经过私有化和企业化的浪潮，世界各大机场都面临着严峻的商业经济压力的考验。业绩评价是企业管理的重要工作，无论是赢利性企业还是福利性公共事业单位，都需要对自己的业绩进行评价。只有清楚自己的业绩情况，企业才能了解自己的优势和劣势，从而界定自己的业务边界，提高自己的核心竞争能力。机场企业化运营，必然要求提高机场业务的经济效率，而对机场业绩的彻底了解，已经成为机场营运管理的首要前提。本章首先介绍机场业务的成本和收益的构成及其影响因素，其次为分析机场经济绩效提供一些常见的评价指标。

第一节　机场业的利润水平

表 8.1 所示为世界主要机场在 2001—2002 年的赢利水平。一般的机场都核算出自己的运营利润（利税前利润），绝大多数机场还计算出它们的净利润（扣除利息和税收之后的利润）。大多数的北美机场和苏黎世机场，由于受到“9.11”事件和瑞士航空公司破产的影响，赢利水平明显低于其他机场。从总体上来看，2001 年世界前 50 名最主要机场的净赢利率（净利润与收入的百分比）为 11%。与此相对应的是，前 50 名主要航空公司的亏损率为－4%。更广泛全面的关于机场赢利水平的测算数据来源于国际机场协会（ACI）。ACI 提供了最广泛和全面的全球经济调查数据。2001 年的调查统计覆盖了累积客流量超过 21 亿的全球 620 个机场，约占 ACI 成员机场 2001 年全部运输量的 2/3。调查结果显示了不同地区的机场经济的发展趋势，其中可能存在一些由于采样技术问题导致的误差。较明显的误差例子是非洲和中东地区的机场数据测算，在那里少数几个大机场的业绩不同程度地影响了整个区域的机场业绩评价。又如在拉美和加勒比海地区，巴西的机场占据了调查样本的主要部分，从而影响到对该地区机场绩效的评价。总的来说，ACI 的调查发现，在 2001 年，虽然北美地区的机场亏损了近 10 亿美元（2000 年该区域机场略有赢利，约 1.6 亿美元），全球所有机场还是创造了 6.3 亿美元的净利润，大约占总收入的 1.5%，比 2000 年的大约 2%有所下降。由于这次调查涵盖了许多规模较小、赢利性往往较差的机场，所以全球所有机场的净利润率可能远远低于前 50 名主要大机场的利润率。在 2001 年，全球机场的毛利润（包含税收、利息、折旧和摊销等会计项目的营业利润，国际会计名称为 EBITDA）为 126 亿

美元左右，约占总收入的 30%，比 2000 年的 32.4%下降了 2.4%。亚太地区机场的毛利润率最高，超过 43%。虽然受“9.11”事件的影响，使美国许多机场由于必须承担一些特殊的成本经费，从而处于多年来的赢利低谷期，然而北美机场的最低盈余率仍为 18%。表 8.2 所示为机场运营收入来源。

表 8.1 我国和世界主要机场公司 2001–2002 年赢利水平

机场营运商	总收入 /百万美元	运营利润（税前利润）/百万美元	税后净利润 /百万美元
1. 英国机场集团	2 716.1	803.2	461.9
2. 法兰克福机场当局	1 535.8	276.6	90.6
3. 纽约和新泽西州机场当局	1 427.1	363.1	336.4
4. 西班牙国际机场公司	1 416.9	201.2	90.4
5. 巴黎机场公司	1 215.2	180.1	6.3
6. 新东京国际机场当局	1 111.8	297.2	N/A
7. 关西国际机场公司	955.1	170.9	−145.9
8. 香港机场当局	676.6	84.6	33.0
9. 史基辅机场集团	632.7	189.3	163.8
10. 芝加哥城市航空部	543.2	150.1	N/A
11. 慕尼黑机场公司	510.9	60.1	33.0
12. 米兰机场公司	485.9	55.8	3.4
13. 新加坡民用航空局	485.4	172.8	183.9
14. 洛杉矶世界机场公司	481.0	60.9	114.8
15. 迈阿密机场公司	475.9	82.5	−11.3
16. 罗马机场公司	467.1	80.3	23.6
17. 挪威空中交通和机场管理局	460.4	63.5	16.8
18. 丹佛机场公司	450.7	227.3	−25.8
19. 旧金山机场委员会	414.9	33.1	−65.6
20. 爱尔兰机场公司	392.1	65.1	10.4
21. 曼彻斯特机场集团	372.0	146.0	30.0
22. 多伦多机场当局	334.0	94.6	−8.9
23. 苏黎世机场公司	319.0	4.6	−21.5
24. 华盛顿机场当局	314.6	27.4	N/A
25. 夏威夷机场公司	287.1	166.6	80.5
26. 维也纳国际机场公司	286.9	76.4	59.4
27. 马萨诸塞港务局	274.1	117.0	75.0
28. 达拉斯/福特沃斯国际机场	274.1	28.9	79.4
29. 杜塞尔多夫机场公司	267.4	38.4	7.4

第二节 机场的收入和成本

机场运营方的大部分收入源于用户使用机场设施或接受相关服务时所交纳的一系列费用。机场的运营现在正越来越多地面临着自负盈亏的压力。在监管环境变化的背景下，成本和收益管理已经成为机场非常核心的管理内容。

一、机场的收入和成本结构

机场收入通常分为两大类：航空收入和非航空收入（如表 8.2 所示）。航空收入直接来源于飞机起降服务和地面客货处理，而非航空收入来源于那些与航空飞行没有直接关系的业务活动，主要是一些机场区域内的商业活动、场地出租等。国际民航组织（ICAO，1991）列举了一系列属于非航空收入的业务名单，包括奶牛场、广告制作、棒球训练营以及模特和模型展等等商业活动。另外一些收入则被归入航空收入，例如航空托运费（托运代理或航空公司代办除外）。机场的航空油料公司收入或者向航空公司收取的燃料费，由于跟航空直接相关，因此也被认为是航空业务收入。相反的，这些收入如果是来源于其他商业活动，则归入非航空业务收入。飞机起降费和旅客过站费一直以来都是机场航空业务收入的最重要来源。大多数非航空业务收入来源于特许经营费和场地租金。利息收入和机场后勤公司的收入通常被归入营业外收入。

表 8.2 机场运营收入来源

航空性收费	非航空性收费
飞机起降费	特许经营费
旅客过站费	租赁费
飞机停场费	直接销售收入（由机场运营商提供的商店、餐饮和其他服务）
地面服务费（如果由机场运营商提供）	停车（如果由机场运营商提供） 水、电、气等的供应
其他航空收费（空中交通管制，照明费、廊桥使用等）	其他非航空性收入（咨询、游客和商务服务、房地产开发等）

由于机场规模、机场管制模式、非航空业务政策、所处的经济区位等方面的差异，各个机场的航空业务和非航空业务的构成和收入比重存在很大的不同。ACI2001 年的调查表明，许多机场的非航空收入都明显超过了航空收入（如图 8.1 所示）。

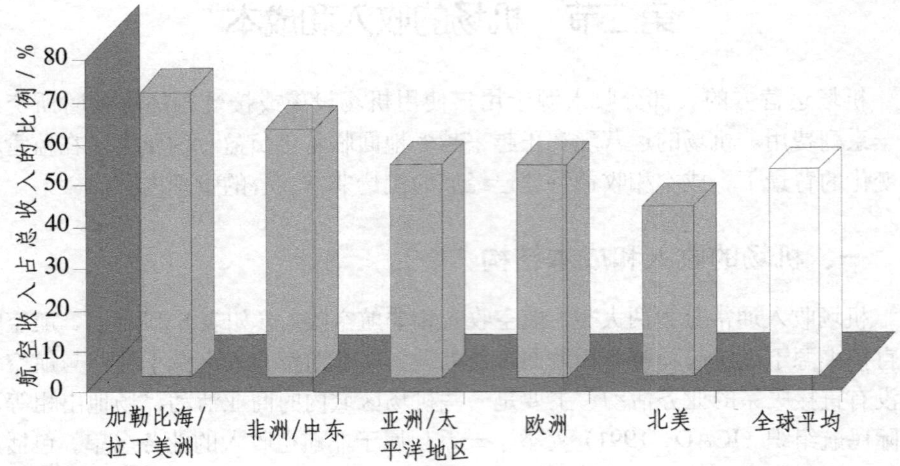

图 8.1　2001 年全球 ACI 机场的航空收入占总收入的百分比

美国机场的高财政补贴降低了它们的机场收费水平。受美国机场低收费水平的影响，北美机场的航空业务收入比重最低。亚太地区和欧洲的机场，其收入一半以上来源于非航空业务收入。这些地区被认为非航空业务和商业政策是最发达的。非洲和中东地区、拉丁美洲和加勒比海地区的非航空业务收入比重最低，从而导致资本收益率也较低。这是因为这些地区的机场通常规模不大，从而减少了非航空业务机会。另外一个原因是，这些地区的非航空业务政策往往比世界其他地区较为落后，从而也限制了非航空业务的发展。表 8.3 所示为 1983—2001 年欧洲样本机场的收入构成变化情况。

表 8.3　欧洲机场的平均收入和成本结构（1983—2001）

	1983	1988	1993	1998	1999	2000	2001
收入结构/%							
航空类收入	58.9	55.5	54.1	52.0	55.9	56.6	55.6
非航空类收入	41.1	44.5	45.9	48.0	44.1	43.4	44.4
合计	100.0	100.0	100.0	100.0	100.0	100.0	100.0
成本结构/%							
劳动力	45.6	43.8	39.2	36.6	34.5	34.1	32.9
折旧	18.2	20.6	21.6	23.4	21.9	23.8	24.2
其他	36.2	35.6	39.2	40.0	43.6	42.1	42.9
合计	100.0	100.0	100.0	100.0	100.0	100.0	100.0

表 8.3 所示的数据表明了欧洲机场的航空业务收入占到总收入的一半左右，与 ACI 的调查结果吻合。1998 年之前，由于非航空业务收入的持续上升，导致航空业务收入的比重不断下降。这是因为一方面航空公司和其他管制机构向机场施加压力，促使它们最大限度地降低机场收费水平，另一方面，机场的商业活动已经成为机场运营商的关注焦点。在 1983—1998 的 15 年间，一些机场的非航空业务收入比重上升非常显著。例如，哥本哈根机场的非航空业务收入比重从 41%上升到 54%，日内瓦机场从 40%上升到 51%。

和机场收益分析不同，关于机场运营成本分析还没有一个统一的行业规定或标准。不过从机场的对外报表里，我们通常还是可以区分出三种成本，分别与劳动、资本和其他运营成本相关。在欧洲，劳动成本在总成本中占到 33%，而资本折旧超过 24%。如表 8.3 所示，劳动成本的比重是不断下降的，这一趋势的部分原因是机场运营商更多地倾向于采用外包形式，从而减少自产劳动投入，另外一些原因可能是劳动生产率的提高，减少了雇员数量等。

随着民航运输市场的进一步发展，许多机场需要更大的投资，从而导致折旧费用的上升。对于一些机场的折旧比重变化的更准确的解释是，这些机场开始从公共部门会计核算程序转向更多的商业考虑，从而加速折旧。

这些基于总体平均水平的评价，掩盖了各个机场之间的差异。有时候这些差异是非常显著的。表 8.4 所示为欧洲各大机场的收益和成本情况。

表 8.4　欧洲部分机场的收入和成本结构

机场名称	收入结构			成本结构			
	航空类收入/%	非航空类收入/%	合计/%	劳动力/%	折旧/%	其他/%	合计/%
阿姆斯特丹机场	47	53	100	23	21	56	100
巴塞尔机场	45	55	100	22	38	40	100
伯明翰机场	64	36	100	33	21	46	100
布鲁塞尔机场	62	38	100	24	21	55	100
哥本哈根机场	56	44	100	38	29	33	100
杜塞尔多夫机场	67	33	100	41	21	38	100
法兰克福机场	70	30	100	49	15	36	100
日内瓦机场	48	52	100	38	22	40	100
格拉斯哥机场	62	38	100	35	18	47	100
米兰机场	72	28	100	55	11	34	100
盖特威克机场	41	59	100	27	21	52	100

续表 8.4

机场名称	收入结构			成本结构			
	航空类收入/%	非航空类收入/%	合计/%	劳动力/%	折旧/%	其他/%	合计/%
希思罗机场	40	60	100	22	25	53	100
曼彻斯特机场	56	44	100	24	22	54	100
马赛机场	44	56	100	26	29	45	100
巴黎机场	44	56	100	33	22	45	100
罗马机场	62	38	100	39	22	39	100
奥斯陆机场	51	49	100	21	40	39	100
维也纳机场	75	25	100	57	17	36	100
苏黎士机场	52	48	100	24	34	42	100

根据各个机场的收入结构数据，我们可以识别该机场在航空业务和商业活动之间的战略导向差异，也可以看出机场自身的功能定位差异。例如，我们可以了解到在 2001 年杜塞尔多夫、法兰克福、米兰和维也纳等机场的地面客货运处理业务比较繁重；伦敦的盖特威克和希思罗机场，自从航空收费受到管制之后，开始更加依赖于非航空业务的商业活动以维持收入。

各大机场的劳动成本也十分不同。在维也纳和法兰克福机场，劳动成本几乎占到或超过总成本的一半，反映出它们有着繁重的强劳动投入的地面客货运处理业务。与之相对应的，像巴塞尔-牟罗兹、阿姆斯特丹、希思罗和奥斯陆等机场，由于它们不存在这些棘手的业务活动，所以员工费用比重也就相对低得多。

二、影响成本和收入的因素

机场的成本与收入的水平和结构受到许多因素的影响。其中一些影响因素能够为机场运营管理所控制，而另外一些因素则相对是外生的。

首先，机场吞吐量的大小和类型结构对机场的业绩有着重要的影响。这一因素具有相对的外生性，机场运营商对此的控制是有限的。随着机场的交通吞吐量的扩大，单位运量的成本呈下降趋势。通过对 20 世纪 70 年代英国机场的研究发现，当机场的吞吐量达到 100 万至 150 万人次或 WLU（吞吐量换算单位，1WLU＝1 名旅客或 100 kg 货物），单位成本（每名旅客或 WLU 的处理成本）出现大幅度的下降。当吞吐量达到 300 万人或 WLU，成本曲线开始平滑，单位成本与机场规模相关性减弱。对澳大利亚和西班牙机场的研究也得出类似的结论。1999 年，国际民航组织（ICAO，2000）对机场的经济研究发现，吞吐量在 30 万 WLU 以下的机场，平均单位成本为 15 美元；规模在 30 万到 250 万 WLU，平均成本为 9.4 美元；规模在 250 万到 2 500 万 WLU，平均成本为 8 美元。对于小型机场的经验数据分析表明，机场规模越小，这种规模经济效应越明显。这是因为一些基础设施和服务对小型机场也是必需的，因而无论客货流量的多寡，这种固定成本是既定的。许多小型机场利用率不高，也增加了它们的单位成本。还有一些有限的研究表明，当机场规模变得过于庞大时也会导致单位成本的上升，这主要是因为需要引入更加复杂的系统，增加更多的终端数目，从而导致操作成本的上升。由此可见，确实存在一个机场的最优经济规模，然而最优经济规模的具体量化到目前还没有一个确定的结论。

大型机场通常在更好的位置提供更大范围的商业设施以方便旅客和其他顾客，因此也往往更多地依赖于非航空业务收入。ICAO 调查发现，客流量在 2 500 万以上的机场，它们在非航空业务上的收入平均占到 58%，而所有调查样本的平均数为 36%。

与国际旅客相关的成本往往较高，因为他们需要办理关税和出入境等手续，机场需要提供更多的空间和设施，他们在旅客航站楼的逗留时间也较长。国际旅客的行李也更多。比如，根据希思罗机场的估计，国际旅客平均有 1.3 件行礼，而国内旅客平均只有 0.5 件。根据 BAA 测算，假定旅客候机楼容量为 800 万人，则国际旅客的相关成本大约为国内旅客的 1.62 倍。当然，这些旅客往往在机场的商业服务诸如零售和餐饮上的消费支出也更多，从而提高了单位收入水平，特别是他们还能够光顾免税店。

包机旅客通常不需要使用诸如候机室等设施，从而也会影响机场的成本和收入水平。包机旅客与一般直达终点的旅客在机场的消费也是不一样的，他们有点类似于一些枢纽机场的中转旅客，在机场区内的消费意愿和支出都不会很高。

此外，航班流量波动较大的枢纽机场相对于航班平滑分布的机场而言，要承担更大的成本支出。这主要是因为在航班高峰期的成本支出更大。同样的，机场服务也会面临假期旅行高峰的困难，而不均匀生产能力利用也会拉高成本。

机场服务的技术和标准对机场的收入和成本会产生影响。机场运营商可以相对自由地选择自己的技术和服务标准，以定义合意的服务水平。在实践中许多机场的标准都非常相似。机场的目标定位不同，其成本也是不一样的。有些机场定位于高端的商务机场，提供高贵服务，比如在候机室提供真皮座位等以表现其不遗余力的质量投入；在另一个极端，有些机场定位于廉价航空，只是提供一些必要的基础设施，以控制机场费用。一些机场有意严格控制，仅提供必需的旅客机场活动空间，而另一些机场为旅客提供更多的候机楼活动空间，并借此发展零售和餐饮业务以提高非航空业务收入。

机场当局提供的设施和服务是没有一定标准的。除了基本的机场起降功能之外，它们少有共同之处。一些机场运营商会提供诸如安全、空管、托运、停车、免税店和清洁等服务以及承担繁重的维护工作；而另一些机场则选择外包形式。一种极端的情况是将机场终端出租。所有这些都对成本和收入产生影响。例如，米兰机场运营商一直都承担繁重的托运业务，而这一业务带来的收入占到总收入的 50%。许多机场的托运业务由航空公司代理，机场只是收取少量的租金。政府是否要提供或者补贴一些服务，典型的如警察、安全、消防和救援，也对机场运营商的成本和收益带来影响。

机场定位和类型不同，其收入、成本结构表现不同。许多行业在进行经济比较时，还必须考虑各个企业所采用的会计政策。行政组织、事业单位和商业组织等所采用的会计程序和政策是不一样的。对机场的类型和定位不同，采取的会计政策也会不一样。会计政策中的折旧方法不同，对机场的成本特别是资本相关的成本有着显著的影响。例如，BAA 采用 100 年的折旧期，阿姆斯特丹机场采用 30～40 年折旧期，而巴黎机场公司的折旧期只有 10～20 年。根据国际民航组织（ICAO）1999 年的经济调查发现，1/3 的机场没有真实反映它们与折旧和利息相关的成本项目。此外，在不同的税收制度下，机场的成本收益表现也不一样。如果机场定位为公共部门，那么在许多税收制度下是免税的，从而影响到机场运营的净利润水平。

产权结构也会对机场成本产生影响。不同途径的融资成本是不一样的，从而影响到机场运营的利息支出。由于机场投资额非常大，而且周期长，在投资的不同周期阶段对机场营业绩效的影响也是十分明显的。在投资初期，由于资本成本较高而机场利用率较低，从而拉升了运营成本，在后期，随着机场利用率的提高，单位产出的资本成本会下降。

地理和气候的因素也会影响成本和收入。在一些机场需要承担一些与天气有关的成本，如铲雪和防、除冰设备的购置，维护和使用成本。气候特征和地理位置还会影响机场的布局和规划。一些机场修建 2 条或者更多跑道，并不是出于交通流量的原因，而是由于风向或者其他特殊的气候或地理特征的原因。环境的限制，强制降低噪音或者航空运输带来的其他不利影响，也意味着机场并不能最有效的利用所有的资源。一些机场虽然有足够的夜间航班需求，但是也不得不实行宵禁。更深远的影响是，由于地理位置的不同，劳动成本和质量以及投资融资效率也是不一样的。

最后，各国政府对机场所提供的直接或间接资助不尽相同。显然，如果政府的资助越多，使用者所需交纳的费用将越低。政府的资助可以采取以下几种形式：政府的直接补助（主要用于机场的资本扩建项目）；设立某个税种，其收入直接用于资助机场；建立针对整个民航业的基金项目以及给予特殊的税收优惠。

三、机场的收入和成本中心分析——建立合理的机场收费体系

制订出一个针对机场设施和服务项目的收费体系是机场所面临的一项重要工作。这不仅仅是关于一个良好的会计体系的问题。一个良好的收费体系将有助于确保企业的财务信用度，当机场希望从银行和投资者那里获得投资项目所需资金时，这一体系将起到重要作用。

（一）机场收费体系应具备的主要特点

1. 透明度

首先，该体系应该简单明了，这样，相关的使用者易于了解他们所需支付的费用数额以及哪些服务项目和机场设施是收费的。此外，收费体系应配以有关文件，其中包括相关数据以及收费的理由和依据。最后，相关收费必须与法律法规相一致，不应与有关的国际、国内立法相冲突，也不应违反双边或多边航空协定。

2. 充分地收回成本

对机场设施和服务项目的收费应该确保实现收回成本的目标。不同的机场在这一目标上差异较大。考虑到具体的监管和经济环境，一些机场希望实现利润最大化；其他一些机场则希望在完全收回成本的同时，获得一个合理的回报；而还有一些机场考虑到完全收回成本不太现实，因此仅考虑部分收回成本。

3. 合理性

对使用者的收费应该在几个相关标准上具有合理性。收费的绝对数额不应该高于那些机场希望吸引的使用者所能承受的水平。例如，如果航空公司所支付的费用占到其航班平均收入的25%，航空公司就将很难承受。从相对数额上讲，机场收费应该与具有相同条件或处于同一区域的其他机场相一致。

4. 促进机场的有效利用

对使用者所征收的费用应该与其产生的真实成本密切一致。如果某一类使用者系统地获得补贴或交纳费用偏低，则他们将会更多地使用机场，导致使用水平超过了经济效率所允许的范围。为了建立一个确保机场能够有效利用的收费体系，必须明确地考虑机场使用中的延误成本。

5. 灵活性

机场的定价机制必须灵活，从而在出现变化时能够灵活地调整对使用者的收费。机场的运营往往处在一个高度动态的环境中。随着全球范围内对航空管制的放松，变革的速度在不断加快。不过，对不同年份收费增加或减少的严格限制，以及一些与航空公司间签订的长期协议都极大地限制了机场灵活、动态调整的能力。

（二）制定机场收费体系的主要步骤

要制定出符合上述标准的收费体系是一项艰巨的任务。为了确保其顺利实

施，执行包括几个主要步骤的流程是必要的。主要步骤如下：

1. 明确建立收费体系的政策导向

组织的高层管理者应该参与这一工作。在这一步中需要解决一系列根本问题，如机场最根本的财务目标是什么，总收入中源于航空性收费和非航空性收费的比例如何确定，机场获得资本投资所需资金的主要手段是什么。

2. 建立一个详细的关于各个成本项目和成本中心的数据库

由于缺乏详细的数据库，许多机场无法全面地说明其成本构成。国际民航组织（ICAO）推荐使用类似表 8.5 将成本按照项目和服务区分别分类，服务区通常代表成本中心。但在实践中，ICAO 的分类方法并没有将机场的各种业务全部包括进来。比如在其分类中并没有明确地将“飞机停场区”单列出来，而在这一区域所进行的停机坪处理业务是机场所提供的服务中属于最重要和昂贵的服务之一。为了将这些内容补充进来，出现了许多由 ICAO 分类衍生出来的分类方式。第二步的关键在于将每个成本项目在不同的服务区中进行分解（即哪些工资是用于支付飞机运行区、机库和维修区、或是停机坪工作区等）。只有这样才能制定出反映服务和设施使用成本的收费项目。需要注意的是，在某些情况下，将某个成本项目（如管理费用）在不同的服务区进行分解是比较困难的。

3. 明确各收入中心

大多数机场都按照服务内容或是相关的设施确定出几个收入中心目标，并通过对使用者的收费来完成目标。明确收入中心的理由之一是，这种根据其经济活动的自然特点而进行的分类意欲在每个收入中心实行统一或是仅有少数几种不同的收费方式。如所有的飞机运行区都被归入到飞行区的 1 个收入中心，并且统一收取起降费等收费项目。在起降费中就包含了与之相关的各种服务和设施的收费。另 1 个重要的理由是机场利用不同的收入中心来执行不同的定价政策。例如大多数主要机场不仅仅是希望从飞行区中全部收回成本，而还希望从商业经营区这一收入中心获得尽可能最大的利润。表 8.5 所示为 ICAO 推荐将机场成本根据项目和服务区而进行的分类。

表 8.5 ICAO 推荐将机场成本根据项目和服务区而进行的分类

根据成本项目	根据服务区（成本中心）
直接人力成本（工资和福利）	飞行运行区（跑道、滑行道）
折旧和分期付款	机库和维护区
利　息	空中管制和通信
供应品和外部提供的服务	气象服务
管理费用	消防、救护和安检
税　费	旅客候机楼设施
其他费用	货运设施
	其他设施和服务

4. 将成本在各收入中心间进行分配

机场的运营者必须将各服务区（成本中心）中产生的成本在各个收入中心间进行分配。当某个成本中心恰好完全属于 1 个收入中心时，此时的全部成本都可以直接划入该收入中心。但如果 1 个成本中心同时处于几个收入中心时则需要做大量的工作。表 8.6 所示为一个典型的美国机场中所能列出的各种成本中心和收入中心。

表 8.6　一个典型美国机场的成本中心和收入中心

成本中心	收入中心
飞行区	起降/空中交通区
旅客候机楼	航空公司租借区域（客运和货运）
机　库	其他出租区域
货运区	商业区
其他建筑设施	停车场和汽车租赁
行政管理	公共区
其　他	油　料
	其　他

5. 计算单位收费水平

计算单位收费水平也常被称为定价步骤。为了计算单位收费水平，第 2～4 步已经明确了各收入中心及其相应的成本支出。而第 1 步中机场运营者的政策导向也已经明确了各收入中心的成本回收目标。根据对未来需求水平的预测就可能计算出为了达到收入中心经济目标所需单位需求收费水平。许多机场在计算单位收费水平时采取平均成本定价的方式，但也有一些机场使用诸如边际成本定价法的方法。

6. 与使用者建立互动机制

最后，在上述各个步骤的实施过程中，必须保证有机场使用方的充分参与。与使用者的相互协商应该成为整个流程的一个有机构成部分。同时还需要定期的会商机制，以及建立一套良好的程序来处理使用者的意见和建议。

以上的 6 步骤流程应该具有动态和互动的特点。政策导向、成本数据库、成本在成本中心和收入中心间的分配以及定价机制都需要随着时间的推移、环境的变化以及根据机场使用者的批评与要求而不断地回顾和调整。

第三节　机场经济绩效的测评方法

机场业务的评估由运行质量评估、顾客满意度评估和经济绩效评估三部分组成，这三部分之间有密切联系。评估指标包括运营指标、营销指标、环境指标和财务指标。前三个指标测度机场的服务质量，最后一个指标测度机场的经济绩效。随着机场商业化和企业化趋势的不断发展，对机场经济绩效的评估变得越来越重要。

一、不断增长的经济绩效评估的重要性

20 世纪 80 年代以前，机场并没有在业内广泛开展对机场经济绩效的系统监控和比较。这可能主要是因为机场没有足够的商业压力和普遍缺乏对公共部门进行经济绩效评估的经验。由于存在机场经营活动的内容差异以及采用不同的会计政策等非可比性因素，要进行有意义的比较是很困难的，从而打击了大多数机场进行经济绩效比较分析的积极性。

随着机场的商业化和私有化，机场经济绩效的比较和标准制定开始变得具有重要意义。出于更多的商业考虑，机场渴望了解它们在行业内的优势地位，采用那些看起来是最好的业务实践。高层管理者运用经济绩效测量来帮助它们制定战略目标。比较绩效分析可以对一些问题提供有价值的观察，比如机场私有化是否比作为公共部门更有效率，什么是机场运营最好的组织框架以及机场全国联营是否优于个别独立运营等。因此，对机场经济绩效连续评估的重要意义已经开始成为共识。

机场部门之外的其他许多组织也对运用经济绩效评测方法来比较机场之间的业绩表现出浓厚的兴趣。这些机构比较机场业绩出于不同的目的，因此可能会从不同的角度来观察机场的业绩表现。投资者和银行在传统上更倾向于运用财务比率和其他财务标准技术来衡量机场的业绩，他们比机场运营商更渴望识别可能的商业机会和确保它们选择投资的机场会有着持续良好的业绩。在一个成本导向和市场竞争特点更鲜明的运营环境中，航空公司也有兴趣了解哪些机场的管理是无效率的，特别是关注机场大厅等设施的增加与机场使用费用增长之间的关系。对私营或自治管理机场进行经济管制的组织也有足够的理由监控机场的业绩情况，以确保机场对使用者收费是公平的，以及机场运营是有效率的。越来越多的管制者都通过委托方式进行机场经济绩效标准的研究。

不同行业组织表现出的对机场经济绩效监控的兴趣，大大提高了对机场经济绩效监控的认同程度。例如，在 1991 年，ICAO 列举了 10 项指标，一些已经被作为估计经济绩效的关键评测方法。在 20 世纪 90 年代后期，欧洲 ACI 经济委员会开始为它的成员制定机场经济绩效比较指标。对许多与机场业直接或间接相关的主体而言，分析机场的经济表现已经成为一项重要的任务。当然，机场的经济绩效评估只是需要评估的机场绩效的一个方面。还有更大范围的操作活动需要进行度量以便监控，这些活动包括延误、行李传递、终端处理时间和设备适用性等等。此外顾客满意水平也需要评估，典型的顾客满意度调查方法是进行旅客调查。

必须认识到机场绩效的各个方面之间存在的内在联系，任何关于服务水平或操作程序的决定都将在很大程度上影响机场的成本和操作水平。

二、经济绩效的概念

经济绩效测度是指分析机场的投入和产出之间的关系。这种关系可以用财务形式和实物形式来表达。与其他经营活动一样，劳动和资本是机场系统的两种重要的投入要素。测量劳动投入的最简单方法是看雇员劳动力的总数。兼职和临时的职工需要进行相当全职的换算。为了得到劳动成本和劳动生产率的影响，劳动投入还需要以财务形式测量，如工人工资和薪水。

确定一种测量资本投入的可靠方法是十分困难的。从实物形式看，资本投入可以通过生产能力或者生产系统的生产容量来衡量。一个机场的生产能力不是用一种方法就可以评估出来的。机场跑道、候机楼、登机门等的容量都必须进行考虑。还要选择容量估算的时间单位，如小时、日或年等。折旧或资产评估能够用来测算财务上的资本投入。然而特定机场的会计政策不同会影响财务数据，因而财务上的资本投入与实际的经济生产能力关联不是很紧密。

从财务上测算产出是相对直观的，只要把所有的收入加总起来就行了。我们也可以通过飞机起降次数、旅客人数和货物数量三种形式从实物上估算产出水平。虽然不是估算全部的产出，不包含商业服务，但是包括了机场关键的产出。利用飞机运行的数量来测量产出不是一个理想的方法，因为不能区分不同尺寸和机型的飞机。由于绝大多数机场都处理旅客和货物，我们就可以用机场的旅客和货物吞吐量如 WLU 来衡量产出。WLU 源于航空运输业，结合了两种不同运输的重量标准（例如 1WLU＝1 名旅客或 100 kg 货物）。由于机场的货运处理主要是航空公司的活动，对机场的经济绩效影响很小，因此争论的焦点主要是在旅客数量上。

虽然 WLU 作为一种合计方法已经被广泛接受，但是这种联系两种产出的方法是相当粗略的，因为同样重量的旅客和货物涉及使用的资源是不同的。理想的情况是 WLU 公式应该要反映出两种不同产出的相对价值，或许还要考虑飞行架次的因素。不同产出需要的相关的成本或雇员数量理论上常常被用来作为决定不同产出比例的一个考虑因素。但是我们很难区分不同产出的关联成本或关联作业。另一个可供选择的产出比例的参量是不同产出的相对价格，这需要假定价格和成本之间具有紧密联系。但是实际情况往往是由于市场不完善，管制和政府干预以及有时候对不同运输的交叉补贴破坏了产出价格与成本之间的紧密联系的假定。另外一个问题是不同类型旅客的相关成本和收入也是不同的，最显著的例子是国际旅客和国内旅客、直达旅客和中转旅客之间的不同。

曾经有人做过研究，目的是为机场的三种关键产出——飞行架次、旅客吞吐量和货物吞吐量——找到一种更合适的测量方法。运输研究实验室（TRL）2000年曾经建议采用机场吞吐量单位（ATU）来综合衡量机场的产出。ATU 等于每单位 ATM 的 WLU 和 WLU 的乘积，具体换算公式如下：

$$\text{ATUs}=\frac{(\text{WLUs})^2}{\text{ATMs}}=(\text{WLUs})\times\frac{(\text{WLUs})}{\text{ATMs}}$$

ATU 已经常常被 TRL 的研究采用，也曾经被 IATA 采用过。

综上所述，经济绩效测量方法或指标都是关于反映一种或多种产出与一种或多种投入之间的关系的。通过运用一系列的指标，机场能够评估不同方面的运营绩效情况，识别运营业务的优势和劣势。这些指标可以根据一定的标准进行归类，比如成本效益指标、劳动和资本生产力指标、收入形成和商业绩效指标以及收益指标。除了这些投入产出比率，还有一些其他的关键测量指标，如航空收入比重和职工费用成本百分比，都可以进一步观察机场相对的经济绩效。经常采用的指标大约 15～20 个。表 8.7 所示为这些最流行的指标。一些指标曾用来分析诸如法国、澳大利亚和英国等国家的具体机场，也曾普遍用于欧洲机场的经济绩效比较，甚至世界范围的机场经济绩效比较。2000 年，英国的两所大学对世界最大的 200 家机场做了一项关于机场如何测度自己经济绩效的调查。调查发现一些最流行的测量方法，如每名旅客成本或总成本，每客的航空收入和非航空收入等指标常常被采用，而每单位 WLU 的收入等指标却少有采用。

表 8.7　评估经济绩效通常采用的绩效指标

1. 成本效率 — 产出一个 WLU 所花费的成本（未含折旧） — 产出一个 WLU 所花费的成本（含折旧） — 产出一个 WLU 所花费的折旧成本 — 产出一个 WLU 所花费的劳动力成本 — 在机场营运成本中折旧所占的份额 — 在机场营运成本中劳动力所占的份额	4. 收益率 — 单位成本的收入 — 每一个 WLU 所产生的营运利润（除去折旧） — 每一个 WLU 所产生的营运利润（含折旧） — 单位资本所产生的营运利润（包括或不含折旧） — 每一个 WLU 所产生的净利润（除去利息和税收）
2. 劳动生产率 — 机场每位员工产生的 WLU — 机场每位员工所创造的收入	5. 商业绩效 — 单位旅客所产生的徵经营和租赁费 — 单位旅客所产生的特许经营费
3. 资本产出率 — 单位资产所产出的 WLU — 单位资产所产出的收入 — 单位员工所占用的资产	6. 收入的产生能力 — 单位 WLU 所创造的收入 — 单位 WLU 所创造的航空类收入 — 单位 WLU 所创造的非航空类收入 — 航空类收入在总收入中所占的比重

机场管理者十分渴望了解机场基础设施的利用效率以及机场运营的成本效率，而财务金融部门更关心的是与机场经济潜力相关的一些比率指标，如利润水平、流动比率和资本成本水平等。在国际金融市场，不包含折旧的利润被称为EBITDA,而包含折旧的利润称为EBIT。另外一个可采用的指标叫做边际EBITDA或EBIT,它是按收入的百分比表示的利润。全部资产的运营利润通常作为使用资本的报酬（ROCE）或资产的利润。把这些惯例指标设计成金融指标形式，我们就能够很容易与其他商业部门进行比较。其他一些标准的金融财务比率也用来评估机场公司的财务状况和资本结构。这些指标包括利息负担（EBIT/利息)、股息负担（税后利润/股息）等等。每WLU的资本费用、员工或收入也可以用来反映投资的获利信息。

英国机场集团、维也纳等少数几个机场公司对外公布一些额外的与公司价值相关的指标。这些系列指标反映了企业价值EV（反映公司核心业务的市场价值）与企业规模、收入和吞吐量之间的关系。例如：EV/总收入；EV/EBITDA；EV/EBIT；EV/WLU 等。有关这些价值比率可以参考讨论私有化趋势的第二章的相关内容。价格收入比率（PER）也可以用来表示每股价格和每股收入之间的关系。

这些基本经济绩效指标信息通常可以在对外营业公告、报表等公开领域获取。更加详细和深入的绩效测量只能通过机场内部进行，除非机场自愿提供额外的信息。由于这个原因，欧洲的伦敦、巴黎和阿姆斯特丹机场之间有一个在规则平台上交换数据的协议。更加详细的数据获取可以对机场运营的各个领域进行更具体专业的比较分析。比如在机场商业区常常采用的关于零售业务的指标有每m^2销售额、特定位置和销售方式的销售额等。

三、机场之间的经济绩效比较

进行有意义的机场间经济绩效指标的比较是非常困难的，主要原因是机场运营商各自的业务活动范围不同，严重缺乏可比性。从一些原始的数据进行指标比较可能会误导我们对一些机场的经济绩效的判断，由于机场涉及的业务活动越来越多，其成本和收益水平不可避免地偏高。

这个问题能够通过机场数据的标准化或常态化进行克服。每个机场都采用一种统一的账户体系，分别核算机场不同业务的成本收益和利润情况。例如，如果一个机场承担了地面服务，那么我们可以扣除与地面服务业务相关的假设成本、收入和职员数量，以便使数据与其他一些没有地面服务的机场更具有可比性。假定特许经营的货运代理的收入可以计入机场的收益。相似的调整可以适用于停车服务和其他商业活动。在数据调整过程中的假设很明显存在主观因素。比如，在对1999—2000年的全球29个样本机场调整后的标准数据进行敏感性分析时，发现除了地面服务外，总成本对不同业务活动的利润率不是十分敏感。理论上，每个机场的账户也应该调整为一致，对折旧、资产估价等等要有统一处理政策，但通常这是不可能做到的。使机场间具有完全的可比性是不可能的，但是通过调整一些过大的差异，至少可以使评估变得更有意义。这种经济绩效指标的测度方法常常被作为管理工具以提高绩效水平，而不是作为经济绩效的绝对价值的精密准确的估算。

在机场经济绩效的比较中另一个需要面对的问题是国家之间的实际成本的差异。官方汇率也许不能较好地反映不同国家的机场之间的相对价格水平。我们可以采用购买力平价汇率来调整数据，而不是采用市场汇率。购买力平价汇率是根据不同国家同一商品篮的费用计算而来。因此，它能对不同国家货币在购买力基础上进行有效转换，还能克服调查期间物价波动带来的影响。

附　欧洲机场的经济绩效比较

为了举例说明在进行机场间经济绩效比较的过程中如何测度单个机场的经济绩效，我们对欧洲机场样本选取三个指标进行计算。这16个机场样本呈现出多样性，包括从欧洲最大的机场希思罗，到较小的机场如马赛和伯明翰机场。机场这些机场位于7个不同的国家，其中5个是欧盟国家。机场样本包括私有化机场如格拉斯哥机场，机场部分私有化机场如哥本哈根机场，机场公有的独立法人机场如阿姆斯特丹机场和特许经营的机场如尼斯机场。机场样本还包含了独一无二的跨国机场巴塞尔-牟罗兹，这个机场分别在法国和瑞士各有一个检入口和到达大厅。数据都按购买力平价进行转化和规格化。

如图8.2所示，即使是经过标准化处理，许多机场的评估指标值还是差异显著，一些机场成本较低几乎只有高成本机场的一半。各个机场的收益情况差异也很明显，排名也相似（图8.3所示）。还有一些每位员工的WLU指标值显示，像希思罗和阿姆斯特丹这些大型机场，劳动生产率较高，而在其他一些机场如法兰克福和曼彻斯特，员工生产效率相对较低（如图8.4所示）。

类似的方法还被TRL用于年度全球机场经济绩效的比较研究。这项研究观察了35项不同的指标，其中一项比较重要的指标是每位员工的总收入情况。这个指标综合显示了机场员工的生产能力和收入创造能力。估值较高的大多数机场的收益报酬能力超过平均水平。如日本大阪关西机场和东京成田机场的这一指标值都非常高，这主要是因为很高的航空收入和高于平均水平的非航空收入。实际上，近几年这2个机场开始受到业内批评，被认为机场收费水平过高。

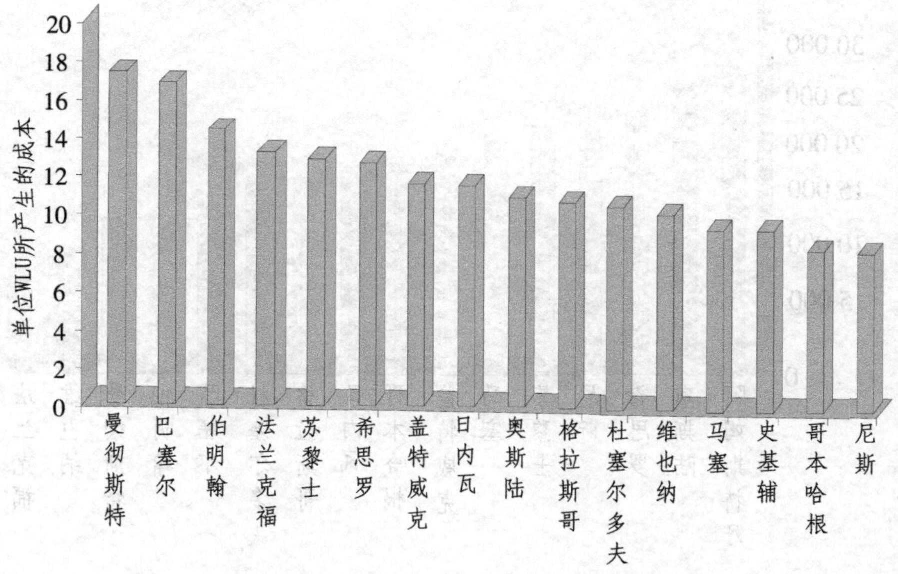

图 8.2　欧洲样本机场 2001 年每 WLU 的成本

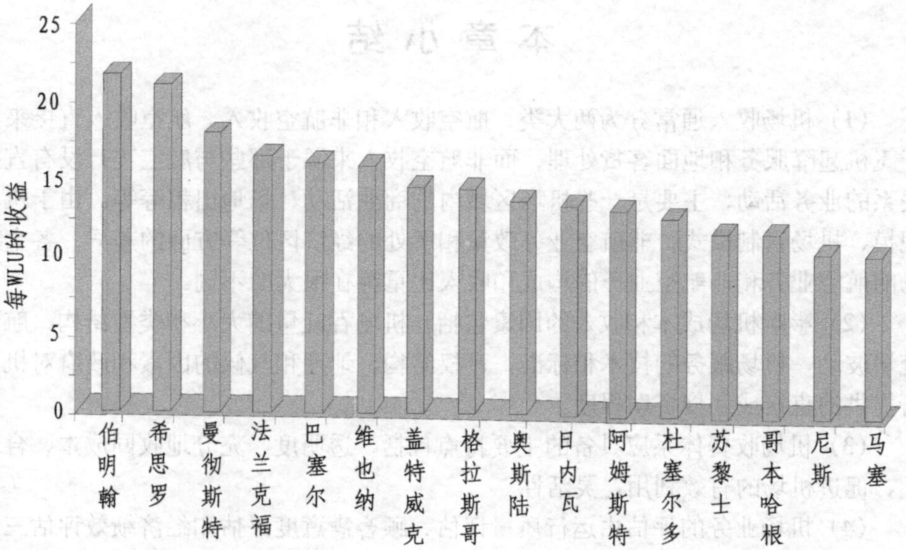

图 8.3　欧洲样本机场 2001 年每 WLU 的收益

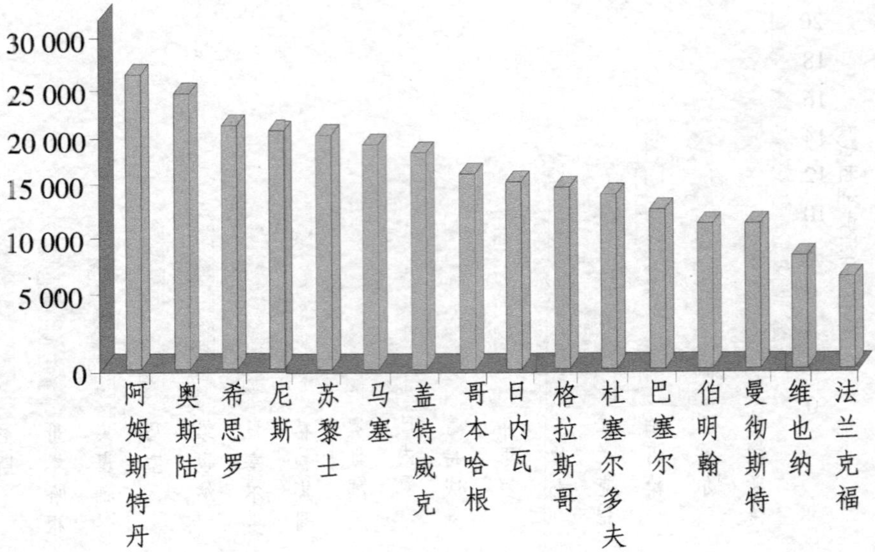

图 8.4 欧洲样本机场 2001 年每位雇员的 WLU 指标

本 章 小 结

(1) 机场收入通常分为两大类：航空收入和非航空收入。航空收入直接来源于飞机起降服务和地面客货处理，而非航空收入来源于那些与航空飞行没有直接关系的业务活动，主要是一些机场区域内的商业活动、场地出租等等。由于机场规模、机场管制模式、非航空业务政策和所处的经济区位等方面的差异，各个机场的航空业务和非航空业务的构成和收入比重存在很大的不同。

(2) 影响机场成本和收入的因素包括：机场吞吐量的大小和类型结构、航班流量波动、机场服务的技术和标准、产权结构、地理和气候的因素和政府对机场所提供的直接或间接资助程度。

(3) 机场收费体系应具备的主要特点包括：透明度、充分地收回成本、合理性、促进机场的有效利用、灵活性。

(4) 机场业务的评估由运行质量评估、顾客满意度评估和经济绩效评估三部分组成，这三部分之间有密切联系。评估指标包括运营指标、营销指标、环境指标和财务指标。前三个指标测度机场的服务质量，最后一个指标测度机场的经济绩效。

思 考 题

(1) 机场运营的航空性和非航空性收费各自包括哪些内容?

(2) 全球各大洲 ACI 机场在航空收入所占比重不同之处?

(3) 全球各大洲 ACI 机场在成本结构上有何不同?

(4) 影响机场的成本和收入的因素有哪些?

(5) 不同的产权结构会对机场成本产生什么影响?

(6) 机场收费体系应具备的主要特点有哪些?

(7) 制定机场收费体系的主要步骤是什么?

(8) 机场业务的评估有哪三个部分组成?

(9) 什么是经济绩效测度?

(10) 不同机场是否能进行经济绩效的比较? 为什么?

第九章　机场服务质量的管理

机场产品的服务特性及机场运营系统的复杂性增加了机场服务质量管理的难度。对机场的服务质量进行科学的测度和评估是质量管理的前提，在此基础上，才能对机场服务进行合理的改进，以满足不同顾客多样化的需要，提高机场服务质量。

第一节　机场业服务质量观的演变

传统的质量观是从制造业发展起来的，主要是通过生产运营管理制定一系列的产品标准。随着市场经济的发展，产品的标准越来越和消费者的要求保持一致，企业更加关注消费者需要什么以及如何满足这种需要。全面质量管理的观念要求质量管理的全过程应该涉及企业的全体员工，包括从最高的管理人员到一线员工，而不是仅仅关注直接与顾客打交道的员工的表现。

自 20 世纪 80 年代以来，服务性行业对其服务质量的重视程度不断增加。目前，越来越多的服务性企业已经采用全面质量管理方法来持续提高和改善产品和服务质量。

机场业相对于其他服务性行业来讲，进行质量管理变革的历程相对较晚。机场业的质量管理变革伴随着一系列的组织结构性变革，包括机场的商业化、私有化、全球化以及投入更多的资源在服务质量上，其目的就是为了在机场行业中提高自身的竞争力。如伦敦机场在进行私有化改革的基础上，加强了服务质量管理上的精细化。

对于大多数服务性行业而言，由于产品需求的不均衡分布特征而产生的最大问题，就在于如何测度其服务质量。例如节假日期间机场的航空客流量显然比平时更大；在一天之中，早晨和晚上两个时间段的短途旅行的商务旅客运量会比其他时段更多。很显然，机场旅客流量的变化会在很大程度上影响到机场的服务质量。同时，旅客对机场服务质量的感受也会有很大的差异。机场的服务还有一个问题，就是顾客在机场上所感受到的全面服务必然涉及诸如航空公司、海关、移民局和其他机构的参与。这些不同服务主体有不同的最终目标，可能会在确定顾客满意度或高品质服务的量度上产生冲突。实际上，机场的运营活动只是顾客所享受的全部服务的一部分。因此，对于机场所应涉及的责任应该有一个清楚的界定，从而确定其相应的服务质量目标。

机场面对着各种各样的旅客，这些旅客由于自身的特点有着不同的需求。机场不可能很好地满足每一个旅客的需求。传统上机场几乎没有对顾客进行细分。乘坐经济舱的旅客与商务舱或头等舱旅客最显著的区别是办理登机手续。现在，机场对其顾客的细分越来越重视。例如针对商务旅客，机场更新了许多相应的服务程序（入境、海关等）以便商务旅客能够迅速、便捷的登机。同时，机场借助航空公司的头等舱休息大厅来区分商务旅客和闲暇旅客。1999 年，伦敦的斯坦斯特德机场开设了特别休息大厅，旅客只要付出 20 英镑就能进入，还能享受专门的安检通道、机场停车场的停车费用折扣和以较低的费用兑换外币等服务。2000 年，伦敦希思罗机场又为旅客开设了一个收费为 25 英镑的休息大厅，其中的旅客能免费使用互联网和办公设施。休息大厅内还设有商品采购以及餐饮区域。此外，2001 年荷兰航空公司在希思罗机场设立了“度假休息室”。“度假休息室”主要是针对带有儿童的家庭旅行而开设的。在休息室，有一个专门为儿童开辟的区域，这个区域为儿童提供糕点、卡通漫画、玩具、电子游戏等。随后，其他的一些机场也开设了类似的休息大厅。

随着机场客流量的增加，以及“9.11”事件以后日益强调的安全要求，机场对服务质量越来越关注。一些机场已经开始注意怎样保持旅客在机场等待期间的轻松心情。例如在阿姆斯特丹机场，有一个专门负责娱乐的管理人员，在旅客等候安检的时候，有机场雇佣的人员进行娱乐表演。

第二节 机场服务质量的测度

机场服务质量的评判，可以从运营者的角度进行，也可以从消费者的角度进行，这两者之间有密切联系，但并不总是一致。由于机场服务的商业化和市场化发展，消费者对服务质量的评价越来越受到重视。

一、机场服务质量测度的一般方法

一般来讲，测度服务质量的方法可以分为客观测度和主观测度。客观测度服务质量的相关指标包括航班准点率、电梯、自动扶梯和电车的可利用率以及与机场运营相关的调查指标，如排队的长度、供应品的空档时间、顾客等候时间以及旅客到达目的地取回托运行李的时间等。由于不同时期的旅客流量和旅客类型不同，为了保证服务质量测度的准确性，调查需要有规律地贯穿在不同的时期。也有一些机场的服务质量测度，采用“神秘顾客”检测方式。

客观测度方法的优点在于测度的准确性和测度结果较为容易理解。测度的指标往往和机场制定的旅客服务标准紧密相关。表 9.1 所示是英国曼彻斯特机场所采用的一些服务标准，可以帮助我们更好地理解客观测度的关键点。当通过调查发现旅客对他们经历的等候时间不满意时，机场就会根据旅客满意的水准来修正其服务标准。机场也会采用摄像头来观察和评价实际场景的旅客排队长度是否会给旅客带来负面影响。值得注意的是，由于旅客在机场期望享受服务的差异性，机场在制定相关的服务标准时不得不采用折衷的方案。

表 9.1　曼彻斯特机场的服务标准

间隔空间	
队列的间距	每位旅客占据 0.6 m^2 的范围，无行李或送行的人； 每位旅客占据 0.6 m^2 的范围，有行李或等待取行李
休息室	平均每位坐着的旅客占据 1.2 m^2 的空间； 平均每位站着的旅客占据 0.9 m^2 的空间； 非主要通道应保持 20%的空闲空间
值机柜台	
定期航班服务	有足够大的柜台提供给操作机构处理多等级的服务。同时 95%的旅客排队时间不超过 3 min；在高峰期 80%的旅客排队时间不超过 5 min
包机服务	有足够多的值机柜台以保证在高峰时段每 130 名旅客至少有一个值机柜台
座位数	
机场大厅	机场大厅所提供的座位数不低于包括餐饮区域在内的现有旅客数的 25%
候机室	候机室所提供的座位数不低于包括餐饮区域在内的现有旅客数的 75%
登机口休息室	登机口休息室所提供的座位数不低于现有旅客数的 70%。短途国际或国内航班的登机口休息室座位数不低于现有旅客数的 65%
安全检查	
安全检查	95%的旅客在安检处排队应不超过 3 min，在高峰期 80%的旅客排队不超过 5 min
入境	
到达	在正常的运作下，按照国籍的不同旅客最大允许的排队时间规定： 英国护照 ——15 min 欧共体国家的护照 ——20 min 其他国家的护照 ——30 min

续表 9.1

入境	
启程	旅客从安检到通过安检并收拾好自己行李的时间不超过 3 min
航班中转时间	中转时间不得高于： 国际—国际：45 min 国际—国内：45 min 国内—国际：45 min 国内—国内：30 min
停车场	
机场大巴	旅客在机场等候大巴的时间不超过 5 min
付费的停车位	旅客在等候付费的停车位时间不超过 3 min
设施设备	
行李的处理	启程的行李处理：行李的接受程序能迅速地接收旅客行李。 回程的行李处理： 国际航班——在飞机到达时间的 20 min 内，第一批行李的 90%应该完成托运。最后一批行李的 90%应该在飞机到达时间的 35 min 内完成托运。 国内航班——在飞机到达时间的 12 min 内，第一批行李的 90%应该完成托运。最后一批行李的 90%应该在飞机到达时间的 15 min 内完成托运
运送行李的电瓶车	运送行李的电瓶车系统可用性需达到 98%
交通车辆及设备	对于电梯、自动扶梯、廊桥，包括维修计划中的这些设备应达到 98%的可用性。 交通车辆，包括维修计划中的车辆应达到 92%的可用性

客观测度方法的缺陷在于它所能涉及和覆盖的测度范围有一定局限性。例如，当工作人员测度设备的可靠性时，并不能知道旅客使用设备的满意情况。同样的，不同顾客对排队等候时间也有不同的理解。因而主观的测度，就是着眼于顾客的满意度的测度，也是非常必要的。这种测度能够从顾客的角度，而不是从机场的管理角度来保证服务质量。

主观的服务质量测度方法有两种：服务质量卡和顾客调查。采用服务质量卡的方式的最大优点是成本低。但通过服务质量卡进行服务质量测度的最大缺陷是不能全面地了解顾客的信息。一般而言，只有当机场所提供的服务让顾客感到非常满意或者非常不满意时，部分旅客才会在服务质量卡上填写自己对所享受服务的感受或看法。显然，绝大部分旅客不会反馈关于机场服务质量的信息。也就是说，机场运营商如果单一地依赖这种方式来改善服务质量没有太大意义。

相比之下，通过顾客调查的方式可以更详尽地了解顾客对服务质量的细节性信息。典型的顾客调查所涉及到的问题包括：机场设备设施的使用、机场的清洁、服务的性价比和旅客所感受服务的舒适度等。同时，在顾客调查中还会涉及被调查旅客的个人基本信息，如旅行的经验、性别和职业等。这样能够帮助机场更加细致地了解不同类型旅客对机场服务的看法和意见。一个成功的顾客调查要注意考虑到顾客样本的数量、调查问卷的合理设计和最为合适的调查地点等问题。例如，返程的旅客非常疲惫，急于取回行李并回家，一般不太愿意接受调查。相反，启程的旅客在通过安检等待登机时，更愿意配合调查工作。这种调查方法最大的缺陷就是成本高昂。另外，调查结果需要进行分析和处理，不像服务质量卡有直接的结论。

1998 年国际机场协会对它的成员机场进行了服务质量测度的相关调查。此次调查涉及 120 个机场。调查范围既包括开罗机场、哥本哈根机场、巴黎机场、法兰克福机场、罗马机场和阿姆斯特丹机场等大型机场，也包括一些支线机场。调查结果显示，有 43%的机场使用了客观的服务质量测度方法，有 62%的机场使用了主观的服务质量测度方法，同时使用主观和客观的服务质量测度方法的机场比例达 32%。客观的服务质量测度一般涉及电车、电梯、自动扶梯、搬运设备和出租车服务等。而登机手续办理、安检和入境时旅客的等候时间、队列长度、行李的托运和机场的清洁度是大多数机场评价的项目。主观的服务质量测度涉及整个服务程序的各个方面（如表 9.2 所示）。

一些机场会公布自己进行服务质量测度的结果。表 9.3 所示为英国机场集团公司在 2001—2002 年度报告中公布的伦敦机场相关的服务质量调查结果。调查涉及 6 000 个以上的旅客，并采用等级量表法进行评分。分值 1 表示服务质量非常低，分值 5 表示优秀的服务水平。

应该讲，服务质量只是评价机场绩效的一个方面，机场运营的财务指标也是非常重要的。机场的绩效指标可以分为财务指标、运营指标（客观的服务质量测度）和市场营销指标（主观的服务质量测度）。此外，机场的运营对于环境的影响方面的测度也越来越被关注。这四个方面不是孤立的，而是相互影响、相互作用的。

过去人们更多地关注机场内部服务质量的表现，现在则越来越重视国内、国际间机场的比较。但这种比较由于没有一个标准的质量调查表而无法真正地进行。一些小型机场或者支线机场一般会有更好的服务质量调查结果。其原因有两个：① 小型机场会有更加人性化的服务；② 小型机场的旅客大部分是本地人，他们由于固有的本地情结一般倾向于给更高的分数。

从 1993 年开始，国际航空运输协会（IATA）就开始在世界范围内进行机场服务质量的旅客调查。刚开始时此项调查涉及 30 多个机场、4 万多名旅客，到现在调查样本已扩展至 52 个机场、8 万多名旅客。大部分问题涉及机场的服务，包括旅客购物、卫生间的设施等。而与航空公司服务相关的问题则包括：登机手续办理的效率、航班的准点率等。

2002年迪拜机场按照相关的旅客调查达到了最高级别的服务标准。而在2001年按照IATA对全球各大机场服务质量的调查结果，不同旅客流量机场的旅客满意度排名如表9.4所示。更为细节性的IATA调查信息显示机场是如何在不同的细分市场上进行服务的。例如欧洲的机场，2001年芬兰首都赫尔辛基机场被商务旅客评为服务最好的机场；同时，哥本哈根机场则被闲暇旅客评为服务最好的机场。斯德哥尔摩机场、哥本哈根机场、苏黎世机场和阿姆斯特丹机场在地面运输上被评为最佳等级的机场。而赫尔辛基机场、曼彻斯特机场、英格兰伯明翰机场和哥本哈根机场在机场工作人员服务态度上的得分最高。2001年IATA根据机场客流量、航线的开辟、航班信息以及工作人员的工作态度等因素，将机场分为三类。

表9.2　国际机场协会进行服务质量测度的通用标准

机场服务质量测度的项目程序	客观的标准	主观的标准
总体评价	对顾客抱怨的分析和反应 电梯、电车、自动扶梯及移动走道的可用性分析 机场的清洁	顾客对机场的吸引力、便利性和服务质量的满意度 机场广播和信息发布的质量 电车的可用性 机场的清洁（特别是厕所） 通信设备 机场的安全 机场的整体满意度
航班信息 航班延误信息 柜台和电话服务 安检 登机手续的办理 入境 餐饮服务	等候时间、队列长度	整体满意度
商业服务（商店、银行、邮局等）		整体满意度、商品的质量及价格、商品的种类
行李托运	托运时间	整体满意度、服务价格、服务人员的态度
地面交通	乘坐出租车的方便性/等待时间	整体满意度、地面通行/公共交通

表 9.3 2001—2002 年度伦敦机场服务质量调查项目得分情况

	希思罗机场		盖特威克机场		斯坦斯特机场	
	2001—2002	变动值	2001—2002	变动值	2001—2002	变动值
清洁	3.8	+0.1	3.9	+0.1	4.0	−0.1
设备的使用	3.8	−0.1	3.9	—	3.8	−0.1
服务程序	4.0	+0.1	4.0	—	3.9	−0.1
舒适度	3.8	+0.1	3.9	+0.1	4.0	—
拥挤情况	3.5	—	3.6	—	3.6	−0.2
机场员工的服务	3.9	—	4.1	—	4.1	—

表 9.4 2001 年 IATA 按照不同旅客流量划分的旅客满意度机场排名

机场流量>2500 万旅客/年	机场流量：1500 万～2500 万/年	机场流量<1500 万旅客/年
1. 新加坡	1. 悉尼	1. 赫尔辛基
2. 香港	2. 哥本哈根	2. 维也纳
3. 明尼阿波利斯	3. 曼彻斯特	3. 伯明翰
4. 阿姆斯特丹	4. 温哥华	4. 奥斯陆
5. 亚特兰大/西雅图	5. 苏黎世	5. 日内瓦

目前，大多数关于机场服务的比较更多地是从顾客而不是航空公司的角度来看的。2000 年阿德勒（Adler ）和贝瑞契曼（Berechman ）对西欧、北美和远东地区的 26 个机场进行了调查。调查内容更多地考虑了航空公司的相关因素，诸如航班延误、机场跑道、本地劳动力成本和空管的可靠性等。这些从航空公司获取的信息能够更为直接地了解机场的第一顾客 ——航空公司对机场所提供的服务的感受。

显然，机场运营商应该考虑所有的顾客，包括旅客、航空公司、机场的代理机构、货运公司和机场内的特许经营者等。例如，英国机场集团公司通过正式的调查、非正式的会议和关键事件等方法来得到各个方面对公司下属机场的评价。总的来讲，这些调查可分为两类：① 租赁者调查，指机场与各经营者进行面谈，以了解他们的需求与现实的差距、机场运营程序中各环节的效率、机场所提供服务的性价比；② 使用者调查，指与机场设备设施的使用者进行沟通，了解的领域包括公共区域的清洁和服务质量、建筑物的风格和机场对意外事件的反应速度等。

二、机场的航班延误程度

对于航空公司和旅客而言，测度机场服务质量的一个非常关键的指标就是航班的延误程度。延误的定义是：飞机运行实际需要的时间与飞机运行在非拥挤以及不受其他飞机运行影响的条件下所需要的时间之差。如果有飞机排队等待起飞、着陆或者占用滑行道以及航站楼的门位、机位，那么航班就无法按预定时刻开始起飞或着陆。这些延误等同于机场用户的运行成本增加和旅客时间的浪费。

造成航班延误的因素有许多，例如空中交通管制、气象因素和飞机的技术因素等。因此，并不是每一个航班都能准点起飞和降落。当机场的实际吞吐量接近理论最大吞吐能力时，其中一个架次的航班延误就可能会产生连锁反应，造成多个架次的飞机延误。因此，一个机场有多余的跑道容量对于解决航班延误问题是非常有利的。

如果机场没有足够可用的机架，那么抵达机场的飞机由于不能卸货，就不得不较长时间地占据着机场的滑行道。此外，航空公司在编制航班时刻表时，必须考虑机场跑道的容量以及可能的排队等候时间，这样才能使航空公司在机场的航班高峰期保持一个相对稳定的航班准点率。当然，长期来讲，由于机组人员的可利用时间的减少会增加航空公司的运营成本。如表 9.5 所示，法兰克福到伦敦的航线从 1982 年的 1 h25 min 增加为 2000 年的 1 h50 in。如果考虑到飞行器的更新，实际飞行时间仅仅 1 h 左右，另外 50 min 则为在机场耽搁的时间。将其与航线距离差不多的哥本哈根—阿姆斯特丹航线相比较，由于哥本哈根、阿姆斯特丹机场相对不是很繁忙，因此这条航线的总时间为 1 h25 min。表 9.6 是 2002 年部分欧洲机场在欧洲航班上延误情况的统计。

表 9.5　繁忙机场日益增加的旅行时间

启程地	目的地	距离/km	年份	机型	（旅客）花费时间
法兰克福	伦敦	396	1982	Bae1-11	1 h25 min
`法兰克福	伦敦	396	2000	B737	1 h50 min
哥本哈根	阿姆斯特丹	393	2000	B737	1 h25 min

表 9.6　2002 年部分欧洲机场在欧洲航班上延误情况的统计

机场	起飞时间延误 15 min 以上/%	抵达时间延误 15 min 以上/%
马德里机场	30.2	26.3
罗马机场	28	23.9
伦敦希思罗机场	27.3	26
巴黎奥利机场	25.2	25.8

第三节　机场服务质量的管理

在建立起科学合理的服务质量评价体系的基础上，机场目前常用的服务质量管理方法有以下几种。

一、机场的服务水平协议（SLAs）

很显然，机场的关键顾客之一是航空公司。实际上，许多航空公司也认为它们自己是机场唯一的、直接的顾客，而旅客、货主是它们的顾客。然而，机场的收费项目中并没有清晰地列出针对航空公司使用的机场设备及其所享受服务的质量标准。这一问题可通过签署服务水平协议加以解决。一般来讲，协议的双方是服务的提供者和消费者。协议要求服务质量必须量化以及在考虑协议双方利益的基础上制定出可接受的最低服务质量水平。近年来，在服务性行业服务水平协议使用的频率越来越高。在航空运输业，使用服务水平协议是为了更加清晰地明确机场运营商和航空公司之间的关系。服务水平协议可分为单边协议（由机场完成预计的服务质量水平）和双边协议（由机场和航空公司商议共同完成相关的服务质量水平）。这些协议具有法律上的合同效应，同时也具有激励作用，例如协议条款规定对于不良的服务表现要给予相应的处罚。在长期服务水平协议的基础上，机场和航空公司可形成战略伙伴关系。

20 世纪 90 年代，英国机场集团公司开始在英国采用并发展服务水平协议，1999 年伦敦希思罗机场、盖特威克机场及斯坦斯特机场与英国航空公司签订了服务水平协议。这些协议是基于最低服务质量水平的单边协议。协议不含其他捆绑协议以及因为低劣服务而产生的相应的处罚条例。协议涉及的项目如表 9.7 所示。尽管这些协议只是英国机场集团公司与英国航空公司之间谈判的开始，但它为机场与航空公司发展双边协议打下了坚实的基础。

表 9.7　英国伦敦机场的服务水平协议的相关项目及目标（部分）

	希思罗机场	盖特威克机场	斯坦斯特机场
机架的可利用性/%	99	98	98
停机位的可利用性/%	98	98	98
安检的旅客队列长度在 10 分钟内可完成的百分比/%	95	95	95
传送旅客的设备可用性/%	98 ~ 99	97 ~ 99	97 ~ 99

在 20 世纪 90 年代后期，曼彻斯特机场开始实施服务水平协议。虽然由于众

多的原因使曼彻斯特机场的服务水平协议不是很成功,但在2002年曼彻斯特机场发展出了一种新型的激励性服务协议——通用服务标准（GSS）。GSS的目标有两个，一是跟踪服务活动；二是如果机场服务没有达到航空公司的满意度，可为建立适当的收费折扣体系提供一个框架性结构。GSS的基本要素如表9.8所示。

表9.8　2002年曼彻斯特机场通用服务标准（部分）

	服务水平的目标	折扣
值机柜台	评定的行李传送带可用性为100%	100%的折扣
回程的行李	评定的行李传送带可用性为100%	行李分类的费用：100%的折扣
启程的安检队列	任何时候安检的队列长度不超过4 min的等候时间	给予每位旅客10%的安检费用折扣
廊桥的可用性	评定的廊桥可用性为100%	飞机重新移位一次补偿25英镑
机架的可用性	机架，包括信号和照明对抵达的飞机可用率达100%	如果飞机等候合适机架的时间超过15 min，则免收机场跑道费的7.5%

对于机场而言，有一个问题对航空公司和旅客是一样的，即不同的航空公司有着不同服务质量的需求。一些航空公司愿意付出更多的成本来接受全方位的服务；相反，另一些航空公司则喜欢低的机场收费标准和低的服务水平。

二、全面质量管理及ISO质量认证体系

越来越多的机场认识到，服务质量的测度只是全面质量管理系统中的一个环节。全面质量管理系统是一个持续地识别顾客需求、评价顾客满意度以及在必要时采取修正或改进行动的管理过程。所有的员工及其工作决定着整个系统是否能够长期的成功。现在许多服务性的企业把有效的全面质量管理看做是增强企业竞争能力和顾客信心的重要因素。实施全面质量管理系统的潜在好处包括：调动员工的积极性、加强沟通和团队建设以及提高生产率等。

不同的机场采用了不同的质量管理方法。例如法国的尼斯机场在1998年所采用的质量管理政策的基础是欧洲基金会的质量管理方案。这个方案主要有以下几点：

1. *客观的质量指标*

每月有28个客观质量指标被监控，专门的委员会对机场所提供的服务进行分析。

2. *顾客满意度的测度*

针对旅客、航空公司、代理机构等机场的各类顾客至少每年进行一次顾客满意度调查。

3. 质量证明书

采用质量证明书的目的是对机场各个方面运作的质量做出正式的保证。

4. 机场质量委员会

机场质量委员会是由航空公司、商会、政府机构（如 CAA）、警察、旅客和商店等共同组成的。其目的是为了提高服务质量。工作小组每 2 年向委员会汇报调查的结果和推荐的改进措施。

和机场质量委员会相类似的是 2002 年都柏林机场成立的旅客服务委员会。这个委员会主要关注为旅客服务的标准。它有独立的主席和会员。会员来自商务旅客、旅行社和机场运营商等。

在许多时候，机场希望通过国际标准化组织（ISO）的 ISO9000 系列标准来证明自己的服务质量。其中，ISO9001 是一个较为广泛的标准体系。该系列标准提供了 ISO9001：1994，ISO9002：1994 和 ISO9003：1994 的选择指南。它涉及管理责任、质量体系、购销合同、产品设计、资料和文件的管理、采购、过程控制、生产控制、储存以及产品包装和分销。它重点强调了：

（1）满足顾客的要求；

（2）确定职责；

（3）评估潜在的风险和收益；

（4）为顾客澄清所选用标准的适用范围；

（5）通过实施所选用标准，帮助公司实现其质量方针。除非与顾客另有协议，公司有责任为分承包方选择适用的质量保证模式。

ISO9001：1994 质量体系是设计、开发、生产、安装和服务的质量保证模式。该标准规定了质量保证模式，它适用于要求产品设计、开发的场合，要求供方通过该模式证实其在产品开发、设计和相关的生产、安装和服务中的能力，向顾客提供其能够实现产品要求的证明。

ISO9002：1994 质量体系是生产、安装和服务的质量保证模式。该标准适用于第三方认证与合同情况，这时，已完成的设计方案或规范对产品、服务和售后服务提出了规定的要求。供方必须证实（提供证据）其在生产、安装和服务过程中满足规定的要求。

ISO9003：1994 质量体系是最终检验和试验的质量保证模式。该标准适用于第三方认证与合同情况，供方应证实（提供证据）最终检验和试验满足规定要求。

ISO 的标准并没有告诉机场应该怎样建立质量管理体系，但是让机场清楚地知道在设计质量管理体系时应该考虑哪些因素和关键点。

实际上，很多机场都取得了 ISO 的系列认证。例如，1997 年米兰机场通过了 ISO9001 关于行李处理的认证，随后又通过了安检和货运方面的认证。2001 年马赛机场的信息中心、运作协调中心和技术协调中心通过了 ISO9001 的认证。国际机场协会在进行服务质量调查时了解到137个机场中,只有17家机场取得了ISO的系列认证。并且了解到机场对ISO9002的认证相对而言更感兴趣，在未来几年将有24家机场会进行ISO9002的认证。

尽管机场进行ISO系列认证的成本比较高，例如慕尼黑机场1998年准备进行旅客服务部的相关认证，机场准备了104页的质量手册，手册详尽地描述了整个工作流程中214名员工的具体责任，并对部门的日常事务如信息服务、转接电话和VIP旅客的特殊服务等工作进行了制度化和程序化的描述。但通过ISO的认证，机场能够清晰地界定岗位责任和在企业内塑造一种质量文化，最终提高和改善组织的质量管理系统。

三、机场质量管理工作的主要环节

机场要做好质量管理工作，必须注意下面几个方面:

(一)最高管理者职责

机场的质量管理在很大程度上依赖于它的最高管理者，最高管理者必须要对质量体系的开发和运行负责，使机场的质量方针能够成功实施。最高管理者职责主要包括:制定使顾客满意的质量方针、明确质量目标、规定质量职责和职权以及负责管理评审等。

(二)顾客需求和顾客满意(CS)

CS(customer satisfaction)战略即使顾客满意的战略，指企业为了使顾客能完全满意自己的产品和服务，综合、客观地测定顾客的满意度，并根据调查分析结果，对企业进行产品、服务和企业文化一体化改善的一种经营战略。它要建立的是顾客至上服务，使顾客百分之百满意从而使效益倍增的系统。

CS理念的引入带来了民航机场服务的革命。以CS为中心的机场经营理念是，顾客需要什么，机场就提供什么。马斯洛的需求层次理论告诉我们，人的需求是分层次的，从低级向高级发展。当低一级需求得到满足以后它不再成为动力的源泉，而高一级的需求则激发他去产生新的动力。如果将这一理论应用到顾客对民航机场的需求上，就会发现旅客对民航机场的需求也可分为安全、正点、方便、快捷和舒适等几个层次。安全作为最基本的需求一旦被满足后其他的需求便会逐次产生和被强化。

根据美国质量管理学家戴明的观点，民航机场、顾客和供应商作为一个系统，把机场的每一项活动作为一个有输入和输出的过程，这个系统就由一系列相关的过程组成。然而另一类顾客也不容忽视，即由机场内部员工或内部过程所组成的一类顾客，称之为内部顾客。

图 9.1 所示清晰地表明了机场的每一个过程相对于前一过程来讲就是顾客，而相对于后一过程就是供应商。而图 9.2 所示则表示，每一过程既是顾客，又是供应商。通过内外顾客的划分，更加强了各过程之间的交流，同时每一个员工或过程都很清楚自己的顾客是谁，需求是什么，从而使内部顾客满意。当然，机场的最终目标是使外部顾客满意。

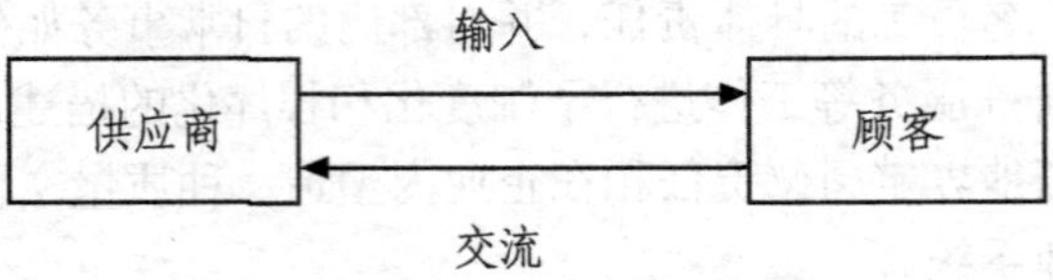

图 9.1　供应商、顾客的关系

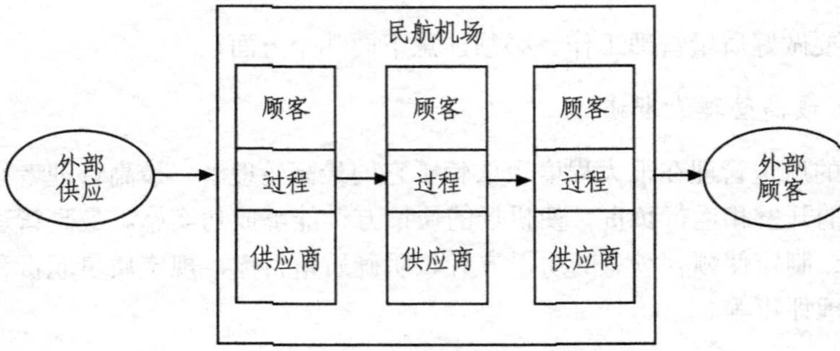

图 9.2　顾客/供应商链

（三）企业文化和质量文化

所谓民航机场企业文化，是指民航机场在生产、建设和经营实践中逐步形成的，具有民航机场特色的共同的价值观、经营思想、行为准则、道德规范及传统习惯的总和，是以人为中心、以文化为导向、以民航机场目标为追求和以激发员工的积极性为目的的一种管理方法。民航机场企业文化最大的作用是强调民航机场目标和机场员工自身目标的一致性，强调群体成员的信念、价值观念的共同性，强调机场成员的向心力，因此它对企业成员有着巨大的内聚作用。

民航机场质量文化是民航机场企业文化的重要内涵，蕴涵在质量管理的全过程及其结果之中，它崇尚以质量为衡量一切的尺度，以质量情感为出发点，以质量为意志的推动力，以质量为理性思考的准绳，由此使质量管理呈现出独特的文化理念。

（四）资源管理

民航机场要确保建立起来的质量体系有效运行，就必须有包括人在内的资源的保证，并通过资源保证将质量改进与当时的科技进步和发展紧密联系起来。在有效、完善的质量体系中，资源由人力资源、信息、基础设施和工作环境组成。

1. 人力资源

目前，我国机场在机场设施、设备等硬件方面并不比国外差，但在服务质量、管理效率与经营业绩等方面与国外发达国家相比存在较大差距，其中一个重要的原因是人力资源管理落后。人力资源是指包含在人体内的一种生产能力，是表现在员工身上的，以员工数量和质量表示的资源。民航机场人力资源管理的基本模式（如图 9.3 所示）阐明了企业内部如何将人力资源质量的开发、维持和改进所付出的努力统一协调起来，从而达到顾客满意。

2. 服务质量信息系统

要提高服务质量，机场管理人员必须认真听取本机场的内外部顾客、竞争对手的顾客等三类顾客的意见，并对这些意见进行整理、归类和分析，及时反馈给相关部门和人员，并对改进情况进行监控，这就要求机场建立质量信息系统。

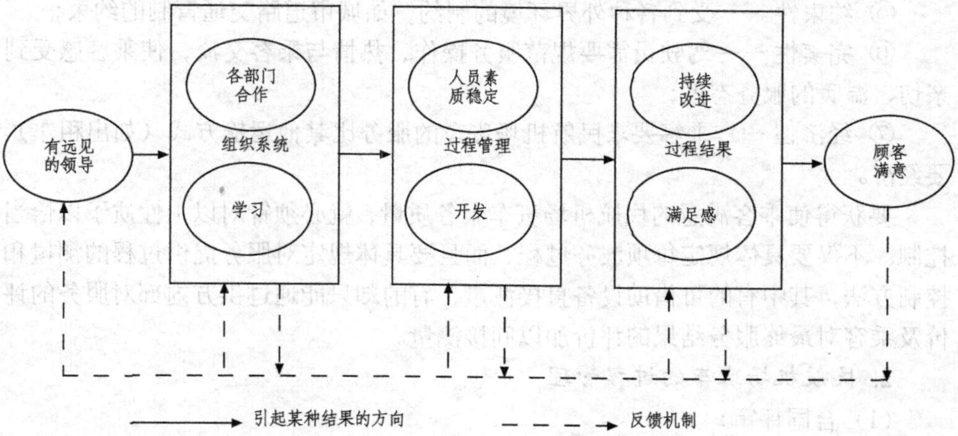

图 9.3　人力资源 TQM 模式

3. 基础设施和工作环境

在科技高速发展的今天，服务作业所要求的物质资源是影响服务质量的重要因素。通过科技进步可以减少机场服务作业过程中人为因素的影响、改善服务环境和加快服务过程中的信息传递速度等。如由计算机局域网和登机口读出器构成的民航机场离港系统使换票、登机服务、行李分送和配载平衡工作在计算机内完成，既减少了工作量，提高了效率，又保证了准确性，质量的稳定性，更便于处理突发事件。

（五）过程管理

机场服务的过程管理是机场服务质量体系中最为关键的环节，控制好服务过程就等于抓住了问题的关键。下面结合民航机场的特点举例说明如何对机场业务进行过程管理。

实例：民航机场班车的过程管理

1. 民航机场班车的性质

(1) 服务特性。民航机场班车服务是由汽车驾驶员在与顾客的直接沟通联络过程中即时提供，在乘客要求之前不能预制储存。

(2) 业务特点。公众服务性

(3) 服务提供特性：

① 安全性——安全质量是首位；

② 时间性——乘客要求车辆能及时达到候车地点，且上车后能及时、尽快地到达目的地；

③ 舒适性——清洁、坐椅铺垫随季节进行调整；

④ 广域性——目的地涉及地域十分广阔；

⑤ 约束性——受到各种外界环境的制约，如城市道路交通管制的约束；

⑥ 完美性——驾驶员需要规范服务操作，热情与乘客交流，使乘客感受到亲切、温暖的服务态度；

⑦ 经济性——乘客要求民航机场班车的服务比其他运输方式（如出租车）要经济。

要获得使乘客满意的民航机场班车服务质量，就必须针对以上性质予以恰当控制。不仅要具体规定每项服务过程，而且要具体规定对服务提供过程的测量和控制方法，其中有的可借助设备直接测量，有的却只能通过供方内部对服务的评价及乘客对最终服务结果的评价加以间接测量。

2. 民航机场班车的过程管理

(1) 合同评审：

① 站点要车。调度员根据乘客要求与靠站驾驶员共同评审，调派结束后，由调度员填写书面记录予以保存；

② 固定租车。与一般工业产品的销售合同评审类同。

如遇电话订车、固定租车情况下发生合同修订情况，都应对出现的变化重新评审，并由最初确定租车业务记录的人员认可后，通知有关驾驶员或机场班车公司。同时，要遵守对顾客的承诺。

(2) 顾客提供产品的控制。由于机场班车服务向乘客提供的是乘客及其携带物品的空间转移。为了确保营运服务过程安全性和乘客有一个清洁舒适的用车环境，就必须对上车乘客及其携带物品有一定的要求。

(3) 产品标识和可追溯性。服务标识主要是指人们了解是哪个机场、哪个驾驶员（调度员）承担了哪次机场班车客运（调度）服务，并在机场内部管理或外部管理及乘客投诉失物寻找等需要时实现服务的可追溯性。

根据机场班车服务企业的运营特点，其质量体系主要是确保乘客从上车到下车整个运营服务期间，乘客及其携带物品随车安全及时运抵目的地。因此对企业来说应做好以下方面的工作：

① 提供服务前的必要准备；

② 上客服务

③ 车辆行驶途中的服务及乘客下车服务。

(4) 乘后服务

① 对服务质量投诉的处置；

② 对乘客遗失物的妥善处理；

③ 征集乘客对服务质量的意见。

案例1　英国机场的服务质量管理制度

随着 1987 年英国机场集团公司私有化进程的开始，英国机场管制系统也开始建立起来。尽管大家都非常清楚，服务价格会对服务水平产生很大影响，但在 1987 年以前没有与服务质量相关的正式的规章制度。此后，每 5 年一次的关于伦敦机场和曼彻斯特机场的质量管理调整，促使整个英国机场集团公司在 1996 年开始使用“服务水平协议”。到 2002 年，民用航空管理局（CAA）和竞争委员会作为英国机场的 2 个管理机构开始关注伦敦的希思罗、曼彻斯特等机场，发现这些机场不仅缺乏正式的服务质量制度，而且机场的服务质量并没有与价格紧密联系。民用航空管理局提议机场的服务价格应该与其服务质量息息相关，而且服务质量应该考虑三个方面：提供给航空公司的服务（Q_A）、提供给旅客的服务（Q_P）和航班的延误（Q_D）。如表 9.9 所示。

表 9.9　伦敦机场的服务质量因素

	CAA	BAA	BA	CAA 所推荐的服务测度标准	希思罗机场
Q_A	√	√	√		
机架的可用性	√	√	√	可用设备的百分比	98%
机位的可用性	√	√	√	可用设备的百分比	97%
廊桥的服务	√	×	√	被服务旅客的百分比	90%
地面电力系统	√	×	√	系统的可用性与所签合同相比较	98%
传送旅客的设备	√	√	√	可用设备的百分比	98%
运输系统	√	√	√	车辆的可用性	N/A

续表 9.9

	CAA	BAA	BA	CAA 所推荐的服务测度标准	希思罗机场
安检的队列	√	√	√	等待时间小于 10 分钟	95%
飞机跑道	×	√	√	可供飞机使用的百分比	有待确定
机场滑行道	×	√	√	可供飞机使用的百分比	有待确定
Q_P					
候机大厅座位数	√	√	×	每月的服务质量调查分数	3.6
清洁	√	√	×	每月的服务质量调查分数	3.7
航班信息	√	√	×	每月的服务质量调查分数	4.0
Q_D					
延误	√	×	√	有待决定	

注：√为已经在进行的项目，×为还没有被采用的项目

[Anne Graham.Managing Airports — An international perspective（second edition）. Butterworth—Heinemann，2003，London]

案例 2　维也纳机场的全面质量管理

维也纳机场是一个已经部分私有化的机场，2001 年的旅客吞吐量达 1200 万人次。1995 年，维也纳机场是世界范围内第 1 家获得 ISO9001 认证的机场。通过 ISO 的认证工作，在维也纳机场建立了一种质量文化和全面质量管理的管理理念。其质量理念的主要思想是：企业必须关注顾客和员工的满意度，并持续地改进机场的所有工作流程，针对员工开展一系列的培训工作。

1997 年维也纳机场重新改进和调整了它的工作流程，使其能够更加关注顾客的需求。机场引入了一个新的组织机构——商务服务中心，专门负责全面质量管理工作的开展。

在维也纳机场的全面质量管理模型和公司经营理念中存在着许多不同的要素。首先，机场应该让所有的员工都知道公司的目标，并让他们通过各种沟通渠道（包括机场的互联网）理解和思考当前的工作流程。实际上，员工对有关全面质量管理知识的掌握是非常重要的。维也纳机场为了帮助员工对全面质量管理的了解，使用了许多信息沟通和传递的渠道，如机场内部网、全面质量管理的时事通信和质量论坛等。

一般来讲，员工的满意度对全面质量管理工作的开展是非常重要的。因此，给员工子女提供托儿所，为员工提供免费的机场班车很有必要。1998 年维也纳机

场进行了员工满意度的调查，调查发现有29%的员工感到有足够的信心去做好自己的工作；有35%的员工对工作是满意的；有28%的员工认为管理者对工作环境的改进是比较合适的。总的来讲，50%的员工对沟通、工作流程和员工意见的采纳情况是比较满意的；在2000年，对工作流程满意的员工上升到55%。

维也纳机场的另外一个重要特征就是它的工作程序或者流程能够发现顾客的需求。维也纳机场在1995年就开始定期的顾客调查工作。首先是通过"旅客图"来收集旅客的一些基本情况，如年龄、性别、居住地、到机场的交通方式、机场停留的时间和机场服务情况等。同时，机场也开展相应的服务质量检测工作。接着，机场设置了"冲突检测"程序，以帮助机场能够从旅客的角度去发现机场服务中可能存在的冲突问题。同时，针对机场的商业机构开展调查，将调查结果用于分析顾客的需求、目标顾客群体的划分、设立合理的质量目标等。另一方面，维也纳机场非常重视机场服务中的顾客导向作用。通过顾客导向以鼓励顾客参与机场未来的发展计划——顾客工程。

[Anne Graham.Managing Airports — An international perspective （second edition）. Butterworth—Heinemann，2003，London]

附1　全面质量管理

质量是产品和服务的生命。质量受企业生产经营管理活动中多种因素的影响，是企业各项工作的综合反映。要保证和提高产品质量，必须把影响质量的因素全面系统地管起来。全面质量管理，就是企业为了保证和提高产品质量，综合运用一整套质量管理体系、手段和方法所进行的系统性管理活动。具体地说，就是组织企业全体职工和有关部门参加，综合运用现代科学和管理技术成果，控制影响产品质量的全过程和各因素，经济地研制生产和提供用户满意的产品的系统管理活动。

全面质量管理是企业管理现代化、科学化的一项重要内容。它于20世纪60年代产生于美国，后来在西欧与日本逐渐得到推广与发展。它应用数理统计方法进行质量控制，使质量管理实现定量化，变产品质量的事后检验为生产过程中的质量控制。它通过计划—实施—检查—处理的质量管理循环，提高质量管理效果，保证和提高产品质量。因此，它比传统的质量检验、统计质量控制等质量管理更加完善与全面。

进行全面质量管理必须抓好下述方面：

1. 内容与方法的全面性

内容与方法的全面性不仅要着眼于产品的质量，而且要注重形成产品的工作质量。工作质量是产品质量的保证。通过提高工作质量，不仅可以保证提高产品质量，预防和减少不合格品，而且还有利于达到成本降低、供货及时、服务周到、更好地满足用户各方面使用要求的目的。要注重采用多种方法和技术，包括科学的组织管理工作、各种专业技术、数理统计方法、成本分析和售后服务等。

2. 全过程控制

全过程控制即对市场调查、研究开发、设计、生产准备、采购、生产制造、包装、检验、储存、运输、销售和为用户服务等全过程都进行质量管理。

3. 全员性

全员性即企业全体人员包括领导人员、工程技术人员、管理人员和工人等都参加质量管理，并对产品质量各负其责。

“把用户需要放在第一位”，牢固树立为用户服务、对用户负责的思想，应该是企业推行全面质量管理始终贯彻的指导思想和根本原则。企业通过全面质量管理，不仅要生产出用户满意的产品，而且要为用户在使用过程中提供各种方便，加强技术服务，以充分发挥产品的效用，提高产品的实际使用价值，达到更好地满足用户需要的目的。

附 2 神秘顾客

一、什么是神秘顾客检测

神秘顾客检测是指检测人经过专业的筛选和培训，以普通顾客的身份在规定的时间到规定的地点提出特定服务需求，通过享受服务的过程，对服务地点的硬件、软件和人员做出的评估过程。有时也称为黑客访问，或者俗称为暗访。它适合服务性行业的服务水准评估。

为保证服务质量，企业常规检测侧重于企业内部的管理规程、操作手段和行为准则等，这些是达到客户满意的手段，但并不为广大客户所知，内部检查往往搞的规模宏大，保密性极差，被检单位和员工事先做了充足的准备，企业领导和检测人员很难从中检测出真实的情况。而且难以了解客户的亲身感受，从而无法制定出真正符合市场实际情况符合广大客户心意的工作方法和业务流程，无法真正提高客户满意程度，达到扩大知名程度和扩大市场份额的目的。因而神秘顾客检测成为企业常用的一种保持员工活力、评价员工及基层管理人员绩效以及服务质量的有力管理手段。

二、神秘顾客能够解决的问题

(1) 了解被检测地点或渠道对已经制定的规程、标准的执行情况

(2) 对执行情况不良的渠道店面或热线做出处罚和矫正

(3) 通过神秘客户了解消费者需要和不需要的服务项目

（4）持续监督服务质量，调整服务规范

（5）重新设计客户服务

三、运营商神秘顾客检测应用的几个特点

目前国内服务性企业的服务质量监督考核越来越多地应用到客户满意度调查及神秘顾客检测的方式。尤其是神秘顾客检测的方式在发现问题和提供解决方案上有着独到的优势。

这种20世纪60年代肯德基首先应用的服务管理方法目前在中国的电信服务领域已经得到了广泛应用。目前在营业前台、服务热线及其他服务界面上的服务考核都在应用这一方法。随着运营商服务领域的管理方式和方法变迁，尤其是最近几年服务不断创新，出现了一些全新的服务模式和服务渠道，例如电子化的服务渠道。神秘顾客检测的应用也在现阶段呈现一定的特点。

（1）公正。

（2）准确。因为涉及考核，尤其是考核的成绩与个人及团队的薪酬是挂钩的，这决定了神秘顾客检测在公正、准确方面的要求比其他任何的调查都更为重要。

（3）有效。目前的神秘顾客检测不仅是简单的考核，而且要求对服务的改进有直接的帮助，这决定了神秘顾客检测在有效性上比其他的调查更为迫切。

附3　ISO基本知识

产品质量认证制度是商品经济发展的产物。随着商品经济的不断扩大和日益国际化，为提高产品信誉，减少重复检验，削弱和消除贸易技术壁垒，维护生产者、经销者、用户和消费者各方权益，产生了第三方认证，这种认证不受产销双方经济利益支配，以公正、科学的工作逐步树立了权威和信誉，现已成为各国对产品和企业进行质量评价和监督的通行做法。

英国是开展质量认证最早的国家。早在1903年英国工程标准委员会用一种风筝标志，即“BS”标志来表示符合尺寸标准的铁道钢轨，1919年英国政府制定了商标法，规定要对商品执行检验，合格产品也佩以风筝标志，从此，这种标志开始具有认证的含义，沿用至今在国际上享有很高的声誉。

受英国的影响，世界各发达工业国家也争先采用质量认证制度，并给予了极大的关注，国际标准化组织（ISO）为此于1980年成立专业技术委员会。

该委员会经过7年的艰苦努力，于1987年正式发布了第一部管理标准——ISO9000质量管理和质量保证系列标准，它适用于不同的企业，包括制造业、服务性商业和建筑业等。它的出现极大地促进了各国质量认证的发展，目前国际标

准化组织的104个成员国中有70多个国家，包括欧共体、美国、加拿大、澳大利亚和日本等几乎所有工业发达国家均等同采用ISO9000系列标准作为本国国家标准，各国企业也纷纷依据这种标准，调整作业运行机制，并且获得认证资格，迄今全球已颁布认证证书近10万张。

近年来，由于ISO9000系列标准的作用及其重要性被愈来愈多的人所认识，ISO9000系列标准的应用范围随之日益扩大。ISO/TC176在总结了国际上众多大型公司、集团优秀的质量管理基础上，于1991年8月发布了ISO9004-2:《质量管理和质量体系要素——第二部分：服务指南》，谋求促进各组织和公司以更为有效的方法管理其各项服务活动的质量，以确保顾客规定或隐含的需要得到理解和满足。

所有这些表明，在国际贸易中，要求提供按ISO9000系列标准通过质量体系认证的证明，作为签订合同的一个条件，这已是一个趋势。各企业应顺应国际贸易的趋势，积极主动地开展以GB/TI9000系列标准为依据的质量体系认证，以提高产品在国际、国内市场上的竞争力。

改革开放以来，我国开始实行有计划的商品经济，国内市场和国际贸易都得到迅速发展。但由于我国没有建立符合国际惯例的认证制度，我们自己搞的一些产品监督形式得不到国际上的承认。在国际贸易中面临着在经济上蒙受损失和受到设置技术壁垒的限制，我国的工业企业由于不了解各国认证制度的要求，许多出口商品打不进国际市场，即使进入，其价格也远远低于所在国通过认证的产品。一些了解认证的企业每年也不得不花费大量外汇去申请国外认证和由国外认证机构出具检验报告。所以，建立我国的认证制度，开展产品质量认证和体系认证工作，是我国质量认证工作的当务之急，是最终消除我国与其他国家之间存在的技术壁垒的根本途径。

我国从1991年起正式开展认证工作。1991年5月，国务院颁发了《中华人民共和国产品认证管理条例》，标志着我国产品质量认证工作走入法制轨道。1993年1月1日，我国正式由等效采用改为等同采用ISO9000系列标准，建立了符合国际惯例的认证制度，我国质量认证工作取得长足的发展。对我国企业而言，通过公正独立的第三方认证获得质量认证证书，是产品质量信得过的证明，是产品、服务进入国际市场的通行证。企业获得认证证书后，将向国内外公告。

质量认证证书可以带来以下益处：

（1）可以稳定地提供满足顾客要求的产品，增强顾客满意度；

（2）提供满足顾客一般或特定需要的产品或服务，开拓占领市场，充分利用非价格因素提高竞争力；

（3）扩大销售渠道和销售量，实现优质优价，获得更大利润；

（4）有助于树立全球经济意识，提高企业事业单位发展战略的基点，抓住机遇，赢得未来，这符合时代的选择、民族的利益；

(5) 促进建立体系化的、严谨的经营管理模式，优化组织结构，完善经营管理，建立减少、消除，特别是预防质量缺陷的机制；

(6) 职责进一步明确、作业流程更加清晰，真正做到各负其责，避免了踢皮球现象的发生；

(7) 带动服务和产品的结构调整，推动技术改造，增强自身实力；

(8) 表明尊重消费者和对社会负责，提高企业、产品和服务的信誉，树立良好的企业形象；

(9) 打破国际贸易中的技术壁垒，进入国际市场，扩大出口；

(10) 有助于形成名牌，同时，维护部分企事业单位的合法权益；

(11) 避免重复抽查和检验，节省用于检验的时间、人力、物力和财力；

(12) 可以使企业业绩得到持续改进。

附 4　《2004 年最佳机场服务网上评选报告》

一、调查目的

为体现航空业“以旅客为本”的服务宗旨，CARNOC 开展此次调查。目的在于为国内各航空企业取得第一手的市场调查数据，并全面的收集旅客对航空企业的建议。

二、调查方式

本次调查采用问卷的方式（见附件），按季度提取选票进行分析。本次为 2004 年全年统计。整篇问卷调查共设有 4 个版块共 14 个问题，分别涉及填表人的基本情况，工作领域，对最近一次享受机场服务的评价等多个方面。调查表被制作成网页放置在 CARNOC 上，并通过电子邮件，主页广告和论坛广告等方式向 CARNOC 浏览者发布。调查组织者认为，通过这种方式，可以获得更多的反馈，并且能够使参与调查的人员多样化，从而提高调查的准确性和权威性。

由于广大网友的热情参与，调查最终共获得 1 462 份有效投票。这个数字也使得调查结果颇具参考价值。

三、结果分析

1. 对参与者年龄段的调查

如图 9.4 所示。经统计，年龄小于 18 岁占 4%，18～25 岁之间占 50%，26～

35 岁之间占 34%，36～45 岁之间占 8%，46～55 岁之间占 3%以及年龄大于 55 岁占 1%。

对参与者性别的调查（如图 9.5 所示）。男性占 77%，女性占 23%。

对参与者职业调查（如图 9.6 所示）。业内人士占 33%，业外人士占 49%，学生占 18%。

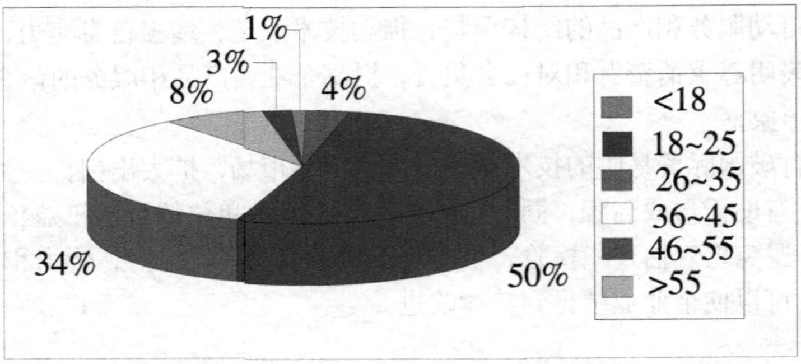

图 9.4 投票者年龄分布图

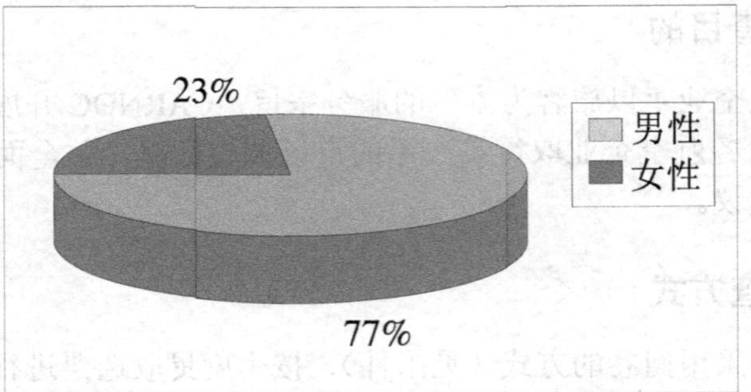

图 9.5 投票者性别对比图

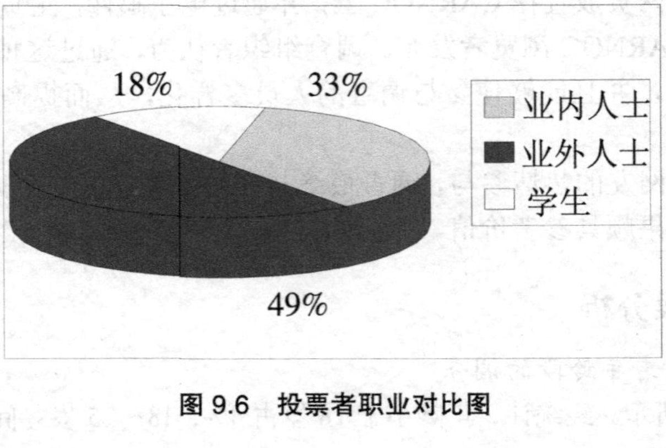

图 9.6 投票者职业对比图

统计发现，业内人士、业外人士、学生分类对整个服务的评价相差不大，因此统一发布。从上面三个方面可以看出，参与投票的年龄段分布在 18～35 岁，以中青年为主，这一批人无论业内还是业外，都将是社会的主力军，是社会的代表力量，对本次调查的结果更具代表性和可信度。

2. 对最近 12 个月休闲旅行和公务旅行次数方面的调查进行全面分析

① 根据不同年龄段旅客休闲旅行和公务旅行次数，分析得出图 9.7 图 9.8，由图对比可以看出：a. 无论公务还是休闲旅行，基本上都是年轻人，集中在 18～35 岁；b. 两者多量次旅行的次数都不多，在休闲旅行中旅客出行次数在 1～6 次中居多，而在公务旅行中，旅客出行次数偏低。

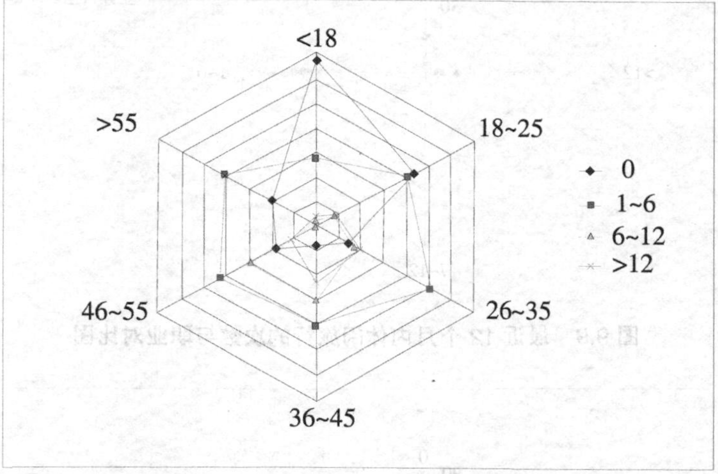

图 9.7　最近 12 个月内休闲旅行的次数与年龄对比图

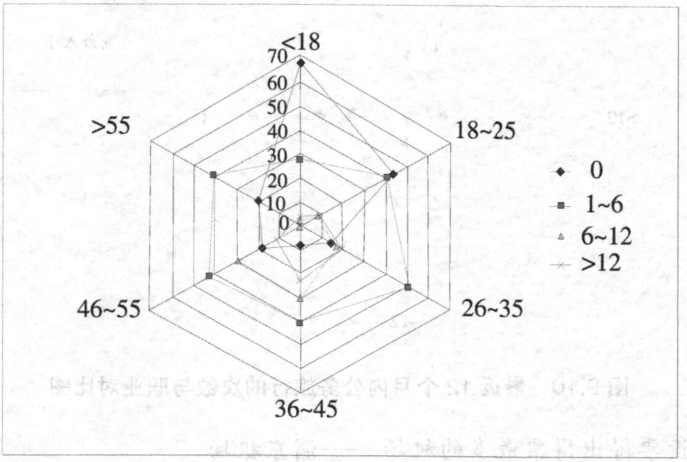

图 9.8　最近 12 个月公务旅行的次数与年龄对比图

② 根据不同职业的旅客休闲旅行和公务旅行的次数，分析得出图 9.9 图 9.10，由图对比可以看出：a. 相对来说学生和业内人士出行的次数比较少，b. 无论是学生还是业内、业外人士，出行的次数都在 1～6 次之间居多，而在公务旅行方面出行次数相对偏低。

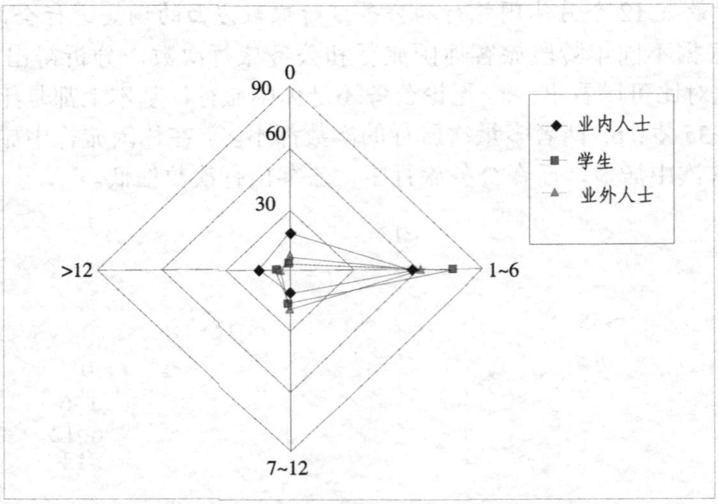

图 9.9　最近 12 个月内休闲旅行的次数与职业对比图

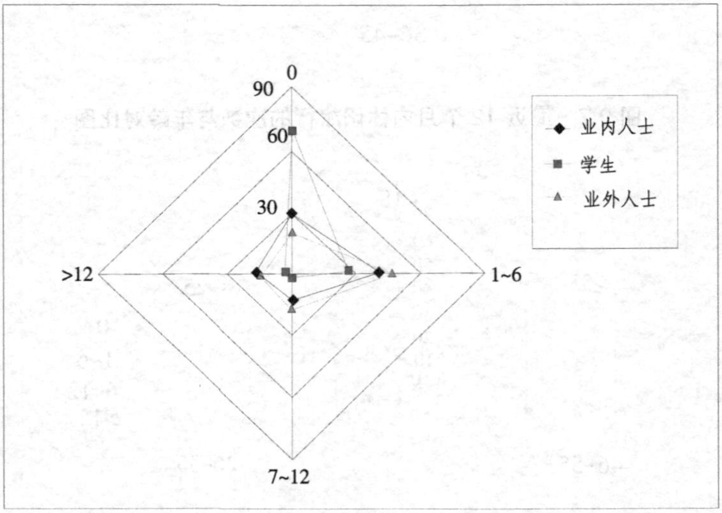

图 9.10　最近 12 个月内公务旅行的次数与职业对比图

3. 经投票得出得票最多的机场 ——浦东机场

如图 9.11 所示，下面附得票数超过 50 票的机场，其余机场不再罗列：浦东（260）、北京（182）、海口（164）、深圳（133）、广州（97）、成都（93）、虹桥（74）、厦门（83）。

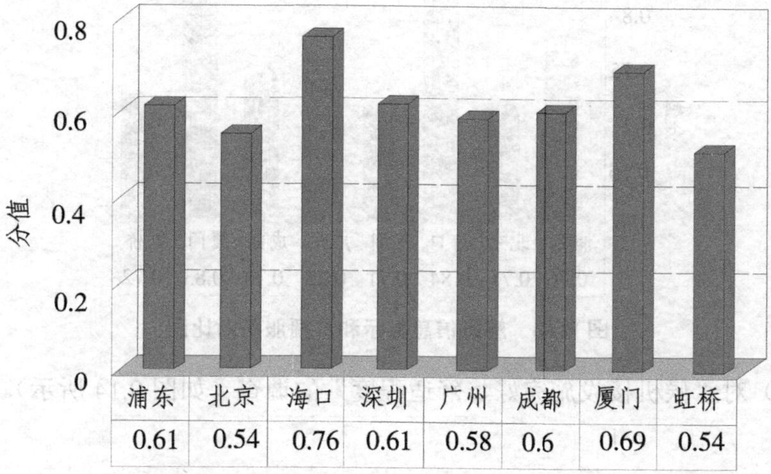

图 9.11　得票最多的机场

4. 对最近一次享受该机场的服务进行评价的调查

本调查设有 8 个具体参数，由于机场太多，且由于票数原因，为不影响总体评价，特对前 15 名机场进行细致分析，每项调查里面按“很好”、“好”、“一般”、“差”、“很差”和“没注意”打分（各项各占分值 3，2，1，－1，－2，0）。最后综合得票数得出分值，并作图。具体如下：

（1）对“航班不正常时的服务”的调查（如图 9.12 所示）。

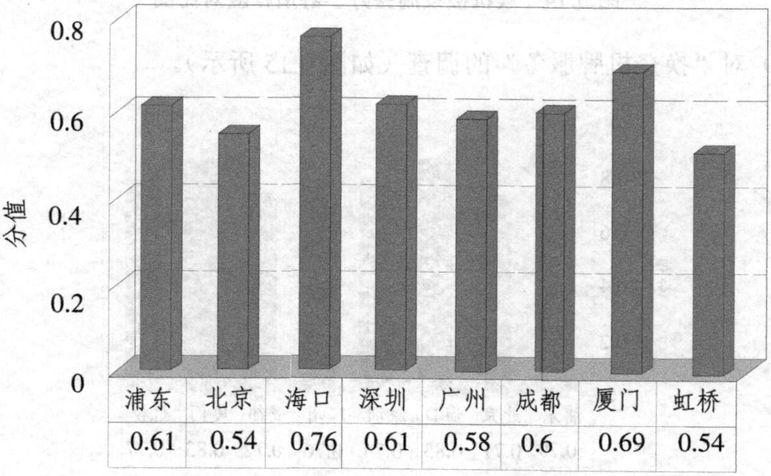

图 9.12　航班不正常时的服务对比图

（2）对“航班信息显示和广播服务”的调查（如图 9.13 所示）。

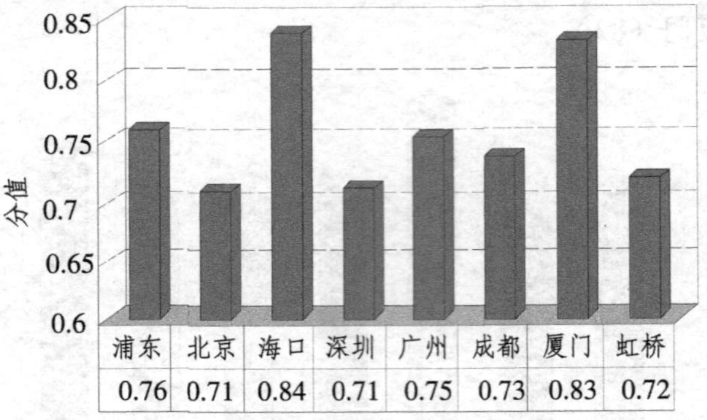

图 9.13　航班信息显示和广播服务对比图

（3）对“候机楼设施完好、舒适程度”的调查（如图 9.14 所示）。

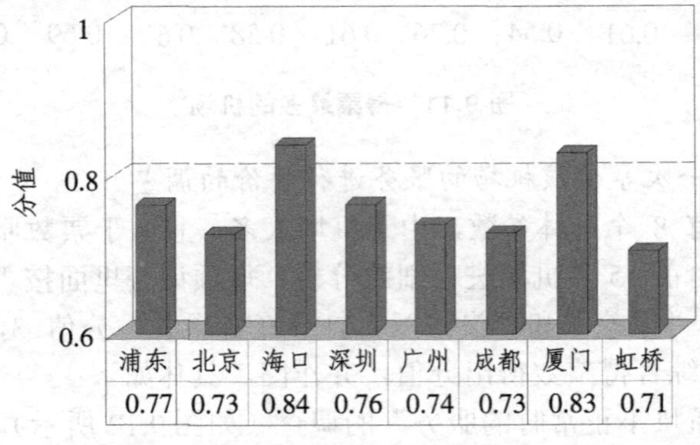

图 9.14　候机楼设施完好、舒适程度对比图

（4）对“换登机牌服务”的调查（如图 9.15 所示）。

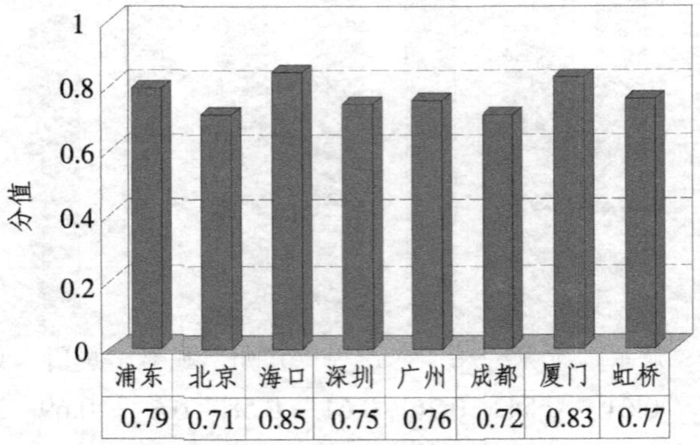

图 9.15　换登机牌服务对比图

（5）对“机场窗口、设施指引明确程度”的调查（如图 9.16 所示）。

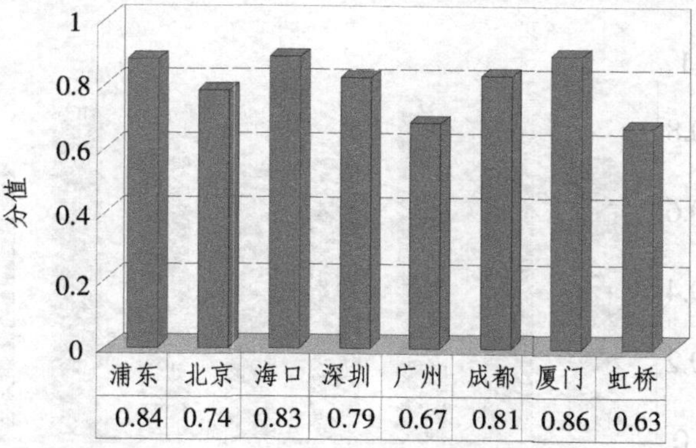

图 9.16　机场窗口、设施指引明确程度对比图

（6）对“市区到机场的地面交通方便程度”的调查（如图 9.17 所示）。

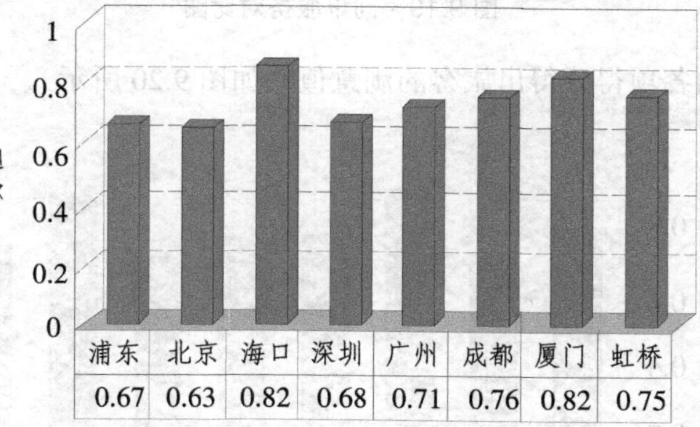

图 9.17　市区到机场的地面交通方便程度对比图

（7）对“提取行李的方便程度”的调查（如图 9.18 所示）。

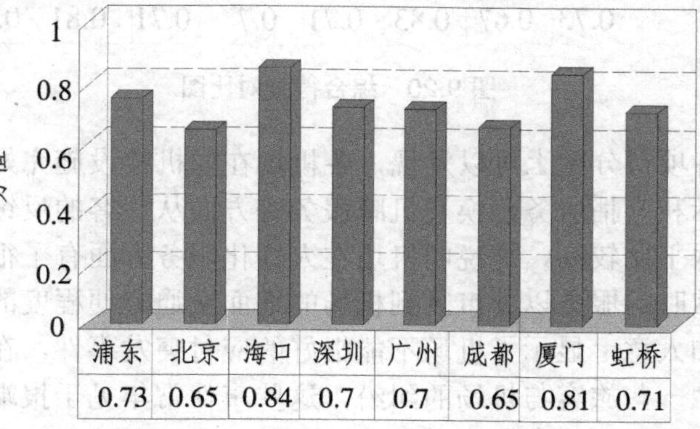

图 9.18　提取行李的方便程度对比图

（8）对“问讯服务”的调查（如图 9.19 所示）。

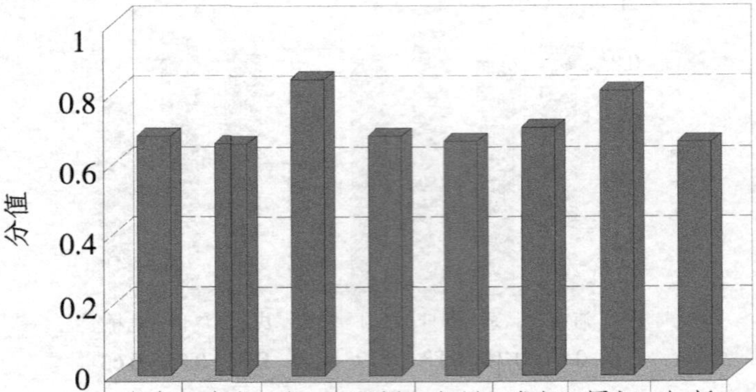

浦东	北京	海口	深圳	广州	成都	厦门	虹桥
0.69	0.66	0.84	0.68	0.67	0.71	0.82	0.67

图 9.19 问讯服务对比图

综合上面各项得分得出旅客的满意值（如图 9.20 所示）。

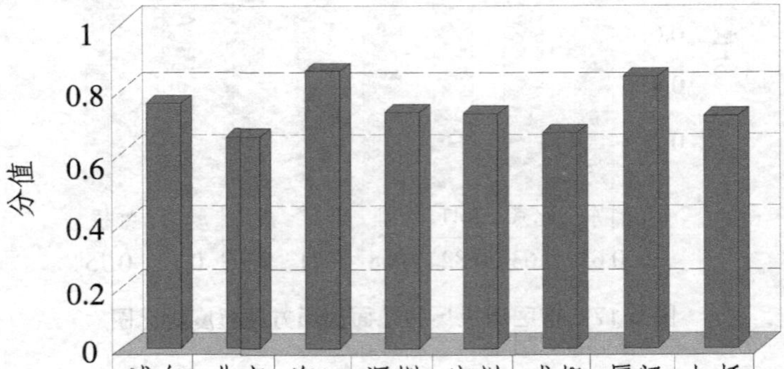

浦东	北京	海口	深圳	广州	成都	厦门	虹桥
0.73	0.67	0.83	0.71	0.7	0.71	0.81	0.69

图 9.20 综合得分对比图

从上面各项得分图上可以发现，各机场在候机楼设施完好、舒适程度，航班信息显示和广播服务，换登机牌服务等方面从旅客的反馈来看，做的比较好，整体水平比较高，这说明机场在人性化服务方面有了很大的提高；而在航班不正常时的服务以及市区到机场的地面交通方便程度的得分上不难看出结果不尽如人意，显示了机场不能很好的应付突发事件，在航班不正常的时候经常发生一些旅客与机场的纠纷，这些事件常年见于报端，甚至还有恶性事件的发生，在处理这类事件方面海口机场做的较好。

附 5　综合分值表

各项指标																		
名称	整体得分		航班不正常时的服务		航班信息显示和广播服务		候机楼设施完好、舒适程度		换登机牌服务		机场窗口、设施指引明确程度		市区到机场的地面交通方便程度		提取行李的方便程度		问讯服务	
机场名称	得分	排名	得分	排名	得分	排名	得分	排名	得分	排名	得分	排名	得分	排名	得分	排名	得分	排名
海口	83	1	76	1	82	1	84	1	84	1	85	1	84	1	85	2	84	1
厦门	81	2	69	2	82	1	83	2	81	1	83	2	83	2	86	1	82	2
浦东	73	3	61	3	67	7	76	3	73	3	79	3	77	3	84	3	69	4
广州	70	4	58	6	71	5	75	4	70	5	76	5	74	5	67	7	67	6
成都	71	5	60	5	76	3	73	5	65	7	72	7	73	6	81	4	71	3
深圳	71	5	61	3	68	6	71	7	70	5	75	6	76	4	79	5	68	5
虹桥	69	7	54	7	75	4	72	6	71	4	77	4	71	8	65	8	67	6
北京	67	8	54	8	63	8	71	7	65	7	71	8	73	6	74	6	66	8

注：表中所列为得票 50 票以上机场，低于 50 票不具参考性，故不做综合分析。为方便阅读，以百分制打分。

四、调查结果

根据上述分析，得出以下结果：

（1）调查的抽样基本达到要求，并体现了多样性，因此本次调查基本可信；

（2）2004 年度全年调查得出得票最多的机场（上海浦东机场）和综合能力最强的机场（海口机场）；

（3）本调查发现了各大机场普遍存在的一些问题：航班不正常时的服务、交通、问讯服务等方面仍有待改善；

（4）调查同样也反映了旅客对机场环境和软硬件条件的要求和取向。

附 6　2004 年最佳航空企业服务网上调查表

为体现航空业“以旅客为本”的服务宗旨，CARNOC 每年定期开展调查。目的在于为国内各航空企业取得第一手的市场调查数据，并全面的收集旅客对航空企业的建议。

为了保证此次调查的公正性，本调查只允许每人填写一次选票，而且第一次在航空调查中采取要求被调查者写综合评价的方式。同时，将调查结果实时公布，以便监督。欢迎大家积极参加此次活动。

1. 您在过去 12 个月里进行的航空旅行班次?

休闲旅行（探亲、旅游等）　(往返航班=2 班)

□0　□1～2　□2～5　□5+

公务旅行　(往返航班=2 班)

□0　□1～2　□2～5　□5+

2. 通常乘坐什么级别的舱位?

□头等舱　□公务舱　□经济舱　□特价舱

开始提名……

请务必保证提名的机场或航空公司为您过去 12 个月中曾经享受过其服务，并且能综合的按照以下提示的标准进行综合评选。

3. 认为我国最佳航空公司客舱服务是?

□国航　□南航　□东航　□上航　□海航

□深航　□山航　□川航　□厦航

4. 您过去 6 个月中享受过该航空公司的服务吗?

□是的　□没有

5. 为什么您认为该公司提供的客舱服务最好?

(给出理由或将您亲身的经历写在下面，使您的选票更加有效，提示：有真实的航班号和日期会使您的证据更充分。)

6、请您就最近一次乘坐该公司班机享受的客舱服务打分。

飞机正点情况

□很好　□好　□一般　□差　□很差　□没注意

乘务员体贴、友好程度

□很好　□好　□一般　□差　□很差　□没注意

航班不正常时的服务

□很好　□好　□一般　□差　□很差　□没注意

客舱安全

□很好　□好　□一般　□差　□很差　□没注意

客舱清洁程度

□很好　□好　□一般　□差　□很差　□没注意

航班配备的餐食质量

□很好　□好　□一般　□差　□很差　□没注意

客舱座位舒适程度

□很好　□好　□一般　□差　□很差　□没注意

乘务员的精神面貌

□很好　□好　□一般　□差　□很差　□没注意

起飞降落感受

□很好　□好　□一般　□差　□很差　□没注意

飞行状况的通报

□很好　□好　□一般　□差　□很差　□没注意

客舱卫生间清洁程度

□很好　□好　□一般　□差　□很差　□没注意

客舱内的娱乐设施

□很好　□好　□一般　□差　□很差　□没注意

航班配备的阅读材料

□很好　□好　□一般　□差　□很差　□没注意

客舱设备完好情况

□很好　□好　□一般　□差　□很差　□没注意

7. 您认为我国最佳机场服务是?

□北海　□北京　□长春　□长沙　□常州　□成都

□大连　□福州　□广州　□贵阳　□桂林　□哈尔滨

□海口　□杭州　□合肥　□呼和浩特　□黄山　□黄岩

□济南　□晋江　□昆明　□拉萨　□兰州　□丽江　□南昌

□南京　□南宁　□宁波　□青岛　□三亚　□汕头

□上海虹桥　□上海浦东　□深圳　□沈阳　□石家庄

□太原　□天津　□威海　□温州　□乌鲁木齐　□武汉

□武夷山　□西安　□西宁　□厦门　□烟台　□义乌

□银川　□湛江　□张家界　□郑州　□重庆　□珠海

8. 您过去 6 个月中享受过该机场的服务吗?

□是的　□没有

9. 为什么您认为该机场的服务最好?

(将您亲身的经历写在下面，使您的选票更加有效)

10. 请您就最近一次享受该机场的服务进行评价!

航班不正常时的服务

□很好　□好　□一般　□差　□很差　□没注意

市区到机场的地面交通方便程度

□很好　□好　□一般　□差　□很差　□没注意

航班信息显示和广播服务

□很好　□好　□一般　□差　□很差　□没注意

提取行李的方便程度

□很好　□好　□一般　□差　□很差　□没注意

换登机牌服务

□很好　□好　□一般　□差　□很差　□没注意

机场窗口、设施指引明确程度

□很好　□好　□一般　□差　□很差　□没注意

候机楼设施完好、舒适程度

□很好　□好　□一般　□差　□很差　□没注意

问讯服务

□很好　□好　□一般　□差　□很差　□没注意

最后，请告诉我们您的联系信息

11. 姓名：____________

12. 电子邮件*（奖品发放完全通过 EMAIL，如无正确 EMAIL，将无法获得通知）____

13. 联系电话：_________________________________

14. 年龄

□<18　□18～25　□26～35　□36～45　□46～55　□55+

15. 职业

□民航业内从业人员　□业外人士　□学生

16. 您的性别

□男　□女

附 7　航空公司评价机场地面保障服务质量意见卡

尊敬的用户您好：

"追求卓越、用户满意"是机场对社会广大用户的郑重承诺和永恒目标。为了获取机场服务质量的客观真实信息，帮助机场不断改进服务工作提高服务质量，并接受航空公司的监督，请您协助填写此问卷，表明您的感受和意见，十分感谢。

地址：北京朝阳区西坝河北里甲 24 号 109 室，电话：010-64287798

中国民航协会用户工作委员会

二零零四年五月

请如实填写信息。

您评价的机场：____________

填写人姓名：____________　性　别：◉ 男　◉ 女　职　务：_________

所在单位：＿＿＿＿＿＿＿＿＿＿＿＿＿＿＿　电话传真：＿＿＿＿＿

1. 您对该机场的总体印象和期望要求

（1）对总体服务抱有多大期望

□100　□90　□80　□70　□60　□50　□40　□30　□20　□10

（2）对以往服务质量印象如何

□100　□90　□80　□70　□60　□50　□40　□30　□20　□10

（3）该机场在您心目中的形象

□100　□90　□80　□70　□60　□50　□40　□30　□20　□10

2. 根据您的实际体验，您认为该机场的服务质量如何

（1）总体服务质量

□100　□90　□80　□70　□60　□50　□40　□30　□20　□10

（2）安全保障

□100　□90　□80　□70　□60　□50　□40　□30　□20　□10

（3）运输保障服务

□100　□90　□80　□70　□60　□50　□40　□30　□20　□10

（4）设施设备保障

□100　□90　□80　□70　□60　□50　□40　□30　□20　□10

（5）员工的服务态度、业务水平

□100　□90　□80　□70　□60　□50　□40　□30　□20　□10

（6）能否满足航空公司合理要求

□100　□90　□80　□70　□60　□50　□40　□30　□20　□10

（7）服务质量改善程度

□100　□90　□80　□70　□60　□50　□40　□30　□20　□10

3. 请根据您的实际体验，对该机场服务的满意程度进行评价

（1）总体上对服务质量的满意程度

□100　□90　□80　□70　□60　□50　□40　□30　□20　□10

（2）与您所期望的服务水平相比较您的满意程度

□100　□90　□80　□70　□60　□50　□40　□30　□20　□10

（3）与您心目中最好的机场服务水平相比较您的满意程度

□100　□90　□80　□70　□60　□50　□40　□30　□20　□10

（4）与其他机场的平均服务水平相比较您的满意程度

□100　□90　□80　□70　□60　□50　□40　□30　□20　□10

4. 您对该机场是否有过抱怨

□没有　　□有＿＿＿＿抱怨次数

5. 您有过哪些抱怨（可选多项）

□航班动态信息通报　□办理乘机手续　□行李收运、装载
□现场组织保障　□航班不正常服务　□配载
□廊桥、客梯车、摆渡车及特种车辆　□设施、设备保障　□机务保障
□航班配餐　□飞行保障　□安全保卫　□清洁卫生
□场道保障　□净空保障　□收费水平　□货运保障

6. 对该机场的服务，您称赞的可能性有多大
□100　□90　□80　□70　□60
□50　□40　□30　□20　□10

7. 对空中管制服务评价　满意→不满意

电话咨询服务	□100	□80	□60	□40	□20
服务态度	□100	□80	□60	□40	□20
送票服务	□100	□80	□60	□40	□20
购票环境	□100	□80	□60	□40	□20

8. 油料供应评价　满意→不满意

油料供应及时性	□100	□80	□60	□40	□20
油料供应安全性	□100	□80	□60	□40	□20
油品质量	□100	□80	□60	□40	□20
油品数量	□100	□80	□60	□40	□20
服务态度	□100	□80	□60	□40	□20

9. 您心目中最满意的机场
□首都机场　□上海浦东机场　□上海虹桥机场　□广州机场
□深圳机场　□成都机场　□昆明机场　□厦门机场
□沈阳机场　□西安机场　□海口机场　□杭州机场
□南京机场　□大连机场　□哈尔滨机场　□乌鲁木齐机场

附 8　南京禄口国际机场旅客意见调查

评价服务项目 service items assessment:

一、您在机场乘机时对机场的哪些服务不满意（将不满意项目划“√”）

What are the following items that you are not satisfied with at the airport? (Make a “√” on the dissatisfied items)

□机场巴士 Shuttle bus　□出租车 Taxi　□停车场 Car parking
□航班信息 Flight information　□机场购物 Shopping　□广播 Public address
□办理乘机手续 Check-in　□安全检查 Security check
□中转服务 Transit service　□候机楼环境 Terminal environment

□候机娱乐 Entertainment　□通信设施 Telecommunication

□饮水设施 Drinking facility　□餐厅 Restaurant　□行李手推车 Trolley

□医疗服务 Medical service　□卫生间 Toilet　□机场问询 Information desk

□引导标志 Guide sign　□行李提取 Baggage Reclaim

二、在办理乘机手续时对哪些服务不满意（将不满意项目划"√"）

What are the following items that you are not satisfied with when you check-in? (make a "√" on the dissatisfied items)

□办票时间 Check-in time　□柜台秩序 Check-in order

□文明用语 Politeness　□服务态度 Service attitude

□办理速度 Check-in speed　□排队时间 Time of line up

□行李交运 Baggage check-in　□座位选择 Seat choice

□晚到服务 Late arrival service　□航班延误 Flight delay

三、据您的实际体验，您认为本机场的服务质量如何。

How do you think about the service quality at Nanjing Airport according to your experience?

1. 总体服务质量 General Service Quality

很低（very low）　很高（very high ）

(1) □　(2) □　(3) □　(4) □　(5) □　(6) □　(7) □　(8) □　(9) □　(10) □

2. 办理乘机手续服务质量 Check-in Service Quality

很低（very low）　很高（very high ）

(1) □　(2) □　(3) □　(4) □　(5) □　(6) □　(7) □　(8) □　(9) □　(10) □

3. 安全检查服务质量 Security Check Service

很低（very low）　很高（very high ）

(1) □　(2) □　(3) □　(4) □　(5) □　(6) □　(7) □　(8) □　(9) □　(10) □

4. 其他服务质量 Other Services

很低（very low）　很高（very high ）

(1) □　(2) □　(3) □　(4) □　(5) □　(6) □　(7) □　(8) □　(9) □　(10) □

5. 候机环境 Terminal Environment

很低（very low）　很高（very high ）

(1) □　(2) □　(3) □　(4) □　(5) □　(6) □　(7) □　(8) □　(9) □　(10) □

四、根据您的实际体验，您对本机场的满意程度。

Are you satisfied with Nanjing Airport according to your experience?

1. 与您期望中的服务质量相比较。Compared with the service that you expected.

很低（very low）　　很高（very high）

(1) □　(2) □　(3) □　(4) □　(5) □　(6) □　(7) □　(8) □　(9) □　(10) □

2. 与您心目中最好的机场相比较。Compared with the best airport in your mind.

很低（very low）　　很高（very high）

(1) □　(2) □　(3) □　(4) □　(5) □　(6) □　(7) □　(8) □　(9) □　(10) □

3. 其他机场的平均水平相比较。Compared with the average level of other airports.

很低（very low）　　很高（very high）

(1) □　(2) □　(3) □　(4) □　(5) □　(6) □　(7) □　(8) □　(9) □　(10) □

五、本机场的服务是否有过抱怨、投诉。Have you ever complained of or appealed to our airport?

□没有　　□有　　次数 Times：________

本章小结

(1) 机场业相对于其他服务性行业来讲，进行质量管理变革的历程相对较晚。机场业的质量管理变革伴随着一系列的组织结构性变革，包括机场的商业化、私有化、全球化以及投入更多的资源在服务质量上，其目的就是为了在机场行业中提高自身的竞争力。

(2) 机场的服务有两个问题：一是由于产品需求的不均衡分布特征而产生的最大问题，就在于如何测度其服务质量；二是顾客在机场上所感受到的全面服务必然涉及诸如航空公司、海关、移民局和其他机构的参与。这些不同服务主体有不同的最终目标，可能会在确定顾客满意度或高品质服务的量度上产生冲突。实际上，机场的运营活动只是顾客所享受的全部服务的一部分。因此，对于机场所应涉及的责任应该有一个清楚的界定，从而确定其相应的服务质量目标。

(3) 一般来讲，测度服务质量的方法可以分为客观测度和主观测度。客观测度服务质量的相关指标包括航班准点率、电梯、自动扶梯和电车的可利用率以及与机场运营相关的调查指标。此方法的优点在于测度的准确性和测度结果较为容易理解，测度的指标往往和机场制定的旅客服务标准紧密相关。主观的服务质量测度方法有两种：服务质量卡和顾客调查。

(4) 延误的定义是飞机运行实际需要的时间与飞机运行在非拥挤以及不受其他飞机运行影响的条件下所需要的时间之差。如果有飞机排队等待起飞、着陆或者占用滑行道以及航站楼的门位、机位，那么航班就无法按预定时刻开始起飞或着陆。这些延误等同于机场用户的运行成本增加和旅客时间的浪费。造成航班延误的因素有许多，例如空中交通管制、气象因素和飞机的技术因素等等。

(5) 机场目前常用的服务质量管理方法包括：机场的服务水平协议（SLAs）和全面质量管理及ISO质量认证体系。

思考题

(1) 机场业进行质量管理变革伴随着哪些组织结构性变革？其目的是什么？
(2) 机场的服务面临着哪两个问题？
(3) 客观测度服务质量的相关指标包括哪些？其优缺点是什么？
(4) 主观的服务质量测度方法有什么？其优缺点是什么？
(5) “延误”的定义是什么？造成航班延误的因素有哪些？
(6) 什么是“服务水平协议”？其目的是什么？
(7) 机场要做好质量管理工作，必须注意哪几个方面？

第十章　机场的影响

本章关注的焦点从机场经营管理的内部环境转向机场经营管理的外部影响，讨论机场对外部经济和环境的影响。对机场运营商而言，需要解决的关键问题是如何在提供合意的环境保护时最大限度地开发机场的经济潜能。机场发展为周边地区和整个国家带来的经济利益越来越为人们所感知，但是同时机场周边的居民也强烈感觉到机场给环境带来的消极影响。评价和权衡机场的外部影响是一项复杂而重要的工作。

第一节　机场的经济影响

现在越来越多的机场开始关注和研究机场的经济影响，原因主要有以下几个方面：通过对机场的经济影响的研究，可以为机场战略性经济投资决策提供依据，为一些诸如新的机场设施或周边道路管道基础建设等投资方案提供决策信息；对机场的经济影响研究更进一步的目的是评估机场能为周边地区带来多大的相关经济利益，从而为制定地区经济发展的战略目标提供帮助。比如评估机场附近地区是否有足够多的空间来支持更多的商业计划或者是否有足量的劳动力和建筑来支持周边经济发展；经济影响的信息还可以用来说服政府以赢取更多直接服务的行政许可；此外，机场经济影响研究使政策制定者、机场使用者和一般公众越来越清楚地认识到机场的经济价值，从而在公共关系中扮演重要的角色。

机场的经济影响有两种基本形式。首先是机场运营所带来的收入、就业、投资和税收等利益，这表明了机场本身就是一个重要的经济活动发生器。其次，还存在更广泛的关联利益，例如由于机场的存在可以吸引外资、发展当地旅游业等。这对机场所在地区的经济发展有着重要的贡献。因此，作为国民经济一个部分的机场产业，不仅本身就是一个重要的经济行业，而且还带动了其他行业，诸如商业和旅游业的发展。

机场的经济影响可通过多种方法进行测评。一个关键的指标是机场带来了多少就业机会，这是一个最容易理解的测量方法，也是一个常常被用来决定一个机场在经济中的相对重要性的指标。另外还有一些收入和增加值的测量指标。这些指标用来评估机场活动为整个经济带来多少的工资、薪水、利息和利润等收入。这些指标占当地国民总收入或 GDP 的比重可以用来评估机场创造的财富对当地经济的贡献力度。此外，基于机场的所有商业活动的总收入的统计以及另外一些与资本投资和税收收入相关的指标也经常被采用。

一、作为经济活动发生器的机场

作为经济活动的发生器，机场的经济影响可以分为直接影响、间接影响和诱发影响。直接影响（或一级影响）是指直接运营机场过程中产生的就业和收入。这种影响是最明显的，也最容易测算。直接经济影响主要来自以下这些相互关联的主体的经营活动，包括机场运营商、航空公司、特许经营商、地面服务代理商以及提供空中交通管制、海关和出入境和安全等服务的代理机构。相关的经营活动中，诸如停车场、汽车出租、航空餐饮、货运公司以及旅馆等实际上可以在机场外周边地区开展经营活动。

虽然机场对经济的直接影响经常被测量和研究，但其影响并不仅限于此。机场行业的供应商也需要考虑进来，即分析机场对经济的间接影响。间接影响是指为机场及机场附近的直接经营活动提供商品和服务的供应链所带来的就业和收入。这类服务和商品的提供者包括能源和燃料供应商、建筑和清洁公司以及食品和零售商品供应商等。另外，经济影响还应考虑这些直接或间接的经营活动中的个人开销对经济产生的影响，即诱发影响。诱发影响是指直接和间接影响中所产生的个人收入在消费过程中所产生的就业和收入机会。间接和诱发影响合称为二级影响（如图 10.1 所示）。

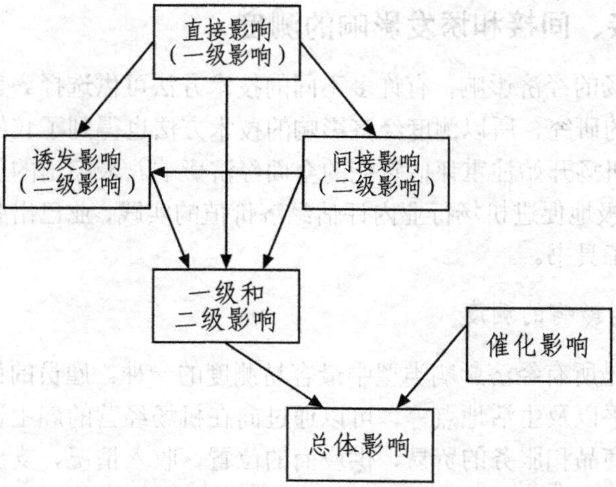

图 10.1　机场的经济影响

间接和诱发影响的测量显然是十分困难的，这需要认识和理解机场与其他经济部门是如何相互作用的。它们的合成影响可以用经济乘数来衡量。经济乘数认为支出是一个由直接影响引起的连续循环，它假定个人或组织的支出会变成另一个循环的个人或组织的收入。与机场相关的直接经营活动产生的收入（直接影响）会以一定的注入漏出比例形成对供应商的商品和服务支出（间接影响）。这些货币支出（对另一方是收入）的大部分又会形成劳动收入和政府税收，供应商会在当地进行经营、进口商品和服务、支付工资和薪水以及交纳税金。在每一个支出循环中，货币就会按一定比例以工资、薪水和利润形式流向当地居民。货币收入的一部分又会重新支出，从而产生诱发影响。其余部分货币通过储蓄而退出流通。最后连续开支循环中的货币数量越来越少，以致可以忽略不计。通过乘数分析方法就可以量化任何一个经济中的金融交易活动和经济价值。

直接、间接和诱发的经济影响会产生一些新的投资，这些投资的形式包括机场设施、电脑系统、维修设备和办公室等。机场的经营活动对当地的财政收入也有着重要影响。雇员的增加会带来所得税的增加，商贸活动的繁荣也会带来税收的增加。机场（特别是私有化的机场）还会带来其他方面的税收，比如财产或土地税和营业或企业税。还有一些机场作为公共部门可以免税，但它们必须向国有股权上缴大部分利润。当然，作为回报，许多政府传统上都分配相当可观的公共基金以支持机场的发展。然后通过机场收费来筹集税收，这些收费可能是以一些特别服务为借口征收的，如美国的移民入境和公共卫生检查等；也可能是为了提供投资基金来源，如美国运输税；或者只是推进公共部门基金，如在英国的航空旅客税。相反在免税区的经营，机场和旅客被认为得到直接的税收补贴。

二、直接、间接和诱发影响的测度

要测度机场的经济影响，有许多不同的技术方法可供选择。美国因为有很多关于经济影响的研究，所以测度经济影响的技术方法也得到了较好的发展。近年来越来越多的机场开始注重评估它们的全面经济影响。最突出的例子是欧洲，欧洲 ACI 正在积极地促进机场行业内评估经济价值的实践，业已出版了 2 套机场经济影响的研究工具书。

（一）直接影响的测度

直接影响是所有经济影响类型中最容易测度的一种。雇员的详细资料，包括他们的收入水平以及生活地点等，可以通过向在机场经营的雇主咨询得到。一些详细情况诸如商品和服务的贸易、供应商的位置、收入情况、支出情况以及资本费用等也需要收集。机场内的经营活动的情况收集可能没有太大困难，机场外的一些数据收集要困难得多。首先，机场周边范围要有一个明确的界定——根据经验法则，可以把车程在 20 分钟内的区域范围定义为机场周边区域。其次，还要根据机场运营和其他产业的相关知识来识别该区域内的关联公司，有时候甚至需要实地观察以进行识别。许多机场系统都测度直接的经济影响，特别是对就业的影响。例如，在伦敦的希思罗机场，每年春季有一个针对机场相关员工的人口普查，以得到各类雇主的员工数量。每过几年，BAA 也会进行一次调查，以观察雇员的一些特征，如家庭住址、上班的交通方式以及所从事工作是与旅客、飞机飞行还是货物处理有关。

一个机场的直接雇员情况会由于一些因素的相互作用而变化。这些因素包括客流量的大小和结构，货运流量大小以及机场生产能力的实际利用情况。机场的角色定位有时候也会影响就业情况，比如是否是主要中枢机场，是否是航空公司基地机场，是否提供其他的一些诸如办事处或商业活动的发展机会。1996 年对欧洲机场的一项关于就业情况的研究表明，平均而言航空公司和地面服务代理商是机场最大的雇主，其次是机场运营商和特许经营权获得者，如图 10.2 所示。

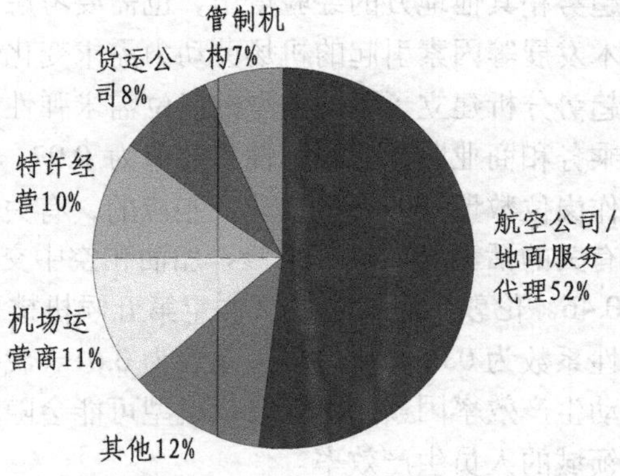

图 10.2　1996 年欧洲机场的就业情况

对机场之间直接经济影响进行衡量比较的一个有意义的指标是以直接雇员数和机场吞吐量构建的岗位密度指数。岗位密度指数可以用每年每百万旅客的雇员数量（每 mppa 的工作岗位数量）来衡量。当机场货运吞吐量比较重要时，可以采用吞吐量换算单位 WLU。密度指数为 1 000 就是每年每 100 万旅客提供 1 000 个工作岗位。虽然这一指标掩盖了不同机场的雇员类型的较大差异，但是已经成为业内广泛接受的一个比较指标。就全球而言，2001 年估计有 333 000 名雇员直接受雇于机场运营商，有总数超过 3 446 000 名员工在机场区内就业，密度指数为 1 616。机场运营商雇用一个员工，同时在机场的其他公司就要雇用 9 个员工。这一比例在北美和亚太地区的机场可能更高，因为这些地区机场的其他商业活动更频繁。

在欧洲，每 mppa 的岗位数平均在 1 100 左右。在西班牙的一些机场岗位密度指数值小于 500，主要是因为这些机场的经营活动受到限制，主要依赖观光旅游的收入，并且不是航空公司的基地机场等。这些机场由机场运营商 Aena 经营，而 Aena 把它的资源大多集中在马德里（Madrid）机场。相反，像布鲁塞尔（Brussels）、加的夫（Cardiff）和汉堡（Hamburg）等机场，岗位密度指数值超过 1 500，主要是因为布鲁塞尔的货运量超过平均水平，而主要维护设施位于加的夫和汉堡机场。如果机场定位于低成本航空，则它们的劳动需求水平也就较低。

曾有人建议根据经济影响特点将机场分为六种主要类型：国际门户机场、国内枢纽机场、地区机场、旅客发送机场、旅客接收机场和中转机场。国际门户机场有能力吸引更广泛的机场外商业活动，特别是跨国公司的总部、分销渠道的中心，还能促进远程旅游观光事业发展。国内枢纽机场可作为航空公司基地和促进主要城市的旅游发展。旅客发送机场可作为包机公司或低成本航空公司的基地，而游客接收机场则可能对免税交易和货物处理具有重要作用。

对机场直接经济影响的研究常用于支持机场未来发展的建议和机场运营商将来的用人计划。这包括对可能产生的生产利润的评估，这些评估主要是从历史趋势和其他地方的经验得出，也需要考虑由于更严格的安全和质量要求，以及技术发展等因素引起的机场劳动力需求变化情况。如阿姆斯特丹机场通过对过去的趋势分析建立了不同类型的岗位需求弹性系数。与旅客相关的工作岗位（如登机、乘务和商业服务等）弹性系数值为 0.97，意味着旅客数量变化 1% 会引起相关工作岗位数量 0.97% 的变化。相应的，有关货运（如托运和货物转运等）和与飞机有关的活动（如机务维修、加油和空中交通管制等）的弹性系数分别为 0.77 和 0.46。伦敦希思罗机场（假定第五候机楼已建成）为将来评估的旅客相关岗位弹性系数为 0.83，货运相关系数为 0.61。我们还应该考虑不同经济规模下适用的劳动生产效率因素。例如飞机机型可能会随着交通量的增长而扩大，这会提高某些领域的人员生产效率。

（二）间接影响和诱发影响

有两种主要的方法可以用来估计乘数效应和测量间接和诱发的经济影响。第一种方法要使用乘数值，该乘数值是通过运用对现场和非现场雇员的调查信息以及对税率和购买的进口商品份额的估计计算出来的。

另一种更复杂的方法要用到一个投入-产出模型。这种模型通过考虑一定区域内各经济部门（如农业、制造业、建筑业、和服务业）之间的关系来考察存在于任何经济形态中的联系。这一方法包括构造一个交易表，用货币的形式来显示一定的经济形态中各部门的投入产出关系。每种经济活动的系数或乘数值可利用这一表格计算出来。这一技术能逐个部门或在整个区域内确定任何一种特定经济活动的额外开支造成的影响。美国在利用这种投入-产出模式测度经济影响上具有广泛的经验。20 世纪 80 年代以来，美国商务部经济分析局一直在发展其区域投入-产出模型系统，RIMSⅡ。这一系统已被广泛用于估算公有和私营部门对区域经济的影响，并成为了许多机场经济影响研究的基础。该模型包含了美国将近 500 个行业的投入-产出结构。

方法的选择通常依赖于可获得的数据量和可利用的资源。显然投入-产出模型对数据的要求最高，而且这一技术原本也仅打算用于国家或地区层次。如果要估算更加地方化的情形，其他方法可能更合适，也可以选择采用投入-产出模型，但要非常小心。

就全球范围而言，研究结果表明平均每 mppa 的工作岗位数量在 2 500～8 000

之间，其中直接来源于机场相关的工作岗位为750～2 000。另一个估计数字是2 700总岗位数/mppa，其中1 200是直接影响，1 500是二级影响。对国际枢纽机场和较小的地区机场，这种测评数值具有显著差异。国际枢纽机场平均每mppa带来1 500直接岗位和2 100二级岗位，相对应的地区机场的数值为1 000和1 100。对欧洲机场的测算结果是，平均而言，除了1100直接岗位之外，还有相同数目的间接和诱发岗位。英国最近的研究认为间接岗位数相当于直接岗位数的1/3，诱发岗位数也是如此。二级岗位（间接和诱发）数与直接岗位数的比率在0.6～0.7之间。在美国，平均而言，直接岗位数是1 270员工/mppa，二级岗位是2 063人/mppa，二级岗位数与直接岗位数之比为1.62。二级岗位数与直接岗位数的比率，大型机场为2.32，中型机场为1.32，小型机场则只有0.2。欧洲和北美机场的就业情况如表10.1所示。

表 10.1　欧洲和北美机场的就业情况表

机场	年份	旅客/百万	直接岗位/mppa	二级岗位/mppa	直接和二级岗位/mppa	直接岗位：二级岗位
欧洲						
阿姆斯特丹	1997	31.0	1 581	806	2 387	0.5
伯明翰	1998	6.6	816	408	1 224	0.5
加的夫	1997	1.2	1 570	483	2 053	0.3
杜塞尔多夫	1997	15.5	774	966	1 740	1.2
日内瓦	1998	6.4	1 023	1 023	2 046	1.0
伦敦盖特威克	1997	27.3	1 147	354	1 501	0.3
曼彻斯特	1998	17.2	953	781	1 734	0.8
慕尼黑	1996	15.7	1 075	2 131	3 206	2.0
纽卡斯尔	1998	2.9	858	446	1 304	0.5
奥斯陆	1996	11.1	854	1 195	2 049	1.4
巴黎戴高乐	1996	31.7	1 560	1 910	3 470	1.2
巴黎奥利	1996	27.4	1 068	828	1 896	0.8
维也纳	1996	9.1	1 142	1 082	2 224	0.9
北美						
渥太华	1997	3.0	951	1 202	2 153	1.3
凤凰城	1996	30.4	1 213	2 998	4 211	2.5
温哥华	1997	14.8	1 546	2 005	3 551	1.3
维多利亚	1997	1.1	812	733	1 545	0.9
华盛顿杜勒斯	1998	15.6	992	796	1 788	0.8
华盛顿国家	1998	15.8	646	402	1 048	0.6
温尼伯	2000	2.9	1 656	951	2 607	0.6

注：mppa=每年百万旅客

很明显，这些平均值会隐藏不同机场之间的一些显著变化。对个别机场的评估要考虑诸如机场交通流量的种类、旅客特征、雇用部门性质以及机场角色地位等因素，它们还与所在地区的经济规模有关系。当与机场相关的公司需要的商品和服务供应主要来源于当地而不是外部进口时，对于间接经济影响的估算往往需要扩大调研的区域范围。对于研究区域范围的选择主要取决于机场的角色定位和规模以及测度经济影响的原因。大城市的重要国际机场往往对整个经济有着重要的影响，因此测度它对整个国民经济的影响是有意义的。然而较特殊具体的目的，特别是与劳动市场相关的，可能更适合在地区或者当地水平上进行考虑。较小型的机场的经济影响显然需要在更为狭小的范围进行考察。

由于运用不同的技术方法或者采用不同水平的模型，对机场经济影响的评估结果会有很大不同。甚至美国 FAA 推荐的用来鉴别和量化机场经济影响的程序在细节方法上也存在实质性的差异。研究中采用的乘数定义以及对直接和间接影响的解释也是多种多样的。例如，有时候所有机场外的影响被认为是间接影响，而不考虑这些经济活动是否直接与机场相关。这使得对乘数值的比较变得十分困难。还有一个难题是如何处理一些以机场为基地但确实与机场运营无关的经济活动。区分经济活动发生在机场内还是机场外还常常取决于目前的场所范围是否被严格界定。

差异的主要方面之一是对经过机场的休闲旅客和商务旅客的接待处理工作不同。这些工作主要与旅游业相关，如饭店、餐厅、风景名胜、会议和展览等。一些机场，特别是在美国，把这些视为间接的工作，从而戏剧性地夸大了间接经济影响。其他研究分别鉴定游客带来的影响，或者采用一种更具有定性色彩的方法来评价这种影响。不同地区对机场经济影响的评估不一致的另外一个原因是建筑活动的存在。有时候在建筑业中暂时受雇的工人会被计入影响，而有时候却忽略不计。在制定一项重要投资计划时——例如 1 条新跑道或候机楼——机场倾向于分别鉴定经济影响，以支持扩容方案的决策。

以欧洲和北美机场为例，一些机场的岗位密度评估值的不同（如表 10.1 所示）主要归因于这些差异。每 mppa 的直接岗位数的差异很大，小至华盛顿国家机场的 646，大到温尼伯（Winnipeg）机场的 1 656。慕尼黑、凤凰城（Phoenix）和温哥华（Vancouver）机场的每 mppa 间接岗位数估计超过 2 000，然而在伯明翰、加的夫、盖特威克（Gatwick）和纽卡斯尔机场，这个数值却低于 500。这意味着二级岗位和直接岗位的比率变化是很大的，小至如加的夫和盖特威克机场的 0.3，大到如凤凰城机场的 2.5。在盖特威克机场，考虑诱发影响带来的大批二级岗位数量，二级岗位与直接岗位的比率估计值也是在 0.3 左右，大约 10% 的直接岗位是在机场外的（见图 10.3）。

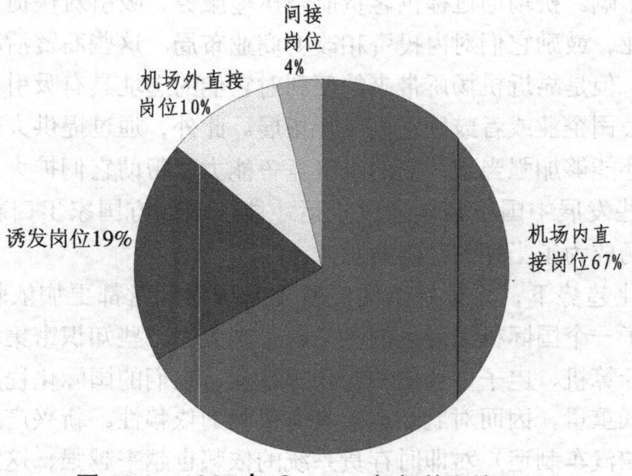

图 10.3　1997 年 Gatwick 机场就业情况

许多国家都在研究包括机场运营在内的航空业对本国国民经济的整体影响。例如在美国，运输部的数据库和 RIMS Ⅱ模型就是用来全面估计航空业对经济的影响。1998 年的评估数字认为，航空业在经济活动中创造了 9 110 亿美元的产值，2 590 亿美元的年收入以及 1 030 万个工作岗位。航空业对 GDP 的贡献估计为 4.7%。在英国，由于缺乏 RIMS Ⅱ模型，学者们对牛津大学经济预测的一个投入产出模型进行扩展，引入航空部门参数，以评估航空业对经济的全面影响。评估结果认为航空业为英国 GDP 贡献了 102 亿英镑，占全部 GDP 的 1.4%，并且至少有 25 亿英镑以税收的形式流向政府。单独评估机场部门对一国经济的影响要更加困难，北美 ACI 在 2001 年运用个别机场研究数据计算出美国和加拿大的评估数值。美国机场估计总共创造了 190 万直接工作岗位和 670 万的全部工作岗位。它们在经济活动中估计产生出了 5 070 亿美元的产值和 335 亿美元的税收。在加拿大，机场创造了总共 30.4 万个工作岗位和 341 亿加元的产值。

三、机场对经济发展的催化作用

机场不仅通过自身经济活动创造价值，而且还能吸引和支持周边地区更广泛的经济活动，促进商贸和旅游业的发展。这是一种催化的、磁性的或派生的影响。一个地区的机场就像磁场一样，吸引其他经济主体在机场所在地区进行经济活动，从而给该地区带来就业、收入、投资和税收等利益。机场对经济的催化影响可以通过这些新增的就业、收入、投资和税收来进行测度。机场能够让公司更容易接近它们的供应商和顾客，提供快速安全的商品运输服务。因此，机场对公司选址有着重要的影响。机场通过提供客货航空运输服务，吸引对快捷便利交通具有强烈依赖的产业，鼓励它们对内投资和改变商业布局。这些商贸活动可能不是直接依靠于机场，但是靠近机场所带来的便利对它们的选址具有吸引力。机场还能够留住现有的公司企业或者鼓励它们进行拓展。此外，通过提供大范围的客货运输服务，机场还能够加强当地厂商的经济竞争能力，帮助它们扩大出口。非洲和拉丁美洲的一些发展中国家需要通过空运才能够向西方国家出口新鲜的水果和花卉，于是机场成为了当地的经济命脉。

在全球化趋势下，无论是跨国经营还是国内经营都更加依赖进口原料和产品，企业位于一个国际机场附近的意义越来越大。一些知识密集增长迅速的产业部门，比如计算机、电子、通信和医药等行业，它们的国际化程度最高，而且产品是高价值低重量，因而对航空运输具有很强的依赖性。新兴产业和更多的传统产业部门（如汽车制造）对即时存货系统的依赖也越来越强，这意味着空运已经成为快速有效的分销系统和快递时代的关键因素。总之，机场对全球化的经营活动是越来越重要了。

在一些失业率高、经济基础薄弱的地区，机场业发展常常被视为一种创造就业、财富和重建地区经济的途径。这种观点常常被用来支持机场的扩展。如英国的曼彻斯特机场声称修建第二条机场跑道是经济发展的迫切需要，而临近的利物浦机场反对这个计划，认为这不利于利物浦地区的经济利益，利物浦机场才确实需要扩建。

机场是经济发展的一个重要组成部分。如果一个地区地处偏远，航空运输落后会对经济发展形成明显障碍。某些地区的机场如果不能够接近企业的目标市场，那么它们将很难吸引到外部企业的投资。因此机场建设往往被看做是地区经济发展政策的关键和区域竞争优势的体现。然而，要明确机场扩张和经济发展之间的因果关系是很困难的。根据财富与人口的规模和分布形式来确定一个经济活动到底是不是属于机场周边经济，在很多时候是不可能的。有时候很难分清到底是航空运输带来了经济繁荣，还是经济发展吸引了航空公司进入该地区。例如在美国，有证据表明航空运输和经济发展之间的关系主要取决于历史因素。

可以肯定的一点是，机场基础设施的建设通常是滞后于经济发展的。创造就业和吸引商贸活动从来没有被作为兴建新的机场设施的主要理由。更广泛的经济利益主要取决于机场规模以及它们吸引航空运输服务的能力。最后，航空公司是否选择在某一机场运营是决定该机场是否成功和是否能够发挥外部经济影响的关键。航空公司首要关注的是是否有足够的运输需求和机场的战略和地理位置，而不是机场基础设施建设的质量。

影响公司选址的因素很多，交通便利只是其中之一。要区分和量化哪些是由于机场存在而带来的经济影响是极其困难的。要确定任何商业活动的具体位置决不会仅仅考虑是否容易获得机场服务，还要考虑其他一些因素，包括其他潜在发展场所的可获得性、质量和成本、当地劳动市场情况、税收激励和贸易政策以及交通和通信等基础设施情况。许多经济区域同时拥有几个互补或竞争的机场，这会使公司选址的决策变得更复杂。

机场对鼓励商务人员和旅游人员进入周边地区能起到促进作用。很多案例可以说明这一点。特别是在加勒比海和亚太地区的一些发展中地区和国家，通过提供直接服务和配套的机场基础建设，有目的地开发当地的旅游资源。游客人数的增加可以对诸如旅馆、餐馆、景点、会议和展览等旅游商业活动创造大量的收入和就业机会，从而对收入和就业带来派生效应。旅游市场（包括假日套餐旅游、城市休闲观光、长途旅行）和商务会议都特别依赖于航空运输。机场发展与旅游业发展的因果关系就像与商业发展的关系一样很难得到证明。例如，是新的航空服务鼓励了旅店的发展还是旅店床位的增加鼓励了更多的航班流量。一些研究(特别是在美国）对不同旅客的影响进行分类，通过对旅客人数、平均日常开支以及逗留时间相乘，估算出旅客开支数目。也有一些机场把旅客的影响归入间接影响。虽然许多旅游业务要依靠航空运输服务，但不一定要有机场才能发展旅游业。因此，把这些旅游影响作为机场间接经济影响是很不恰当的，而把它们作为引起经济发展的连锁影响之一可能更为合适。

既然要证明机场和更广泛的经济活动以及旅游业发展之间的直接因果关系非常困难，那么识别这些活动引起的连锁影响或派生影响的精确就业数量或者收入数量通常也是不可行的。一些研究做了大致估算，在机场区域附近的经贸和旅游行业中有一定比例的工作是因机场的存在而产生的。在欧洲，这种估算值变动范围很大。就每 mppa 工作岗位数量而言，阿姆斯特丹、伯明翰、布鲁塞尔和奥斯陆机场为 1 000，而巴塞罗纳、杜塞尔多夫和纽卡斯尔机场则超过 2 000。然而粗略估计连锁反应的经济影响是有风险的，这可能会降低对直接、间接和诱发影响测度的可行性。

在调查机场对企业选址决定、竞争力和业务绩效等因素的影响程度时，定性的研究方法常常被采用。这有利于理解机场和当地经济中更广泛的因素之间相互作用的性质。例如，在对美国企业主管进行的一项调查中发现，超过 50% 的人觉得道路基础设施和当地劳动市场的技术水平、工资率以及联合交易形式等对企业选址具有十分重要的影响。调查提及的其他影响因素包括财政激励政策、环境政策、市场接近程度、通信设施、财产费用、学校系统、不熟练劳动力、原材料、住房供给以及环境卫生系统。18% 的人认为主要机场的存在是重要的。欧洲 2002 年的一项调查显示，在与其他城市的交通连接中排前五位的城市（伦敦，巴黎，法兰克福，阿姆斯特丹和布鲁塞尔）在商业选址中也位列前五名。商务和休闲旅客中的类似倾向也可以进行调查，以探讨机场角色的重要性。这种调查方法的困难在于要确保被调查者的回答是真实的。例如，如果被调查者不必承担与新的航空服务相关的直接成本，而且还能得到利益，那么他们常常会对新的航空服务有一个积极的但也许不完全真实的评价。

评估新开通航线的经济影响常常是看航空运输服务对相关地区商贸和旅游发展产生的直接影响。例如，1996 年在凤凰城空港国际机场（Sky Harbor International）的三条分别通往伦敦、杜塞尔多夫和多伦多的直通航班开通。经测算，经营这三条航线第一年创造了 3 900 万美元的直接收入和 366 个工作岗位，同时间接/诱发收入为 9 700 万美元和 915 个工作岗位。另有估计，这些航线创造了 35 100 万美元的航空出口收入，3 223 个工作岗位和 5 270 万美元的新增年度税收收入。

在评定机场对经济的影响时，经济影响的净利益也必须考虑。比如说，机场不仅鼓励外地旅客来到当地，同时也方便本地居民外出度假；类似地，航空运输服务的便利性可能增加对进口商品和服务的使用。考虑机场的经济影响问题理论上还要与可能的与机场无关的经济活动进行比较，从而评估出比较经济利益和机会成本。选择性的发展可能对经济有着更好的全面影响。对其他行业的交叉影响，例如对其他运输形式的冲击，也需要考虑进来。机场周边增加的工业和经济活动可能只是资源在地区间进行转移。机场发展带来的消极和不利的影响，诸如经济过热和劳动力短缺等，也需要进行考虑。当地社会与航空活动相关的旅游发展的全面影响也需要进行评估。如果旅游产业严重依赖于进口和外部资金，那么它们对经济的积极影响就不是十分确定。

表 10.2 所示为国外一些机场的经济影响研究的部分内容。这些测量的范围和类型在世界不同地区都是可行的。这些机场都是中型机场，客流量从日内瓦机场的 640 万到华盛顿国家机场的 1 580 万。这些研究是分别进行的，因此在方法运用上不具有一致性，这可能会导致一些差异。为了具有可比性，测量方法按旅客吞吐量进行划分，虽然很多外部经济利益可能与客流量无关。华盛顿国家机场每 mppa 岗位数最少，主要原因是以国内旅客为主和诸如货运等其他经营活动较少。布里斯班机场的工作岗位数和产出都很高，这反映了航空运输对澳大利亚及其附近地区的贸易海岸经济发展的影响。布里斯班机场雇佣人数占全昆士兰州雇佣人数的 5.2%，而收入占到全州总产值的 6.8%。一些机场的旅客活动可以区分开来，所以包括它们对经济影响的评估也可以看到。在日内瓦机场，除旅游活动外，与商业发展相关的催化影响也已经被确定。华盛顿机场公司也对其下属的国家机场的 3 100 万美元的资本支出项目和杜勒斯机场的 5 700 万美元的资本支出项目的经济影响进行了评估。

表 10.2　华盛顿、布里斯班、日内瓦和维也纳机场的经济影响

	工作	收入（百万美元）	产出（百万美元）	税收（百万美元）	工作每 mppa	收入每 ppa（美元）	产出每 ppa（美元）	税收每 ppa（美元）
华盛顿杜勒斯机场（1998），旅客流量 15.6 百万								
直接	15 481	548	4 125	440	992	35	264	28
总数[c]	27 888	992	N/A	N/A	1788	64	N/A	N/A
旅游	47 981	998	1 989	277	3076	64	128	18
建　筑								
直接	778	31	N/A	7	50	2	N/A	0
总数[c]	1 281	56	N/A	N/A	82	4	N/A	N/A
华盛顿.国家机场（1998），旅客流量 15.8 百万								
直接	10 211	384	2 414	295	646	24	153	19
总数[c]	16 562	664	N/A	N/A	1 048	42	N/A	N/A
旅游	69 805	1 347	2 909	425	4 418	85	184	27
建　筑								
直接	417	19	N/A	4	26	1	N/A	0
总数[c]	650	32	N/A	N/A	41	2	N/A	N/A
布里斯班机场（1996-7），旅客流量 10.0 百万								
直接	16 400	N/A	N/A	N/A	1 547	N/A	N/A	N/A
总数[c]	83 600	1 596	8 685	67	7 887	151	819	6
日内瓦机场（1998），旅客流量 6.4 百万								
直接	6 587	N/A	1 458	N/A	1 029	N/A	226	N/A
总数[c]	13 174	N/A	N/A	N/A	2 058	N/A	N/A	N/A
催化	10 779	N/A	4 404	N/A	1 684	N/A	684	N/A
旅游	d	N/A	1 488	N/A	d	N/A	231	N/A
维也纳机场（1996），旅客流量 9.8 百万								
直接	10 394	1 058	N/A	255	1 142	116	N/A	28
总数[c]	20 234	2 361	N/A	462	2 224	259	N/A	51
旅游	N/A	N/A	2361	N/A	N/A	N/A	262	N/A

注：mppa=每年百万旅客，ppa=每年旅客，c=直接和二级影响，d=包含在总数中。

总而言之，机场对它所在地区的经济有着实质的影响是无庸置疑的。本节讨论了各种不同的经济影响。一些概念如乘数、催化作用等是可以直观理解的，但是要以一定的可信度来量化它们却非常困难。越来越多的机场表现出对测量它们的经济影响的浓厚兴趣，但是它们所采用的技术和方法仍然是非常混乱和相互矛盾的。随着这一领域工作的深入开展，将来可能会发展出一些一致的和精确的测量机场经济影响的工具。

第二节　机场对环境的影响

一、人们对环境不断增长的关心

在20世纪90年代，像所有其他行业一样，机场业也面临着不断增加的环境压力的影响。对环境的关心程度在各国不一样，在不同的机场也不一样，这取决于各地对航空和其他社会和政治问题的看法。在许多国家，财富的增长导致了人们对生活质量的更大期望，人们对机场造成的环境问题也更加敏感。因此大范围扩张机场运营规模或建设新机场都变得越来越困难。所有迹象都显示由于未来对环境问题不断增长的关心，这种困难会越来越大。同时，航空运输需求的持续增长又对机场的发展带来更大的商业压力。在那些靠近人口密集区的繁忙机场，这一问题特别突出，而这又意味着社区的大部分人口会受到机场运行的影响。简而言之，环境问题必须作为对航空运输业未来活动的最大挑战之一和可能的限制来看待。

环境影响需要从两个层次来考虑，即全球层次和地方层次。在全球背景下，航空与诸如全球变暖和臭氧减少等世界性问题的关系正受到更详细的观察，是全社会必须重视的长期问题。1997年在日本京都召开的政府会议第一次试图在全球层次上对环境影响进行限制，虽然航空目前还被排除在这种限制之外。地方层次上，飞机噪音和空气污染等影响必须被考虑。在某些地区，法律可能要求机场运营者减少对环境的负面影响，而许多其他地方的机场运营者正越来越自觉地采取措施来减轻对环境的影响。在地方层次上公众关心的问题，如噪音问题，可通过监视机场噪音水平来进行精确的评估。而国外有人提出的减少航空运输的理由——以经济增长为代价的整体环境的需要，则是必须面对的一个困难得多的挑战，因为即使量化环境成本也是一个很大的难题。机场运营者在日常工作中必须重视的大多数问题是地方性的问题，因此本章的重点主要在地方层次上，虽然作了一些全球性发展的探讨，也是为了将地方性问题纳入一个更广阔的背景。

分析机场附近的环境影响问题十分困难，因为受机场影响的人们涉及许多不同的群体。这些群体包括：机场运营者、航空公司、政府和法定组织，以及当地居民。这些群体具有不同的，通常是矛盾的复杂利益关系。诸如居住安全、野生生物栖息地的丧失等问题都能够在某些社会群体中引起焦虑并产生相当强的情感关注。其他影响可能需要复杂的技术数据进行评估，各利益团体要完全理解也很困难。有些影响不能被全面测量。于是，当考虑减轻影响的措施时，必须采用最标准的步骤以适应每个机场独特的环境氛围,因为每个机场具有不同的使用机型、夜航班次、土地使用制度、距离居民区的距离，以及社区的总体环境敏感度。

二、机场对环境的主要影响

主要的环境影响可划分为五种类型：

① 噪音；② 排放物；③ 水的污染及使用；④ 废物和能量管理；⑤ 野生生物、文物遗产、风景。

（一）噪　音

飞机噪音一直被认为是最严重的机场环境问题，很多情况下公众对飞机噪音的忍耐程度正在降低。尽管近年来与飞机活动有关的噪音水平一直在下降，但情况并未明显好转。噪音的减少主要是由于生产出了低噪音的飞机，以及对新机型噪音认证的更严格的要求。目前的飞机要比 30 年前的飞机产生的噪音低 20 分贝，噪音干扰减少了约 75%。噪音合格证书是 1969 年在美国首次使用的，由联邦航空条例 36 部（FAR PART36）具体规定。国际民航组织（ICAO）在 1971 年采用了类似的国际标准，这些标准包含在芝加哥条约环境保护附件 16 中。最初为喷气式飞机规定的噪音标准在美国叫做“第二章”或“第二阶段”，它是基于某一给定飞行程序下的最大噪音水平而制定的。1977 年，更严格的噪音标准（称为“第三章”或“第三阶段”，打算应用于所有新飞机的设计中）被国际民航组织采用。“第二章”飞机包括波音 727、DC-9 以及波音 737 和 747 的老型号。由“第三章”认证的飞机包括波音 757、767、777 和所有空客家族的飞机。

1990 年以来，第一代高噪音飞机（即“第一章”或“第一阶段”飞机）如波音 707 已被禁止使用。此后，第二代（“第二章”）飞机成了噪音最大的飞机。它们 1999 年底在美国已分阶段全部停止使用,并且国际民航组织要求国际上在 2002 年前分阶段停止使用这类飞机。1998 年据欧盟估计全世界机队中有 2 架“第一章”飞机，224 架“第二章”飞机，2 448 架“第三章”飞机，和 13 架超音速飞机。有一段时间，ICAO 通过航空和环境保护委员会（CAEP）探讨制定新的“第四章”噪音标准范围，但要在所有 ICAO 成员国间达成协议实际上非常困难。2001 年新的标准终于建立。

使噪音认证过程变得复杂的一个问题是如何对待改装发动机的飞机。这些飞机原来是“第二章”飞机，为适应“第三章”规则要求而进行了改装。但它们在“第三章”飞机中噪音最大，因此已面临分阶段停止使用的压力，这种压力在欧洲特别明显。这已成为欧洲和美国官方之间争论的一个主要原因。由于 ICAO 缺乏一个公认的标准而使得欧盟在这一过渡时期使用了它自己的标准。这个标准禁止在欧洲注册的运营商从 2000 年开始增加新的改装发动机的飞机，并且在 2002 年之后禁止使用所有这种类型的飞机。上述第一个措施原本打算从1999年生效，但由于希望与美国达成协议而有所推迟。

美国人强烈反对欧盟的这个单边行动，声称它歧视美国航空业。因为美国是唯一的发动机改装技术的提供者，而且美国航空公司拥有的改装发动机飞机的比例比其他航空公司更高。例如，2000年1月全球所有的单通道飞机中，15%被认证为“第一章”或“第二章”飞机，19%是改装发动机的飞机，剩下的66%符合“第三章”飞机标准。到目前为止，占有“第二章”飞机最大比例的是拉丁美洲和亚洲，超过了总数的一半。在美国，31%的飞机是改装发动机的飞机，60%的飞机符合“第三章”飞机要求。与全球相应的19%和66%的数字相比较，可以很好地解释为什么双方在这一问题上的意见有如此大的差异。

新的“第四章”标准将从2006年开始应用于所有新飞机的设计中，该标准累计比“第三章”飞机噪音减少10分贝。但现有的设计已经达到这一标准，因而欧盟和大多数机场对它们的更严格的累积降低14分贝噪音的要求没有被满足感到失望。此外，关于分阶段停止使用处于“第三章”要求边缘的飞机（如改装发动机的飞机）的问题还没有达成协议，虽然ICAO确实同意机场采取运营限制作为其减少噪音的平衡计划的一部分。噪音管理的“平衡手段”由四个主要元素组成：

① 从源头上减少飞机噪音；② 土地使用计划和管理措施；③ 降低噪音的运行程序；④ 当地与噪音有关的运营限制。

接受这一方法意味着在2002年欧洲有关改装飞机的规定被取消，并随之采用一种融合了ICAO的平衡计划的新指令。这个指令允许对处于边缘状况的飞机采取运营限制，这些飞机相对于“第三章”认证限制的累计边缘差异在5分贝以内，但还不清楚有多少飞机会被选择给予这种限制。

国际认证无疑对减少飞机噪音水平有影响，但取得效果需要相当长的时间，因为飞机制造商和航空公司都需要大量投资，而飞机寿命又很长。然而单个机场能够采用单方面降低噪音的运营措施以更快地减少飞机噪音的干扰。例如，许多机场已采用首选的噪音航路（PNRS）来减少噪音对周围人群的影响。要达到这个目的，通常是机场指挥飞机避开人口最稠密的区域。机场也可以选择对飞行程序施加限制，例如要求飞机在起飞航路上减小油门和襟翼位置。

飞行轨迹监视设备与机场监视雷达结合可用于改善飞机的离场和到达程序，监视飞机是否沿合适的噪音航路飞行。有时，机场运营者可对偏离规定的飞行路线的航空公司强制采用经济惩罚措施。但这样做也有困难，因为航空公司由于空中交通管制的原因可以很合法的被要求按它们选择的路线离场。罚金可用于隔音或其他的社区计划。许多机场也使用噪音监视设备。这种设备可用于测量当地噪音水平、计算噪音等值线和实施噪音限制。从噪音和轨迹监视程序得到的信息可提供给航空公司、当地社区、政府和其他感兴趣的团体，越来越多的机场实际上已在发布这些信息。

机场也能利用其他运营措施来减少噪音影响。宵禁或夜间飞行限制是常见的方法。这可以是对所有飞机的总体限制，也可以是对噪音较大的飞机的限制。这种限制可能对货机和包机飞行的发展产生显著影响（这些飞机通常是晚上运行），并增加远距离航班飞行的困难。大多数情况下，对噪音较大的飞机的限制仅在晚上使用，但有时也在白天使用。许多机场也使用对高噪音飞机强制收取附加噪音费的方法来鼓励使用噪音更低的飞机，但除非附加噪音费足够高，否则不会影响航空公司对机型的选择。

飞机发动机试车也会产生噪音，特别是在飞机维护期间。为了减少这种噪音发送水平，有的机场引进了消音器或隔音墙，以及特殊的噪音隔离机库。对发动机的试车时间和方式也进行了限制。对飞机使用反喷也有限制。但噪音问题不仅仅是由飞机的起飞、着陆、滑行、或发动机试车引起的。地面车辆和辅助能源装置也会产生噪音。美国的一些机场通过在大多数情况下使用固定装置而不是辅助能源装置而减低了噪音，一些欧洲机场如苏黎世和哥本哈根机场也是如此。

在考虑减小噪音影响时，对机场附近的土地使用进行适当控制具有关键作用。这样可以防止由于使用低噪音飞机而取得的效果被人群居住得离机场太近而削弱。为了克服这一困难，常常对机场进行噪音区划。这包括在机场周围划定一个区域或噪音缓冲带，新住房或其他对噪音敏感的建筑物不能建在这一区域内。然而，总是会有一些居民受到噪音的干扰，因此许多机场运营者会为机场附近的财产进行噪音隔离提供资助或协助筹款。这种行为既可以是自愿的，也可以是法律要求的。住房（也包括学校、医院等建筑）可以进行噪音隔离。有时，所需的资金可取自机场的噪音收费或噪音税。巴黎机场就是这样，例如在 1999 年，它提供了来自税收收入的 3 775 万法国法郎用于 624 个噪音隔离项目。

（二）废气排放

将发展低噪音飞机和减轻噪音运行程序相结合，大多数机场已设法抑制了由飞机噪音引起的许多问题。但近年来又出现了一个正不断增长的“新的”环境问题——飞机废气排放。1992 年在全世界服役的所有亚音速飞机消耗了大约 1.3 亿 t 燃料。预计到 2015 年会达到 3 亿 t，2050 年达到 4.5 亿 t。由于消耗燃料，飞机会产生二氧化碳、水汽、氧化氮、氧化硫颗粒（通常是油烟）、一氧化碳和各种碳水化合物。

这些气体中的一部分（主要是二氧化碳和水汽）是温室气体，它们与全球变暖和气候变化有关。在全球范围内，航空产生的二氧化碳仅占整个人类产生的二氧化碳的极小部分，约 2%，二氧化碳是所有温室气体中最重要的一种。所有飞机排放物引起的全球变暖效果或热辐射力估计在3.5%左右。到2050年，在全球的这一比例可能上升到大约4%～15%，这取决于不同的发展规划和其他条件。

虽然航空排放物的绝对量相对很小，但当飞机在 9～13 km 的高度飞行时，排放直接发生在对流层上层和平流层下层。在高层大气中的废气排放的影响目前还不是完全清楚，如像氧化氮这种温室气体，人们认为它对臭氧层有显著影响，但具体情况还不清楚。比较明确的是未来全球航空增长速度会高于任何技术进步带来的对发动机排放量的减少速度。20世纪90年代的飞机的燃油使用效率比40年前的飞机要高70%。计划到2015年燃油使用效率会比目前提高20%，到2050年会提高 40%～50%。但这种发展速度仅能部分抵消航空增长本身带来的影响。此外，虽然更高燃油效率的飞机可以产生较少的二氧化碳等气体的排放，但为提高效率而需要的更高的燃烧温度却可能排放更多的氧化氮。所有这些问题还需要在全球背景下来进行考虑，在这一背景下，减少二氧化碳的努力主要来自其他行业。

目前还没有喷气发动机的可行的替代品，航空业正在寻找其他途径来减少航空废气的排放。改进的运行程序（如更有效的空中交通管理）在未来20年能进一步减少燃油消耗量8%～18%，但这一进步本身仍然不可能将排放量减少到一个可以接受的水平。

基于市场的方法是另外一种选择。这包括收取煤油税。目前用作航空燃料的煤油在国际飞行中是免税的，这是1944年芝加哥条约的规定。而且许多两个国家之间的双边航空服务协议也禁止这种税项。90年代后期，欧洲委员会对在欧盟范围内引入燃油税表现出了很高的兴趣。它考虑了两种方式：第一，仅对欧盟的承运人在欧盟范围内的航班收税；第二，对所有承运人在欧盟内运营的所有航班收税。据估计，如果这种税收方式在1998年开始使用，第一种方式在2005年会比1992年减少燃油消耗0.5%，第二种方式会减少2.5%。由此引起的第一种方式为航空公司运营效果带来的影响估计是欧盟的承运人降低 12%，其他增加 4%。第二种方式带来的对航空公司运营效果的影响估是计欧盟承运人下降15%，其他下降 4%。因此，对欧盟承运人收税的方法会给它们带来明显的竞争劣势，并且仅能降低很少的废气排放量。这一方式不能为人们所接受。对所有航路收税产生的环境影响要大得多，但这种方法实施起来很困难，因为这会包含从新制定双边协议和对全球性芝加哥条约的修改等复杂工作，很可能还需要获得ICAO的承认。据此推断短期内这也不是一种可行的选择。

税收的一种替代办法是排放收费，它可以作为机场费或空中交通管制费的一部分来征收。英国已对环境成本进行了估价，每位旅客每次旅行的环境成本在3～35英镑之间。也有估计显示，如果将环境成本转移给旅客，则需求将减少10%。

欧洲委员会也一直在考虑将排放收费作为燃油税的一个运用范围更广泛的替代品，它在2002年委托进行了一项关于这一选择的研究。这项研究认为，与燃油税不同，如果将排放收费限制在欧盟空域内则不会引起来自第三国的法律上的反对，也不会扭曲竞争的性质。这种费用可以通过空中交通管制系统征收。这项研究探讨了两种主要的替换方法。第一种是根据在欧盟空域中的温室气体排放体积来按比例收费。估计这样每年可以收取10～90亿欧元，具体看使用什么样的排放评估方法。如果二氧化碳收费30欧元/t，氧化氮收费3.6欧元/kg，估计到2010年排放量可减少 9%。这种减少量的一半可归因于航空公司采用了新的技术和运行方法，另一半来源于由机票价格上升引起的航空运输量的减少。据估计，对短途单程飞行，票价约上升3～5欧元，对长途飞行，票价约上升10～16欧元。排放收费带来的增加的收入可分配给单个的欧盟成员国或一个超国家的基金，用以资助减少排放的措施。第二种替代方法称为中性收入或行为标准鼓励（PSI）。利用这一方法，如果一架飞机运行得比标准要求的要好，它可以获得奖金，如果比标准要求的差，它要付钱。估计这种办法会减少排放量 5%，而减少的排放几乎全部是由于航空公司采用更好的技术和运行措施而实现的。由于这一办法是以中性收入的方法进行，不能提供增加的基金以供分配。

国际飞行产生的废气排放在京都条约草案中没有被考虑（如果这一条约曾经被承认的话）。而CAEP赋予了ICAO对国际航空废气排放提供建议的责任。除了考虑减少排放的最合适的标准和最好的实际运行方法外，ICAO 还考虑了各种基于市场的选择。这些选择包括自愿计划、税收和收费（如燃油税和航路排放费），以及排放交易（采用这种方法航空公司要购买污染执照，这种执照可与其他行业进行交易）。

飞机排放造成的全球性影响近年来引起了人们的高度关注，但这不是唯一需要考虑的影响。在地区水平上航空排放被认为与酸雨的产生有关系。在地方水平上，机场附近的空气质量会受到影响，这主要是由于碳水化合物、一氧化碳和氧化氮的排放。越来越多的机场开始监测机场当地的空气质量。由独立的组织进行监测是很常见的。监测系统在成熟度和精确度上的差异是很大的。有的机场利用这些系统来帮助他们建立预测未来空气质量的模型。1981年以来，ICAO 已为四类发动机排放物设立了标准，这四类排放物是烟、碳水化合物、一氧化碳和氧化氮。这些标准是针对地方空气污染问题的，是基于飞机的起落航线制定的，而没有考虑巡航阶段的排放。近年来，这些标准得到了加强，但还没有形成法律效力，要靠成员国将这些标准纳入自己的法律中。

虽然ICAO的排放标准对机场飞机排放能产生一定的影响，但实际的机场运营者对此的控制作用却非常小。鼓励更节油的运营程序如连续下降进近可能有一些作用。运营者也能寻求一些减少地面飞机发动机运行影响的措施。象噪音问题一样，机场的困难不仅仅局限在飞机的运行上，因为当地空气质量也可能被地面服务的车辆影响，它们一般都以燃料为动力。在某些机场，更为经济和环保的电力车在一些情况下已被考虑和使用。还有在维护和清洁过程中造成的排放，辅助动力设备造成的排放，以及汽车和其他地面交通工具造成的排放。另外还有一种与废气排放没有直接关系的影响，由飞机尾部蔓延的空气涡流引起的航迹乱流能够损坏飞行路径下方房屋的瓦片和窗户。对这一影响负责的机构有时是机场运营者和财产所有人，大多数时候是航空公司。但要确认与此有关的具体航空公司是非常困难的，于是机场运营者通常提供维修服务并采取方法尽量减少类似情况发生的可能性。

（三）水的污染和使用

机场水污染的产生有几个原因。从跑道、停机坪、停车场、和其他地面设施流入当地水渠的地表水可能被冬季使用的防冰和除冰液（如乙二醇）污染。维护和清洗飞机和车辆用的化学品，消防训练活动，以及燃油溅洒也可产生污染。地下油罐和管道泄漏、用于美化景观的草木化学肥料会污染泥土，还有来自建筑物和各种设施的普通废水，如下水道的污水。越来越多的机场现在都像监测空气质量那样监测水的质量，并采取各种措施来减少水污染。这些措施包括修改运行方式以减少有害化学品的使用，改进清洁过程，以及减少溅洒和泄漏。在地表水流入当地水渠之前，还可使用平衡储水方法进行处理。

（四）废物和能量管理

像其他大多数行业一样，废物污染也是一个问题。有很多与废物管理有关的立法。但因为航空业务的性质，机场也面临特别的运行限制。例如，机场需要对来自飞机上的所有“国际”食品进行焚化或将其送往有专人看管的掩埋式垃圾处理场。另外，废物从机场飞行区转移到地面活动区也是个难题，因为有保安、海关和保险的限制。

机场废物是由航空公司、机场运营者和其他与机场有关的公司产生的。虽然大多数废物来自于航空公司，但机场运营者通常对整个机场活动的废物管理负全面责任。大多数单独的公司（特别是航空公司）没有足够的空间容纳废物管理设施，并且采用共同的废物回收利用和其他管理程序会带来成本的规模经济。通过对机上废物处置方法和减少、再利用、回收利用废物的机会进行评估，通常可以改进废物管理的方法。机上餐饮产生的废物，由于其大多数包装是一次性使用的，处理起来特别困难。机场外的处理方法特别是焚化和掩埋也可以考虑。

与提供供热、通风、空调和照明相联系的能量管理也非常重要。估计能量成本约占机场运营成本的 5%。节能技术可将能量成本降低 5%～20%。有些机场要进行能量审计。与废物和水的管理一样，为什么机场要重视能量管理问题有很好的财务上的理由，因为能量管理的改善可带来可观的成本节省。

（五）野生生物、文物遗产和自然风景

噪音和排放的影响显然会强烈波及居住在机场附近的人群。但机场运营者需要考虑的不仅是对人们日常生活的影响，保护当地环境中的野生生物、文物遗产和自然风景的需要同样应该强调。

有许多关于机场运营者在机场扩建和新机场建设中如何处理对当地野生生物的干扰的例子。如在香港新机场的建设过程中，为海豚建立了一个 1 km 的隔离区以保证它们敏感的听觉在施工爆破中不会受到伤害。

文物遗产在机场建设过程中也可能受到影响。例如历史建筑可能位于机场扩建规划区内。有的情况下（如曼彻斯特和哥本哈根机场）这些建筑被移到了别的地方。机场建设能大大改变自然景观，这会干扰生态系统，产生视觉破坏。有的机场（如伦敦的 Stansted 机场）在扩建时，要花费大量的时间和精力以使机场能尽量融入当地景观。

三、其他交通模式的角色

其他交通模式的使用能从两个方面影响机场对环境的直接和间接作用。

第一，可以为中短程航空旅客转向高速铁路服务提供机会。如在欧洲估计约有 10% 的航空旅客可以改乘高速列车。经计算，对 500～1 000 km 的飞行距离而言，高速列车每客公里可比飞机减少 1/3 的燃油消耗。各种研究都显示，快速的城市中心到城市中心的铁路运输服务在吸引航空旅客转移到高速列车上是非常成功的。

英国最近的一项研究建议对在英国国内和一些欧洲内的旅行的旅客应鼓励乘坐高速列车以减少航空运输对环境的影响。但从航空运输转向铁路运输只有当具备了密集的铁路线时才是可行的。这样的铁路线也需要大量的投资。而且只有当高速铁路网与机场连接时，它才是一种真正有吸引力的选择。铁路运输的吸引力在很大程度上也取决于其运输费用和服务质量水平与航空运输的比较。航空运输费用越低，铁路运输的吸引力就越小。

第二，单个的机场运营者在影响旅客和雇员采用何种地面交通方式到达机场上能起到很大的作用。在机场的总体噪音水平和空气污染中，地面交通的影响占了重要部分，随着交通系统变得越来越繁忙，这种影响还在上升。许多机场正尝试发展更有效的进出机场的公共交通方式来代替汽车。它们也采用了很多创新的方法来鼓励旅客和机场雇员使用公共交通。

过去国外大多数旅客乘坐私家车或出租车去机场，只有一小部分乘坐公共汽车或客车。随着机场在20世纪70年代和80年代的发展，一些已有的郊区铁路运输服务（如地铁和轻轨）被延伸到了机场。今天在北美和欧洲的一些国家，这也是最常用的抵达机场的运输服务。

许多这类交通服务的速度比较慢，服务质量也是最基本的，而且不是通往机场的专线。它们可能对机场雇员适用，但对旅客没什么吸引力。这使得很多机场(特别是那些交通量大或距城市中心远的机场)开发了高速交通专线以取代原来的交通线。这种交通线对环境有好处，减轻了道路的拥挤状况，也给旅客带来了更多的方便。

越来越多的机场运营者已经意识到鼓励旅客使用公交运输远远不只是考虑到交通时间的问题，也包括对使用地面交通方式的方便程度、是否容易进入机场和安排行李等方面的考虑。有的机场正在设计更好的公共交通和机场间的交接方式，并提供更多的远程检票。另一些机场正尝试对市场营销、信息获取能力的改进。

机场运营者也在积极鼓动更多的机场雇员使用公共交通。机场工作具有一些天生的特点适合使用私家车。许多工作是轮班进行，常常在夜深人静公共交通稀少的时候。雇员居住的地点分散在机场周围，使得提供有效的公共交通服务更加困难。而且机场雇员一直都有机场的免费停车位，这也增加了自己开车上班的吸引力。在这些因素的影响下，雇员使用私家车的比例比旅客更高。机场鼓励雇员乘坐公交车的新举措包括：打折的公共汽车和火车票价、机场工作人员专用班车、发展循环交通网、制订开车和车辆停放计划。在确实需要开车上班的情况下，有的机场鼓励几个人合用一辆车。在机场内限制使用私家车的办法在一些机场也开始实行。有的机场还制定了工作人员使用公共交通的目标，如曼彻斯特机场的40%雇员乘坐"环境友好"公交车的目标。这一目标在1998年已实现，乘坐的雇员达到42%。

四、社会影响

到目前为止，讨论仅涉及机场对经济和环境的影响。航空活动显然对社会也会产生很多影响。从最广阔的背景来看，人们常常认为航空运输在增强各国间的民族和文化联系、增加旅行机会和消费者对食品和其他产品的选择等方面给社会带来了更广泛的利益。这些都是非常综合的影响，难以量化和归功于某一个机场。

作为经济发展的催化剂，机场也会对周围地区产生很多的社会影响。就业和生活方式会发生变化，包括住房、健康、教育和其他社会需要。机场成功发展带来的经济过热会造成劳动力短缺、住房紧张、物价升高等困难。有的机场扮演的另外一个重要的社会角色是提供了联结某些偏远地区的生命线，否则这些地区可能还处在与世隔绝的状况。显然，机场对环境的作用会使机场附近的居民的生活质量受到负面的影响。人们关心的主要问题是飞机噪音、空气污染、燃料气味、生态破坏以及飞机安全。虽然人类健康与福利等因素间的关系还不是完全清楚，但有一个问题引起了特别的关注，即夜间飞行引起的睡眠干扰。由于这个原因，很多机场限制飞机的夜间活动或禁止噪音较大的机型夜间活动。飞机活动数量的增多也增加了人们对飞机安全的关心，并使得一些机场在机场周围建立起与第三方死亡或受伤有关的风险等值线。

许多机场强调在一个更广阔的环境或可持续发展战略框架下来考虑一些由机场运营引起的社会问题。对机场雇员而言，这可能包括对诸如机会均等、民族政策、技能培训和工作场所安全和保安等问题的考虑。而且，打造与社区的牢固关系和保证与所有利益团体的持续的公开对话常常被认为是机场的一项重要任务。大多数机场通过提供有关环境和其他关于发展的信息、开展抱怨处理服务、支持和资助地方事务以及发展教育等方式来与社区建立联系。有的机场设立了居民论坛。许多机场也设有顾问委员会，由来自地方政府、当地商业和其他行业以及机场使用者的代表组成。这些在一些地方也可能是法律上的要求。

五、环境管理

对许多机场运营者而言，环境政策正越来越成为它们的总体业务战略的一个核心成分。来自政府、机场使用者和其他团体的环境压力使得认真对待环境问题成了机场运营的基本要求。在某些方面（如空气和水质量）机场常常不得不和环境立法保持一致。不过机场也已认识到健全的环境措施也能带来经济上的好处，这种好处来自于有效的资源管理（如对能源、废物和水的管理）。结果，大多数西方国家的主要机场现在已很好地建立起了环境战略和相对成熟的政策，特别是在寻求减少噪音和排放、控制污染、减少废物和能源使用方面，以及鼓励使用可更新能源和公共交通方面。技术的进步和新的减少环境影响的方法正使这些政策的效果得到持续的改善。较小的机场和发展中国家的机场处于更基本的阶段，但很少会设法逃避全部的环境管理问题。由于机场运营者自身产生的对环境的直接影响相对很少，任何成功的环境战略的关键是在机场所在地的所有不同利益群体间建立伙伴关系。

很多机场已将它们的环境管理过程发展成了综合的环境管理系统。这为机场运营者对所有环境问题建立有效而协调的响应提供了一个框架。在任何系统中，有为减少环境影响而清楚定义的目的和目标，并确立最合适的减少环境影响的方法。通过采用这样的方法，机场运营者也向外界发出信息，表明它正在以一种负责任的方式处理环境问题。澳大利亚 1997 年的机场法案要求机场运营者拟订机场环境战略并提交政府批准。

有的机场选择使它们的环境管理系统符合国际环境管理系统标准 ISO14001 的形式。这一标准等同于针对质量管理的 ISO9000 标准。为了达到 ISO14001 的要求，机场需要评价它们的环境影响，系统陈述它们的环境政策，保证它们的工作符合所有相关的立法，设立改进环境品质的目的和目标，并证明已采取了适当的措施使环境工作能被监测，目标能够达到。都柏林机场是 1999 年欧洲第一批获得 ISO14001 证书的机场之一，其他一些欧洲机场随后也陆续获得了这一证书。任何环境管理系统需要具备的要素之一是确定适当的环境指标，这些指标可用来监视环境品质和设立目标。指标应当对所考虑的问题提供有代表性的描述，建立指标所需要的数据要容易获取、比较精确。指标要很简单，容易解读，能显示时间趋势。结果要能够被每个对该机场感兴趣的人和当地的社区获得。2000 年，由 Loughborough 大学和英国的 OPEN 大学进行的对世界 200 个最大的机场如何自己测量它们的环境行为的调查显示，最普遍的测量方法有抱怨的次数（84%的机场使用），居住在某一条噪音等值线之内的人口（67% 的机场使用），使用公共交通的旅客数量（52% 的机场使用），以及废物的回收利用（50% 的机场使用），如表 10.3 所示。

表 10.3 机场主要环境品质指标

影　响	品　质　指　标
噪　音	在特定噪音等值线中的人口 违反噪音限制的次数 违反发动机试车规定的次数 按规定航路运行的飞机的比例
排　放	每位乘客的 CO_2 和 NO_x 排放量（以及其他排放量） 固定电源的使用
水	每千架次飞机的燃油溢出次数 每位乘客消耗的水量
废　物	每位乘客产生的废物 废物重复利用的比例 送到废物处理场的废物比例
能　量	每位乘客的能量消耗（气、电、油）
交　通	使用公共交通的旅客比例 使用公共交通的雇员比例
社会政策	雇员种族 雇员性别
社区关系	抱怨的数量 对抱怨的反应时间

作为环境管理系统的一部分，确定与环境、经济、和社会管理政策有关的开支和节约项目应当是可能的。

当机场打算对其设施进行较大规模的扩建时，法律上通常要求它进行环境影响评估（EIA），作为计划批准程序的一部分。这种评估要考察扩建计划在建设和运行期中对环境的潜在影响。评估的结果在环境影响陈述（EIS）中进行概括。

六、可持续能力与环境容量

讨论环境和其他影响的基础是可持续能力及可持续性发展的概念。按照不同的发展阶段，如 1987 年出版的 Brandtland 报告和 1992 年在里约热内卢召开的全球峰会，人们对在许多行业中的可持续发展原则有一个不断清醒的认识过程和越来越强的责任感。航空业也不例外。大多数关于可持续能力的定义都相当模糊和不精确，主要意思是既满足今天的需要而又不牺牲明天的利益。这样，任何发展带来的好处必须与它消耗的资源进行仔细的权衡比较。许多定义也明确了在人类活动带来的社会、环境和经济影响之间进行平衡的需要。

在航空业背景下如何确切定义可持续能力还没有达成共识，虽然最近有一些研究在探讨这方面的问题。对机场而言，环境方面的可持续发展都是关于有效的环境保护和谨慎使用自然资源。本章介绍的许多措施（如减少噪音和飞机排放的方法，水、废物和能量管理程序）可认为是有助于鼓励行业可持续发展的。补充性的社会政策包括机场运营者积极参与社区事务和与社区建立有效联系的方法。对机场雇员的健康、安全和保安问题的负责任的管理以及机会均等的招聘政策也被认为是有助于提高可持续能力的。社会公平和生活质量的改进也常被作为可持续发展的关键目标。从经济的观点来看，可持续能力和维持一个较高的、稳定的经济增长和就业水平，以及在基础设施建设上的充足投资有关。可持续发展的观念认为经济增长、社会利益和环境质量不是相互排斥的，它们不应当被作为矛盾的东西来对待。

可持续能力观念的主要内容是环境容量的思想。从纯物理的观点上看，机场容量可有多种定义方式。如机场跑道时段数量，或候机楼、登机门、停机坪的容量。然而，人们越来越多地认识到决定机场最终总体容量的因素是环境容量，环境容量的概念是在考虑机场运营对当地环境和社区居民生活的影响的基础上而形成的。限制机场业务增长的因素可能是机场的环境容量，而不是任何物理上和资金上的问题。很多时候，机场在充分利用它已有的基础设施之前就达到了它的环境容量限制。如果变化会引起超出环境容量的情况，机场要改变它的基础设施也是不可能的。结果，机场仅在使其扩张活动对环境和社区的影响减至最小的前提下才能获得增长。

环境容量可被定义为“环境和当地社区能够忍受、消化和处理的由机场活动产生的输出品的程度”。利用与噪音、空气和水的质量、地面交通等等因素有关的环境标准可以设立容量限制，而不是评估基础设施的物理容量。如果必须对增长进行限制，业内很多人认为这种环境控制比进行全面限制要更合适，如对旅客吞吐量进行限制。理想的情况是，这些环境门槛值应当基于对当地社区对环境影响的忍耐度的科学研究和社会研究来确定。考虑到减少环境影响的新措施的运用，也可以对这些门槛值进行调整。在这些预先确定的门槛容量值的范围内，机场运营者和航空公司可自由扩展和调整它们的服务。

虽然环境容量作为一个概念比较容易理解，但把这一思想应用于实际显然要困难得多。机场可以通过分析机场的所有单独的影响及减少这些影响的办法来进行这一工作。然而，许多这种影响是分离的和不协调的，因此有人建议为了全面运用可持续能力的思想，处理环境容量的方法必须拓展。例如，是否应当在与所有不同的环境影响有关的成本和利益间进行交易，并仍然考虑其影响的时间性。举例来说，飞机噪音是一种短期的生活质量问题，不能像飞机排放问题那样与环境的长期使用相联系。另一个要考虑的问题是在确定环境容量的时候如何划分全球和地方影响的界限。

本章小结

（1）机场的经济影响有两种基本形式。首先是机场运营所带来的收入、就业、投资和税收等利益，这表明了机场本身就是一个重要的经济活动发生器。其次，还存在更广泛的关联利益，例如由于机场的存在可以吸引外资、发展当地旅游业等。这对机场所在地区的经济发展有着重要的贡献。

（2）机场的经济影响可以分为直接影响、间接影响和诱发影响。直接影响（或一级影响）是指直接运营机场过程中产生的就业和收入。这种影响是最明显的，也最容易测算。间接影响是指为机场及机场附近的直接经营活动提供商品和服务的供应链所带来的就业和收入。这类服务和商品的提供者包括能源和燃料供应商、建筑和清洁公司、食品和零售商品供应商等。另外，经济影响还应考虑这些直接或间接的经营活动中的个人开销对经济产生的影响，即诱发影响。诱发影响是指直接和间接影响中所产生的个人收入在消费过程中所产生的就业和收入机会。间接和诱发影响合称为二级影响。间接和诱发影响的测量显然是十分困难的。

（3）环境影响需要从两个层次来考虑，即全球和地方层次。地方层次上，飞机噪音和空气污染等影响必须被考虑。主要的环境影响可划分为五种类型：噪音、排放物、水的污染及使用、废物和能量管理以及对野生生物、文物遗产、风景的影响。

思 考 题

（1）机场的经济影响有哪两种基本形式？

（2）机场的经济影响可通过哪些方法进行测评？

（3）作为经济活动的发生器，机场的经济影响可以分为哪几种？各自有什么样的特点？

（4）如何对直接影响、间接影响和诱发影响进行测度？

（5）机场如何对经济发展起到催化作用？

（6）机场对环境的主要影响包括哪些？

（7）噪音管理的“平衡手段”由哪四个主要元素组成？

（8）机场水污染的产生有哪几个原因？

（9）其他交通模式的使用对机场的环境影响上有什么样的作用？

（10）可持续能力观念的主要内容是什么？

（11）环境容量的定义是什么？

第十一章　“9.11”事件的影响及未来的展望

贯穿本书的一个鲜明主题是机场业正经历着一场史无前例的变革。由航空运输放松管制、机场私有化以及关联的行业质量和可持续发展意识带来的日益增大的竞争压力给机场业带来了许多新的挑战。此外，机场业还面临 2001 年“9.11”事件及不稳定环境所带来的巨大影响。本章首先介绍“9.11”恐怖袭击给机场业带来的影响，然后展望机场业未来的发展前景。

第一节　“9.11”事件对机场业的影响

“9.11”恐怖袭击事件给机场业带来的影响是不可复制的，研究这一特殊事件对机场业的影响，可以使我们更好地理解机场经营的性质，展望机场业的发展趋势。

一、对航空运输业的全面影响

人们很难孤立地看待“9.11”事件和其他类似事件所带来的影响。“9.11”事件首先引起了美国和日本的经济衰退，并且经济的不景气延续到欧洲。旅行市场需求量的下降导致了航空运输价格的降低。不景气的经济环境和 20 世纪 90 年代网络经济泡沫的破灭也极大地影响了航空市场的需求。同时，航空公司业的劳动力成本和燃油价格在不断地上升。在许多市场，特别是长途航线市场生产能力的过剩最终导致了航空公司生产率的下降。

很显然，“9.11”事件最显著的影响是航空运输业的衰退。引起这种衰退的原因最初是美国空域的关闭，然后是旅客对航空运输信心的丧失。2001 年的 9，10，11 月，美国航空公司的旅客运输周转量（客公里）比上一年同期分别下降 32%，26%，20%；货物运输周转量（吨公里）比上年同期分别下降 24%，23%，14%。欧洲和亚太地区的航空公司在 2001 年 10 月的旅客运输周转量也下降了 22%。直到 2001 年末，各地区的航空运输业才有所回升。

到 2002 年 9 月之前，美国和欧洲的航空公司每月的交通流量一直保持着较低的水平。在 2002 年 1～8 月之间，整个交通流量下降了 10%。相比之下，亚太地区的航空公司情况较好，在此期间保持着零增长。与客运相反，货运在 2002 年的头 8 个月期间，美国、欧洲和亚太地区的货物运输量分别增长了 3%，4%和 13%。但是值得提出的是，欧洲的统计数据包括了各个国家的主要航空公司，但没有包括 Ryanair 和 EasyJet 这样的低成本航空公司。而这些低成本航空公司在一定程度上对“9.11”所产生的影响有免疫力。例如 2001 年的第四季度，Ryanair 保持着 20% 的利润空间。由于低成本航空公司有更多的能力削减价格以刺激消费，因此在大的市场环境变差时仍然有利可图。

大多数航空公司采用了许多策略来应付日益衰减的市场需求。一般的做法是使用小型飞机，而不是减少航班频率。这样做的目的实际上是为了留住商务旅客。总的来讲，美国的各大航空公司减少了 15%～25% 的总运输能力；而欧洲和亚太地区的航空公司分别减少了 10%～20% 和不到 10%。

航空运输业市场需求的减少，再加上安检、保险和空中管制费用的上升，使航空公司出现了大面积的亏损和破产。据统计，2001 年世界航空运输业大约损失 120 亿美元，金额大大超过了 20 世纪 90 年代的海湾战争和经济衰退时期的损失。但是“9.11”之前很多航空公司的财政状况就不是很好，“9.11”事件只是进一步恶化了航空公司的财政状况。例如，由于恐怖袭击，比利时的国有航空公司 Sabena 和瑞士航空公司宣布破产。美国的许多航空公司也面临着类似的财政问题。像美国航空公司（US Airways）和美国联合航空公司（United Airlines）在“9.11”事件发生后，陆续宣布破产并进入相关的联邦法律保护状态。

许多航空公司采用了多种手段减少运营成本，如英国航空公司解雇了 1/4 的员工，爱尔兰航空公司解雇了 2 500 名员工。

二、对机场交通量的影响

“9.11”事件对航空运输业产生了很大的影响，机场业也不例外。由于航空公司削减了航空生产量，有些航空公司甚至面临着破产的窘境，机场的交通运输量也在萎缩。图 11.1 所示是与上一年同期比较的机场运输量的月增长率。

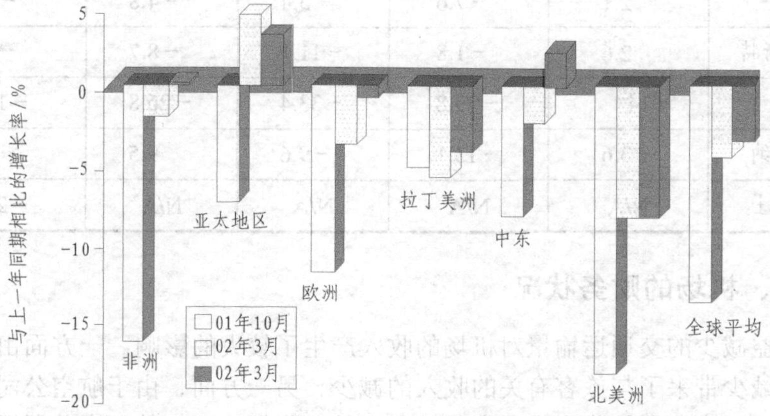

图 11.1 “9·11”事件以后各地区机场旅客量的增长情况

显然，美国的机场受到恐怖袭击的影响更大。例如，在恐怖袭击以后，华盛顿机场关闭了近 1 个月。机场交通量在 2001 年 11 月下降了 55%。同样，在东海岸的波斯顿机场的旅客人数下降了 32%。2001 年 9 月 11 日以后，欧洲各大机场运输量的统计数据如表 11.1 所示。

表 11.1 "9.11"事件以后欧洲各大机场旅客运输量的变化情况

机 场	与上年同期相比旅客运输量的变化/%				
	2001 年 9 月	2001 年 10 月	2001 年 11 月	2001 年 12 月	2002 年 1～8 月
阿姆斯特丹	－5.2	－12.1	－9.1	－4.6	0.0
巴塞罗纳	3.7	－4.9	－3.6	－5.4	0.7
布鲁塞尔	－9.1	－19.3	－36.2	－34.2	－34.1
哥本哈根	－0.2	－6.6	－14.0	－6.8	－0.8
都柏林	2.8	1.4	2.3	N/A	4.8
杜塞尔多夫	－5.3	－6.4	－14.5	－15.5	－8.5
法兰克福	－7.2	－13.9	－10.9	－7.9	－4.3
赫尔辛基	－2.7	－8.9	－13	－12.8	－7.1
里斯本	3.8	－10.8	－10.1	－6.2	－2.7
盖特威克	－6.2	－12.7	－19.8	－16.4	－9.3
希思罗	－13	－20.1	－13.5	－6.8	－0.6
斯坦斯特	11.4	4.0	7.2	6.3	13.5
马德里	2.1	－7.6	－5.4	－4.8	－3.0
曼彻斯特	2.6	－1.8	－11.1	－8.7	－4.9
米 兰	－14	－29.8	－33.4	－26.8	－12.3
维也纳	－3.6	－13.1	－9.6	－9.5	－3.0
苏黎士	N/A	N/A	N/A	N/A	－23.4

三、机场的财务状况

日益减少的交通运输量对机场的收入产生了较大的影响。一方面由于旅客数量的减少带来了与旅客有关的收入的减少；另一方面，由于航空公司减小机型和减少班次，机场收取的飞机着陆费也随之降低。正如前面章节所提到的，机场为了刺激航空公司保持一个稳定的机场业务量，开始降低其收费标准。机场旅客数量的减少意味着更少的商务旅客，但同时，由于更严格的安检措施使得旅客在机场的停留时间更长。也就是说，旅客会有更多的时间在机场进行购物和消费。因此，许多机场，特别是美国的主要机场开始重新设计机场的布局，一方面增加必要的安检设备，另一方面增加更多的商业设施以提高机场的零售等商业收入。

“9.11”事件以后，机场安检成本的上升最终导致了机场运营成本的大幅上升。机场业采取了一系列控制成本的措施，包括限制机场员工的免费旅游等福利。据ACI的调查，世界上最大的60家机场中有一半左右的机场采用了这样的措施。然而，机场业所采用的减少成本的措施没有航空公司所采取的措施那么残酷。当市场需求和机场运输量减少时，机场的固定设备设施不能关闭。这就很难降低机场的运营成本。

表11.2所示为欧洲的一些主要机场“9.11”事件后的财务状况变化情况。

表 11.2 欧洲的一些主要机场“9.11”事件后的财务状况变化情况

机　场	2001/00 收入的变化/%	2001/00 成本的变化/%	2000 年税前利润/%	2001 年税前利润/%
戴高乐	−2.7	4.3	20.6	14.8
都柏林	3.0	7.6	13.6	9.6
哥本哈根	6.7	15.2	37.1	32.0
布鲁塞尔	2.2	13.4	28.0	11.9
杜塞尔多夫	−0.4	6.8	16.6	12.9
法兰克福	5.7	9.2	20.6	18.0
日内瓦	−2.9	8.6	25.5	15.5
盖特威克	−1.4	5.2	40.0	36.0
希思罗	0.1	0.9	42.6	42.1
斯坦斯特	16.8	6.7	21.2	28.0
米　兰	1.8	6.8	16.3	12.5
阿姆斯特丹	9.1	8.1	28.1	28.8
维也纳	−1.7	0.9	27.8	25.9
苏黎士	2.9	39.1	27.0	1.4

表 11.3 所示为部分机场公司在“9.11”事件前后的股票价格变动情况。

表 11.3 部分机场公司在“9.11”事件前后的股票价格变动情况。

机场公司	2001年8月13日	2001年10月12日	2001年11月12日	2002年4月16日	2002年5月21日
ASUR（墨西哥）	100	72	70	95	98
奥克兰	100	97	99	128	127
英　国	100	83	87	100	96
北　京	100	115	102	99	99
哥本哈根	100	86	77	100	109
法兰克福	100	77	71	85	78
马来群岛	100	94	88	115	110
维也纳	100	76	73	97	96
苏黎士	100	48	50	56	58

四、安全问题

“9.11”事件以来，航空安全成为机场和航空公司关注的焦点，航空安检设备也被大量引入。特别是在美国，航空安全问题成为新闻媒体关注的焦点。2002 年 ICAO 在全球范围内提出了为期三年的航空安全计划，机场和航空公司必须按照安全标准进行管理。此外，新的强制性的安全标准协议还包括了潜在安全风险信息的共享、安全执行手段的统一等内容。

与世界其他地方相比，美国传统的安检方式较为松懈。在“9.11”事件发生以后，美国国会制定了航空运输安全法案（ATSA），这一法案由布什总统于 2001 年 11 月 19 日签署。具体的安全进程如表 11.4 所示。

表 11.4 “9.11”事件后的美国航空安全进程计划

2001 年 11 月 19 日	通过航空安全法案；建立交通安全部门
2002 年 1 月 18 日	乘客所有行李物品都要接受透视检查
2002 年 2 月 1 日	所有机场增收安检费 2.5 美元
2002 年 2 月 18 日	民航安全工作直接由联邦政府负责
2002 年 5 月 18 日	评定安检系统的最后期限
2002 年 12 月 31 日	在 429 个主要机场安置爆炸检测系统

美国政府制定的新的安检措施和政策受到了航空公司和机场方面广泛的批评。这些批评主要是针对这些安检程序和规则为旅客出行带来的诸多不便。此外，

机场新的安检系统需要付出高昂的成本支出。例如，机场的安检费用由2000年的5.56亿美元，上涨到2001年的6.19亿美元，涨幅达11%。据估计2002年将要付出8.53亿美元，增长幅度达38%。如果按照航空安全法案和联邦调查局的有关要求，2003年机场花费在安检上的资金将达到15亿美元。

美国以外的其他国家的机场也投入了大量的资金改进安检的设备和方法。国际机场协会的一项调查表明，“9.11”事件以后，世界各大机场为了对付恐怖分子袭击，在安检系统方面增大了资金投入。例如，巴黎的戴高乐（CDG）机场增加了2 000万美元，慕尼黑机场增加了530万美元，东京的成田机场增加了260万美元。

欧洲许多国家的机场安检由机场和国家共同负责，例如芬兰首都赫尔辛基机场，由机场运营商负责安全检测的设计；在阿姆斯特丹和里斯本机场的安检工作则由政府负责。欧洲各个机场安检费用支出的来源如表11.5所示。

2001年9月以后，欧洲就安检问题达成了一个总的协议。但就机场安检设施等成本支出问题产生了有很大的分歧。机场和航空公司认为恐怖主义行为的对象是国家，国家有责任采取措施保护公共旅行行业，负担那些额外的检测费用，包括额外的安检设备费用、人员培训费用。

表11.5 欧洲各机场安检费用支出的来源

机　场	政府是否收取安检税	安检税是否返还给机场运营商	机场是否收取安检费
阿姆斯特丹	√		√
雅　典			√
布鲁塞尔			√
哥本哈根			√
都柏林			√
法兰克福	√		√
赫尔辛基			√
里斯本	√	√	
希思罗			√
马德里			√
曼彻斯特			√
米　兰	√	√	√
奥斯陆			√
巴　黎	√	√	
斯德哥尔摩			√
维也纳	√	√	
苏黎世			√

最初，欧洲议会提出了一个关于安全规则的建议，此建议是基于欧洲民用航空协会所制订的30条指导方针而制定的。然而，这项提议并没有被欧盟的成员国所接受。因此，议会建议各成员国至少应该承担一部分机场安检的费用。最终的折衷方案是安检所需资金由机场、航空公司和各成员国共同承担。

另一个问题是旅客是否知晓新的机场安检程序。“9.11”事件以后，英国机场集团公司进行了一次相关的调查。调查发现有91%的旅客知道机场安检程序发生了变化；81%的旅客声称知道哪些物品是受到新的行李检查限制的。但是，直到2002年3月，英国机场集团公司每天仍要在其下辖的七个英国机场的旅客随身行李（非托运行李）中没收15 000把已不允许携带的锋利物品。因此，英国机场集团公司在2002年复活节前后发起了一项活动以增加公众对新的机场安检程序和标准的了解。

五、保险问题

2001年9月11日发生在美国的恐怖袭击事件对于全球保险业是一次重创。据业界专家估计，全部理赔事项可能要花多年才能完成，各方面的索赔申请将突破100亿美元，超过1998年英国Piper Alpha公司的石油平台在英国海岸爆炸后高达30亿美元的赔偿金额，那是迄今为止历史上灾难赔偿额的最高记录。

美国历史上被认为损失最为严重的人为灾难是1992年的洛杉矶骚乱，当时的保险赔偿额高达7.75亿美元。1993年，世贸中心发生大爆炸，保险损失达到了5.1亿美元。专家认为，“9.11”事件造成的财产损失超过了1992年袭击佛罗里达洲南部的安德鲁飓风，它造成的损失估计为196亿美元——成为美国历史上损失最为惨重的自然灾害。

据世界著名的信用评估机构美国Moody公司9月12日发布的估算表明：此次美国恐怖袭击事件的人身、建筑、飞机的保险赔偿金额将达到300亿美元。世界各地的保险公司和再保险公司极可能因这起事件蒙受巨大损失。这包括许多在伦敦和百慕达群岛的保险公司和再保险公司。欧洲的保险公司和再保险公司的股价自纽约世贸中心遇袭倒塌后立即下跌。预计意大利、德国等地的保险公司也将蒙受严重损失。另外，坠毁飞机所属的航空公司也可能申请理陪。但据业内人士估计，损毁的4架飞机总价值不超过1.5亿美元。

第二节　机场业的未来展望

“9.11”是世界航空运输发展史上的一道分水岭。2001年9月11日以后，机场运作的环境变得更加动荡不定。这种改变的真正原因到底是由于恐怖主义袭击还是航空旅行市场需求的不足，对此还很难作出准确的判断。但有一点是显而易见的，“9.11”事件以后，航空业将面临更加残酷和激烈的竞争环境。由于日益增加的商业市场的需要,机场不得不调整自己的产品以满足一些新兴的航空公司(如低成本航空公司和航空公司联盟）的需要。同时，各国对航空管制的放松甚至解除使得航空公司业发展更快，这就要求机场能够适应这种新的变化。而像 A380 等新机型的引入，也对机场提出了更高的要求。

对于机场业而言，另外一个重要的变化就是机场私有化。虽然私有化改革的机场数量占整个机场数量的比例还不高，但大量的机场正处于机场私有化改革进程之中。所有的迹象都表明，在 21 世纪早期，将有更多的机场进行私有化改革。但由于机场环境将变得更加不稳定，投资者也会比 20 世纪 90 年代时更加谨慎。

影响机场私有化进程的一个重要因素是能否找到所需的投资。许多基金都来自于社会公众，而这一部分资金不能或者不愿意进行机场私有化的投资。各种迹象表明，随着空运市场需求量的增加，机场不得不扩大它的运行容量。虽然“9.11”事件带给航空运输业更加不稳定的市场环境，但据 2002 年 IATA 的预测，“9.11”以后的十几年，航空业仍将保持一个较为稳定的增长速度如表 11.6 所示。2002 年空客和波音公司的预测（如表 11.7 所示）也认为，长期来讲世界航空业的增长

表 11.6 IATA 预测的航空旅客运量增长情况（国际定期航班旅客量）

基准年限	预测期间	年增长率/%
2001	2002	0.9
2002	2003	7.9
2003	2004	5.9
2004	2005	4.9
2000	2001—2005	3.5
2005	2006—2010	4.6
2010	2011—2015	4.4

表 11.7 波音和空客公司预测的长期全球航空旅客运输量增长预测

组织	预测期间（基准时间：2000）	测量单位	年度增长率/%
客运			
波音	2001-21	客公里	4.7
空客	2001-20	客公里	4.7
IATA	2001-15	国际定期航班旅客	4.2
货运			
波音	2001-20	吨公里	5.9
空客	2001-20	吨公里	5.5

速度将达到每年 4.5%～4.7%。这一预测是以客公里（旅客周转量）为基本单位，所以其预测的数据大致与 IATA 的数据相同。

总的来讲，按照较为乐观的观点，全球的航空客运量年度增长率能达到 4%。经济增长在客运需求量的指标中扮演着一个非常重要的角色。对于欧洲和美国市场，由于其市场成熟度较高，所以需求量对经济增长变化的反应相对较弱。而在发展中国家，由于市场成熟度不高，其经济增长的速度较高，航空市场增长对经济增长的反应比发达国家更强。例如波音公司预测，北大西洋的航空客运市场将保持每年 3.5% 的增长；而欧洲-亚太地区以及北美-亚太地区的年增长速度可达 5.4% 和 5.5%（如图 11.2 所示）。

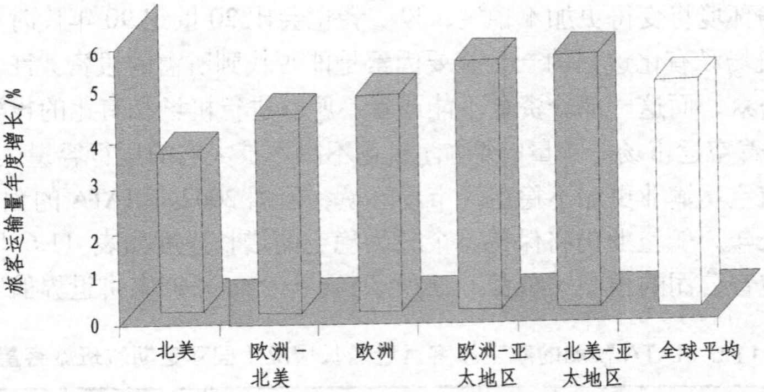

图 11.2 各大地区 2002—2021 年的航空旅客运输量年度增长预测情况

航空货运的增长速度要远大于航空客运市场。其增长原因同样主要来自于经济增长、运输成本降低和国际贸易促进。由于全球经济一体化的趋势和技术（知识）密集型产业的崛起，诸如计算机、电子通信、医药和生物制品等高价值低重量的货物的最佳运输方式必定是空运。这就使得航空货运的市场前景非常光明。

一般情况下，旅客的增长必然会促进机场的发展。即使某些客运市场的增长速度在逐步减缓，但是旅客的绝对数量仍然在持续增加。相对于机场而言，航空公司能通过重新分配运力、与其他航空公司的资源共享或者增加飞机来适应市场的需求增长。而机场则缺乏这种柔性，它可能需要很长的周期来进行基础设施建设。

总之，机场运营商将面临很大的挑战。包括机场投资主体多元化后股东不同需求之间的矛盾、不同类型航空公司的不同需求、环境保护主义者的要求、更高的服务质量要求等。机场作为一个独立的经济实体，应该产生利润，也就是说利润最大化是机场运营的目标。但从另外一个角度来讲，机场也是国家的一项公共福利事业。如何在两者之间保持平衡也是非常重要的。

附1 中国机场管理的发展之路——特许经营

中国民航完成三大航空集团重组后，2003 年又全面推进机场属地化改革，将机场下放地方经营管理。属地化改革之后，机场和其主要服务对象——航空公司的关系发生了重大变化。机场的经营管理模式也必将随之进行重大调整，从混合经营型模式向平台服务经营型模式过渡，也就是说从过去的既营造区域经济服务平台也直接从事航空地面服务代理业务，经过机场当局逐步淡出直接经营航空地面服务代理业务的短暂过渡，转变为重点建设和经营机场设施、信息、环境三大服务平台，通过实施特许经营进行航空地面服务代理业务，并从中获取合理的投资回报。

一、机场特许经营的概念和理论基础

(一) 机场特许经营的有关概念

机场特许经营是机场当局将自己拥有的机场航空运输业务保障服务平台资源（以下简称机场资源）所有权和处置权以特许经营权的方式物化，以许可证的形式准许符合标准的承运人和运营商使用。承运人和运营商使用机场资源按照一定的规则开展航空客货运输业务及相关派生业务，并向机场支付相应的费用。

(1) 机场特许经营的权利。机场特许经营权是指准许承运人和运营商使用机场资源开展航空客、货运输业务及相关派生业务的权利。

(2) 有关主体的法律地位。机场是机场特许经营权的所有者，是授权主体，是特许人；承运人（航空公司）和运营商是特许经营权的受让人，是受许人。

(3) 机场是指机场的所有者，在我国一般为政府或政府投资或政府授权的机场管理机构；机场管理机构作为机场所有者的代表享有机场的经营管理权利。

(4) 特许经营权的核心是机场资源的使用权。

(5) 特许经营的指向是承运人和运营商利用机场资源开展的航空客货运输业务和其他派生业务，是经营性的商业活动，不包括训练、试验飞行、专机、急救救灾、军事训练或执行军事任务、飞机校验、院校训练飞行以及其他非商业经营性业务。

(6) 机场必须适应市场以及承运人和运营商运作的需要，不断地增加、完善、丰富航空运输业务，保障服务资源和相关的市场资源。

(7) 承运人和运营商支付的相应费用为特许经营权费，特许经营权费是机场资源的使用费。

(二) 机场特许经营的法理基础

机场资源是指机场通过资本投资形式建设、经营形成的航空运输保障服务资源体系，主要包括机场的基础设施资源、信息服务资源、服务环境资源以及由以上资源派生出来的商业市场资源，这些资源是机场所特有的、其他方无法拥有和提供的专有资源。

1. 机场资源的特性

机场资源的特性一是机场资源是一种资源体系。只有通过有机结合和整体联动运行才能发挥资源效应，也只有机场才具备统一调配使用机场资源的能力；二是机场资源具有特殊的资源地位，在相当长一段时期内和一定区域的市场内，机场资源是唯一或有限的；三是机场资源与运力资源一样具有创造航空运输市场价值的营利性。

2. 机场资源与运力资源共同作用产生航空运输市场效益

开发航空客、货运输市场的必备条件，是必须要有承运人（航空公司）为航空客、货运输市场提供运力资源，必须要有机场为航空客货运输的行为提供最基本的服务保障平台资源，两者缺一不可。由于航空运输业务的特殊性，承运人和运营商开发航空客货运输市场，经营航空客货运输业务和其他派生业务，必须依托（使用）机场资源平台，两种资源共同作用，才能产生航空市场效益。

（三）机场特许经营的经济理论分析

特许经营权费是承运人和运营商利用机场资源从事航空运输及相关业务营利所应当支付的费用。是航空运输市场效益的一部分，是市场经营收益的合理分配。由于机场资源和运力资源共同创造航空客、货运输市场的经营效益，因此，市场效益应当由机场资源和运力资源共同享有。航空公司可以通过舱位（吨位）销售直接获取市场效益，当机场不直接参与航空运输市场经营，也不直接提供地面服务时，便无法直接获得航空市场效益；而航空公司利用机场资源直接从事航空运输市场经营和地面服务而获取的收入中，包含了机场资源的价值，机场除了航空公司使用机场时交纳的直接保障费用外，还应当通过特许经营权费的方式对机场资源价值进行回收，从而实现机场资源的市场效益。

但是，特许经营权费不完全等同于机场设施（设备）的使用费。首先，机场设施（设备）使用费只是机场资源中硬件设施（设备）的投资成本价值。其次，机场设施（设备）只是机场资源中的一部分（硬件部分），单个的机场设施（设备）是不能发挥机场资源效应的。机场特许经营权费在某种意义上是对机场资源投入的一种认可和补偿。机场资源的营利性决定了其拥有超出其自身投资成本价值（指机场资源的建设投入、维护成本和相关经营成本）的市场价值。

二、特许经营是中国机场业发展的必由之路

（一）机场属地化改革引发机场经营模式的转型

机场属地化改革是中国民航新一轮改革的重大步骤，其实质是机场业的资产

重组，必将引发机场经营管理模式的重大转变。过去我们熟悉的混合经营型模式已经不能有效地处理机场与航空公司的关系，特别是航空公司出于质量品牌的需要而对地面服务工作改进的特殊需求，从客观上要求由承运人自己直接从事地服业务，机场当局逐步淡出对航空地面服务代理业务的直接经营，转向重点营造机场服务平台。

通过研究世界经济发展历史，我们会发现，经济的发展也在催生和推动着机场经营管理模式的变化。国际上经济发达地区和国家的机场都是从混合经营模式向平台服务型经营模式转变的。

计划经济体制下，我国民航机场当局（机场管理机构）全都直接经营地面服务代理业务和其他相关业务，因此不需要特许经营，也就没有对机场服务平台资源、资源的利用与开发方式、资源价值及其实现形式等问题给予明确的解释和法律规定，而只是以地面服务代理关系（协议）和收取代理费等形式进行简单的约定。然而属地化改革启动后，机场当局与航空公司通过民航总局实现的资产纽带关系已不复存在，直接经营地面服务等各项业务的垄断行为，不仅越来越受到承运人的质疑和批评，而且越来越不适应民航业的发展。而机场如果不再直接经营地面服务代理业务和其他相关业务，改由航空公司或其他专业运营商来经营，必然涉及对机场与航空公司间生产运营关系进行重新调整，对相关业务权限进行明确界定。更为本质的是要对机场服务平台资源、资源的利用与开发方式、资源价值以及其价值实现形式等问题进行解释和解决。世界机场经营发展史已经告诉我们，实行机场特许经营是经济发展到一定阶段的必然要求，它符合经济发展规律和趋势，也是促进我国民用机场业发展的必由之路。

（二）机场通过特许经营调整与航空公司的生产运营关系

三大航空集团重组以后，航空公司为了有效发挥规模效应，提升核心竞争力，必然要重新整合内部资源，调整生产业务链结构，形成对地面服务业务全部自行办理的强烈需求，以达到整合服务链，降低运营成本，打造完整服务品牌的目标。因此，重新定位航空公司与机场的生产运营关系——资产关系，已经是不可回避的现实问题。根据经济运行规律，调整两个利益实体的关系，最重要的是调整资产利益结合部的关系。而目前这个结合部就是对机场服务平台的使用，那么规范这一结合部的关系便成为规范机场与承运人关系的关键。对于投资形成的机场软硬件服务资源平台的有偿使用，特许经营正是调整航空公司与机场生产运营关系的有效方式。因此，能否实行机场特许经营，将成为我国机场经营是否转型的主要标志。

（三）机场特许经营有利于航空公司的长期稳定发展

对机场服务平台资源的有偿使用、特许经营问题解决后，航空公司在机场能否自建候机室、货站，是否可以自理业务等多年来困扰我国民航界及其管理机构的问题基本可以解决。最终结果是我国航空公司可以有效地调整自己的业务链结构，提高核心竞争力，打造自己的服务品牌，有利于航空公司健康稳定地发展。

附 2 “9.11”事件对中国民航的影响

一、“9.11”事件对国内经济的影响

由于美国是世界经济强国，长期以来一直是全球经济增长的火车头。尽管“9．11”恐怖事件所造成的直接损失，相比本年度国内生产总值高达 7 万亿美元的美国国内经济存量来讲并不大，但是对其经济发展信心的打击是严重的，随之将带来经济的衰退，并且这一影响将是世界性的，而且对于开放度越大的国家，其影响力也就越大。根据世界知名投资银行摩根士丹利、高盛和美林发表的研究报告，由于“9.11”事件，2001 年全球经济增长由原先估计的 2.1% 降为 1.8%，2002 年由 3.4% 降为 2.1%；而美国 2001 年和 2002 年的经济增长也由 1999 年和 2000 年的 4.1% 下降为 1.0% 和 0.7%。

自改革开放以来，中国经济以快速的步伐，迅速与世界经济相融合。但是由于新中国成立 52 年所形成的巨大的、独立自主的民族工业和经济体系，我国的经济发展总量还是以国内为主。2001 年我国的 GDP 达到约 97 314.8 亿元人民币。虽然外贸进出口因“9.11”事件所受到的打击，增长率将有较大幅度的下降，但是由于我国进出口贸易总量仅约占 GDP 的 5.4%，外向型企业的国内生产总值约占 GDP 的 36%，这些比例并不很高。2001 年外商对我国直接投资 480 亿美元，比去年多出 70 亿美元，这些足以抵消出口下降对国内经济的影响。更何况国内还始终保持着持续高水平的投资和私人消费，也将推动国内经济的持续增长。实际上，2001 年、2002 年、2003 年和 2004 年中国 GDP 增长率分别达到 7.3%、8%、9.1%和 10.1%，至于 2001 年国内生产总值 7．3%的增长率，较大幅度低于 2000 年 8 %增长率的原因，则并非是“9.11”事件造成的，而是由于连续四年为了拉动经济增长所发行的国债，造成财政支出对债务收入的依存度过高，促使国家调整国债发行规模，规避通货膨胀所造成的。因此，结论是“9.11”事件会对国内经济造成一定影响，但是影响幅度不大。

二、“9.11”事件对国内航空市场的影响

国内航空市场的发展，首先是受国内经济发展态势的影响。而“9.11”事

件由于对当前国内经济影响不大，因此国内民航行业的总体发展进程在“9.11”事件后也没有放慢发展速度。相反，由于中国加入WTO和中国国内良好的资本投资及其投资安全环境，将会引发谋求资本安全的外国投资资本的快速进入，并因此加快中国的经济发展步伐。纳斯达克驻华首席代表黄华国认为，在“9.11“事件后的这段时期，纳斯达克并未发生外界预计的剧烈震荡，这主要是因为投资者对事件引起的反恐怖战争后果仍处于观望期，在战事没有明确结果前，投资者不会轻举妄动，资本市场的这种平静估计还会持续一段时间。但是即使如此，据黄华国估计，有超过10亿的热钱会在近期从美国流向中国。而这些因战争所引发的资本流动，恰恰又会给国内民航行业的发展带来新的机遇。实际上，2001年至2007年间中国民航客运周转量和货运周转量的年平均增长率分别为16%和12%。随着中国经济的持续增长、旅游业和对外贸易的快速发展、人民收入水平的提高，中国航空运输业在世界航空运输市场中的地位进一步得到巩固。2006年中国航空运输总周转量、旅客周转量均继续保持世界第二。

三、适应市场变化策略的建议

从短期看，“9.11”事件对国内经济影响不大。但是从中长期看，“9．11”事件所产生的国际资本流向的改变，将会有利于我国经济的快速发展。根据这一论点，对国内民航运输业应当采取以下策略：

从短期来看，由于国际反恐怖战争的爆发和世界经济发展速度的放缓，对国内民航业的影响可能主要来自于国内骨干航空公司，即这些公司将更多的原本应投放在国际市场上的运力，抽回投入到国内市场中来。这就会加大近期国内航空市场运力过剩的矛盾。因此在2002年放慢引进飞机的速度，有助于缓解国内航空市场运力过剩的压力和改善航空公司的效益。

从中长期发展看，在保持国内民航行业的正常发展势头的同时，要利用国际经济增长放缓给飞机制造商带来的压力，降低引进飞机的购价，或利用人民币汇兑增值的优势，降低航空公司的购机成本。

总之，“9.11”事给国际社会带来了新的动荡因素，造成全球性经济增长的放缓。对于我国，由于其独特的国际政治和经济环境，也因此给我们的民航运输业带来了一次新的发展机遇。但是我们还应当看到，这个机遇的取得在很大程度上还有赖于我们保持良好的飞行安全记录，特别是全行业的反恐怖、反劫机的有效性。需要引起我们注意的是，这种全行业的反恐怖和反劫机的有效性，可能不仅仅关系到国内航空运输业的发展，也有可能会影响到国际资本的流向，进而影响到全国性的宏观经济发展速度。

本章小结

(1)“9.11”事件首先引起了美国和日本的经济衰退，并且经济的不景气延续到欧洲。旅行市场需求量的下降导致了航空运输价格的降低。不景气的经济环境和20世纪90年代网络经济泡沫的破灭也极大地影响了航空市场的需求。同时，航空公司业的劳动力成本和燃油价格在不断地上升。在许多市场，特别是长途航线市场生产能力的过剩最终导致了航空公司生产率的下降。“9.11”事件以来，航空安全成为机场和航空公司关注的焦点，航空安检设备也被大量引入。同时，对于全球保险业也是一次重创。

(2)“9.11”事件以后，航空业将面临更加残酷和激烈的竞争环境。由于日益增加的商业市场的需要，机场不得不调整自己的产品以满足一些新兴的航空公司（如低成本航空公司和航空公司联盟）的需要。同时，各国对航空管制的放松甚至解除使得航空公司业发展更快，这就要求机场能够适应这种新的变化。而像A380等新机型的引入，也对机场提出了更高的要求。对于机场业而言，另外一个重要的变化就是机场私有化。

思考题

(1)“9.11”恐怖袭击事件给机场业带来了什么样的影响?

(2)为什么说“9.11”事件是世界航空运输发展史上的一道分水岭?

参 考 文 献

[1] 理查德·德·纽弗威尔，阿米第·R·欧都尼著. 机场系统：规划、设计和管理. 高金华等译. 北京：中国民航出版社，2006.
[2] 亚历山大·T·威尔斯著. 机场规划与管理. 赵洪元译. 北京：中国民航出版社，2004.
[3] 陈勇. 机场经营管理. 北京：中国法制出版社，2003.
[4] 王倜傥. 机场竞争与机场营销. 北京：中国民航出版社，2005.
[5] 生颖洁. 我国民用机场融资模式研究. 中国知识资源总库——CNKI 系列数据库，2007.
[6] 张平. 属地化后机场项目融资变化. 资金市场杂志，2004，(01)：49-50.
[7] 李艳华、任新惠. 中国民用机场投资指标体系研究. 中国民航学院学报，2000，(6)：41-44.
[8] 金利群. 提高民用机场建设项目投资效益的方法初探. 沿海企业与科技，2005，(6)：28-29.
[9] 朱沛，民用机场的投资指标体系与投资决策. 北京联合大学学报，2001，(2)：44-49.
[10] 王志清. 美国机场投资管理体制的借鉴意义. 中国民用航空，2005，(4)：70-72.
[11] 余玮，机场建设项目融资：ABS 与 BOT 的比较研究. 中国民用航空，2006，(2)：55-56.
[12] Anne Graham. Managing Airports—An international perspective (second edition). London：Butterworth—Heinemann，2003.
[13] Alexander T. Wells，John G. Wensveen，Air Transportation (fifth edition). United States：Thomoson，2004.
[14] Alexander T. Wells，Airport Planning & Management (fourth edition). New York：McGraw-Hill，2000.
[15] 王冬梅. 机场与航空公司运营关系探讨. 机场管理，2004，(3)：38-39.
[16] 韩波，肖启明. 机场、航空公司实施中枢战略相互关系. 中国民用航空，2004，(5)：20-24.
[17] 包欣灿. 航空公司与机场运营关系初探. 研究与探索，2004，(1)：21-23.
[18] 罗积东. 加拿大机场与航空公司的竞争关系. 民航管理，2005，(8)：80-82.

[19] 千龙. 航空公司与机场协调配合才能实现共同发展. 研究与探索，2004，(2)：20-21.
[20] 韩明亮，赵桂红. 民航运输生产组织. 天津：天津科学技术出版社，2001.
[21] 朱沛. 机场规划与运营管理. 北京：兵器工业出版社，2003.
[22] 张娟等. 航空运输全面质量管理. 天津：天津科学技术出版社，2002.